**本研究成果得到**

国家社科基金青年项目（批准号：13CKG001）
国家社科基金重大项目（项目编号：15ZDBO55）
中央高校基本科研业务费（Supported by “the Fundamental Research Funds for the Central Universities，JLU”）
教育部人文社会科学重点研究基地重大项目
（批准号：16JJD780007）

# 吉林省东部地区黑曜岩石器微痕研究

方 启 著

科 学 出 版 社
北 京

## 内 容 简 介

本书对吉林省东部地区的抚松新屯子西山旧石器遗址、和龙柳洞旧石器地点、珲春北山旧石器地点、和龙石人沟旧石器遗址、和龙青头旧石器遗址、安图沙金沟旧石器遗址、和龙崇善大洞旧石器遗址这 7 处以黑曜岩石器为主体的遗址或地点挑选的 55 件石器的 84 个使用刃口进行了微痕分析与观察。不但判定了这些刃口的加工方式与加工对象，同时还观察到这批石器上的捆绑痕迹及握持痕迹。最后得以窥知旧石器时代晚期生活在吉林省东部地区的古人类的黑曜岩石器的使用情况。

本书适用于史前考古等相关专业的研究人员及高校师生参考阅读。

**图书在版编目（CIP）数据**

吉林省东部地区黑曜岩石器微痕研究 / 方启著．—北京：科学出版社，2019.6

ISBN 978-7-03-061214-4

Ⅰ. ①吉… Ⅱ. ①方… Ⅲ. ①黑曜岩－石器－考古－研究－吉林
Ⅳ. ①K876.24

中国版本图书馆 CIP 数据核字（2019）第090223号

责任编辑：王琳玮 / 责任校对：邹慧卿
责任印制：肖　兴 / 封面设计：陈　敬

科学出版社 出版
北京东黄城根北街16号
邮政编码：100717
http: //www.sciencep.com

中国科学院印刷厂 印刷
科学出版社发行　各地新华书店经销
*
2019年6月第　一　版　开本：720×1000　1/16
2019年6月第一次印刷　印张：11 3/4　插页：10
字数：300 000

**定价：228.00 元**

（如有印装质量问题，我社负责调换）

# 目　录

# 第一章 绪　论

## 一、石器功能研究的方法

在考古学中，石器研究最为重要的一环实为功能的研究。纵观石器研究史，我们在推断某遗址出土石器的功能的时候，往往通过两种方法：猜测与实证。事实上，猜测是我们最主要的一种研究方法——囿于考古的不可知性，在研究过程中的每一个步骤都伴随着猜测，如发掘出的石器在我们获取它的那一刻起就被按照形态猜测了它的功能，并将其划分到某一类型之中。当然猜测是一种主观性很强的意识行为，为得到准确的结论，为说服自己和其他研究者，我们就需要实证。目前看来，实证的主要手段是民族学，如遗址中出土的石球，我们猜测其可能是作为投掷的工具或投掷的武器。关于石球使用的方法，根据民族学的资料，使用方法大体有以下几种：①用手直接将石球抛出。②用棍棒将石球夹住抛出。③利用绳索将石球抛出（一种是利用绳索上的兜囊将石球抛出，云南纳西族称其为飞石索；另一种称为流星索，又分成单球和多球，单球即像现代的链球，多球是在绳索的两端拴上石球，主要起绊脚的作用）[1]。这种实证事实上是建立在猜测现存民族传统与原始行为一致的基础上的，也是一种建立在猜测上的实证，所以这样的结论并不能完全使人信服。又如某些石器，大家几乎已对它们的功能达成了共识，但偏偏无任何真凭实据能够证明，让人总是在论及时感到“心虚”。张森水先生曾说过：“一件石器是干什么用的，不能靠猜，要拿出证据。”[2]在石器研究中，我们往往多猜测而少实证，使得研究结果平添很多遗憾，有效实证方法的匮乏恰恰是造成这种遗憾的原因。石器微痕研究的出现则终于使真正使人信服的实证在石器研究中成为可能，使研究的结果能够被大家普遍接受。

## 二、石器微痕研究简史

那么，什么是微痕，其用途和方法又是如何？“考古标本上的微痕，从广义上来说，是指非肉眼所能鉴别的微小痕迹，当然可以是人为的也可以是自然的。微痕是需要通过放大镜，特别是显微镜的帮助来认定的。在这里我们要讨论的

‘微痕’，是特指史前石质工具上产生的使用痕迹，是特定的古代人类行为（使用工具）的产物。微痕分析的主要用途是为我们了解石器功能提供直接的考古学证据，基本方法是对考古遗址出土的石器标本做出系统的显微观察，对观察到的石器使用痕迹做出类别判断（如被使用的刃缘部位、使用的运动方式和加工对象等），进而对考古学文化特点、人类行为方式和生态资源条件做出综合的阐述。微痕分析是一种将静态的考古记录和动态的文化现象连接起来的研究手段，是在考古学理论上阐述‘中程理论’行之有效的应用方法。”[3]

微痕分析发端于20世纪30年代，苏联学者谢苗诺夫在苏联科学院物质文化史研究所原始生产技术实验室主持工作期间，开展打制石器、磨光石器、细石器以及铜器等工具的制作与使用实验，并利用体视显微镜进行使用痕迹观察。谢苗诺夫所著的《史前技术》（1957年苏联出版，1964年该书英文版出版[4]）一书是石器微痕分析的开山之作。这一方法的问世引起了学术界的巨大反响，包括当时的中国学术界——1959年，我国一个科学代表团参观了谢苗诺夫的实验室，回来后在1959年第1期《考古》上发表由D. 戈尔耶夫写的书评《史前时代技术的研究》的译文，但由于种种原因，该方法未能在我国得到发展[5]。欧美各国积极地引入了这一研究方法并加以发展，劳伦斯·基利、乔治·奥代尔和约翰·坎明加的微痕研究博士学位论文在20世纪70年代的发表标志着微痕研究的新阶段[6]。及至20世纪80年代，在欧美国家，微痕研究被广泛应用于石器研究中，这一方法也逐渐成为考古学研究中的常规手段并渐趋成熟。但是由于石器微痕研究中的高倍法与低倍法两大流派互相攻讦，使微痕研究的发展步入了低谷。直至20世纪90年代初，学术界终于达成了共识：高倍法与低倍法无高低优劣之分，使用时可相辅相成，自此微痕分析的发展进入良性阶段。

黑曜岩石器的微痕研究也源于谢苗诺夫的理论，他提议将黑曜岩作为多种石料的一种进行研究，同时他还强调黑曜岩石器的使用痕迹要比燧石石器出现得快，黑曜岩天然的反光表面呈现出的特殊的痕迹与燧石石器的磨光痕迹是不同的[7]。在这种理论的指导下，谢苗诺夫的实验开始展开，这也是最早的关于黑曜岩石器使用痕迹的研究工作。苏联对于包括黑曜岩在内的石器的研究亦发轫于此。

1974年，劳伦斯·基利在《微痕研究的技术与方法：批判性的回顾》一文中提出：有关黑曜岩石器研究的实验记录相对较少，而且也缺少一种严谨的方法论，因此主张应将黑曜岩石器的使用痕迹和使用后出现的损坏痕迹进行甄别[8]。

Flenniken、Haggerty等学者对于黑曜岩石器的“无使用痕迹”（non-use wear）和踩踏损伤进行了研究。Stafford在研究黑曜岩雕刻器的刃口损伤时，发现软木和干骨对刃口所造成的痕迹是比较容易被鉴别出来的，而中等硬度材料（如硬木和湿骨）造成的痕迹就很难被鉴别出来。Lewenstein遵循类似的标准对黑曜岩石器的刃口进行了功能性实验研究。她的结论是实验对象的硬度与疤的大小存在一种联系，同时她还观察到砍和锯更多的是产生条和点状的痕迹，而刮多产生羽状的痕迹。Clark、Kurashina等根据民族学研究的发现[9]对黑曜岩石器进行研究，研究方法的不同之处在于，不是用各种使用方法完成一个工作而是用某一种方法来使用一件工具，而后观察工具的痕迹。Knudson等人也曾经用玻璃做黑曜岩的替代品进行研究。研究方法的不断引入使得黑曜岩石器痕迹研究更趋多元化。1977年，Hay用50-5000X的扫描电子显微镜对黑曜岩石器进行研究。在此基础上也形成了一个很重要的原则：一种痕迹如果能够确定并被观察出来，那么这个种类即可认定是针对某一种独立的使用对象。根据这个原则，Hay定义了9种锯的痕迹和8种切与刮的痕迹。另两种比较重要的研究方法分别是：微痕光泽观察法和石器表面残余物分析法。前者通过观察不同的光泽痕迹来区分不同的使用对象，如干皮革、骨头、植物等不同物品所产生的光泽是不同的；后者通过对石器表面存留的残余物质进行分析来确定使用对象[10]。

Kazaryan通过微痕分析将亚美尼亚的莫斯特遗址中的1件黑曜岩石片和1件聚刃刮削器定为专门的屠宰工具，刃缘上明显的使用痕迹说明工具利用率很高，反映了当时充分利用资源的经济策略[11]。这是一种新的尝试，此前的微痕研究要么是集中于单一遗址的研究，要么是集中于少数几种石器类型或是仅只对模拟实验进行研究分析，极少这样对一个地区的数个旧石器遗址的典型石器进行系统而有针对性地模拟使用微痕对比分析。

Hurcombe对黑曜岩石器的使用痕迹进行了实验性研究。根据劳伦斯·基利研究的成果，Hurcombe将硬木、软木、肉类、鱼、皮革、鹿角、骨头和谷物作为研究对象，分别进行锯、切、剖、刮和削。此外，Hurcombe还研究了无使用痕迹。经过实验，Hurcombe对不同的材料进行了分类研究并观察拍照，但Hurcombe对于石器的使用痕迹并没有进行系统分类，Hurcombe认为这样才不会遗漏那些比较特殊的痕迹。Hurcombe总结出，如果考虑到黑曜岩石器与燧石石器在构造上的不同，二者的痕迹是类似的。Hurcombe认为，石器微痕研究是一种需要耗费大量时间的技术，只有经过严谨的记录和精密的考察才有可能得出正确的结果，而且微痕研究作为一种手段应该与文化进行结合才更有意义[12]。

Mandujano 等人对墨西哥伊达尔戈州美次提特兰地区发现的黑曜岩石器进行了微痕实验分析，经过显微镜观察和对比，发现微痕实验中刮龙舌兰在石器上留下的痕迹与美次提特兰地区发现的黑曜岩石器痕迹类似，因而得出结论，即这些石器有可能是用于提取龙舌兰汁的工具[13]。

在我国，自20世纪80年代，童恩正先生与张森水先生[14]积极地将微痕研究介绍到国内并促使许多学者参与到这一研究中。以此为开端，微痕研究真正地进入中国，侯亚梅以高倍法微痕实验为研究内容的论文对考古标本进行观察对比，是我国第一个系统进行石器微痕分析的实验研究[15]。与此同时，北京大学黄蕴平[16]、夏竞峰[17]、王幼平[18]、李卫东[19]、顾玉才[20]等进行了一系列的石器模拟实验与微痕分析，取得了丰硕的研究成果。但是这一时期的微痕研究手段相对单一，涉及规模也较小，并且由于微痕研究人员的匮乏，此后的一个相当长的时期内，我国的微痕研究发展进入了停滞期。21世纪初，在沈辰博士对微痕理论系统引进与疾呼下，在高星博士的大力推动和组织下，中国的微痕研究终于进入了一个新的阶段，代表性的事件就是中国科学院古脊椎动物与古人类研究所在2004年举办了我国首届“石器微痕分析培训研讨班”，并将成果结集出版[21]。随着这批参加过培训研讨的青年学员的成长与成熟，我国的微痕分析研究将会快速而稳定的发展[22]。

## 三、吉林省东部地区黑曜岩石器研究现状

黑曜岩俗称火山玻璃，它由黏滞熔岩的快速冷凝而形成。黑曜岩富含二氧化硅（35%～80%），含水分很少，具有相似一流纹岩的化学成分。黑曜岩具有玻璃光泽，比窗玻璃稍硬。虽然黑曜岩在典型情况下颜色似煤精黑色，但赤铁矿（氧化铁）的存在产生了红色及褐色变种，微小气泡包裹体可以形成黄金光泽。具有暗色条带或灰、绿、黄于色斑块的其他类型也被人们认识到了。黑曜岩所含水分按重量一般不多于1%，在地下深处的高压之下，流纹岩质熔岩可以含有高达10%的水分，这使它甚至在低温下也保持液体状态。喷发到地表时，因地表压力低，挥发性的水分得以迅速逸散，从而增加了熔浆的黏度。熔浆黏度的增加却妨碍了结晶作用，于是熔岩凝固成为玻璃。不同的黑曜岩由不同的结晶物质组成。它们密集的、丰富的雏晶（显微状胚胎形晶体生长物）是那样多，以至于这种玻璃除薄的边缘外都不透明了。很多黑曜岩标本含有称为团簇粒的，放射状排列的针状晶体组成的球形团块。长石的微晶（微小的偏光晶体）和石英的显晶（大的、形状很好的晶体）也可能存在。大多数黑曜岩与火山岩共生，并形成流纹岩质熔岩流的上部；还有它是作为岩墙和岩床的薄边缘出现。著名的黑曜岩产地有冰岛的海克拉火山，意大利海岸外的埃奥利群岛，以及美国怀俄明州黄石国家公园的黑曜岩峭壁。

黑曜岩作为石器原料具有其他石料所不可比拟的优势：锋利、硬度适中、具贝壳状断口、便于加工。在日本及美洲发现许多以黑曜岩为主原料的旧石器遗址，他们对黑曜岩的有关研究与分析也非常充分，目前国内发现的黑曜岩遗址主要集中在吉林省东部山区，其他地区只是零散发现。

20世纪80年代起，吉林大学一直对吉林省境内的旧石器遗存进行系统的调查研究并取得了很多收获。极具特色的以黑曜岩为原料的石器在调查中多次被发现，同行也提供过该类线索，但是限于人力、物力等多方面的原因，很多调研无

法深入开展。2000年以后，关于黑曜岩为原料的旧石器遗址调研逐渐深入与系统，收获也逐渐丰富起来。

1999年，吉林省抚松县发现的黑曜岩石器，吉林大学陈全家教授鉴定后认定它是“石核”，其原料是长白山火山爆发形成的黑曜岩。这块石核重17.5千克，其上所剥离“石叶”的疤痕长32.3厘米，宽4.4厘米，均为国内同类石器之最，在国外也是罕见的。2002年9月末至10月初，吉林大学、吉林省文物考古研究所和抚松县文物管理所组成联合考古队，对出土“石核”的地点进行了抢救性试掘，发现了一座用大石块围成的椭圆形居住址（即窝棚式建筑），在门道前方的左侧有一处直径约2米的用火遗迹。在上述两个遗迹内均发现以黑曜岩为原料打制的小型石器和碎片，共32件，但在其周围没有发现其他黑曜岩原料[23]（图1.1，1）。

2002年，在对吉林省东部地区进行调研时发现了以黑曜岩原料为绝对主体的和龙柳洞旧石器地点[24]，2004年又进行了一次复查，获石器142件，遗址应属于晚更新世晚期，即旧石器时代晚期[25]（图1.1，2）。

2002年，在吉林省珲春市文物管理所同志的协助下，在对图们江流域和珲春河沿岸进行旧石器考古调查时发现了以黑曜岩为主体原料的北山旧石器地点，石器地点的时代为晚更新世晚期，即旧石器时代晚期的偏晚阶段[26]（图1.1，3）。

2003年，吉林大学得到线索，吉林延边的和龙市石人沟发现了黑曜岩，吉林大学陈全家教授鉴定为黑曜岩石核。2004年5月初，吉林大学、吉林省文物考古研究所联合对该遗址进行了调查和小范围试掘，确定了地层堆积情况和遗址大致范围，发掘出若干黑曜岩原料的石器[27]。2005、2007年又相继对该遗址进行了发掘，收获颇丰，出土上千件石器，黑曜岩原料的比例近100%（图1.1，4）。

2005年，吉林延边和龙市文物管理所在调研中发现了青头旧石器遗址。它位于和龙市龙城镇青头村。2006年春，吉林大学与吉林省文物考古研究所在和龙市文物管理所的协助下再次对其进行了调研，获得石器216件，并认定其是以黑曜岩为绝对主体的旧石器晚期遗址[28]（图1.1，5）。

2006年，吉林大学和吉林省文物考古研究所在对吉林省安图县进行联合调查时发现了沙金沟旧石器遗址，遗址位于沙金河右岸第Ⅲ级阶地上，在地表和含角砾的黄色亚黏土层中共发现石器82件，原料以黑曜岩为主，包括石核、石片、石叶、细石叶、第二类和第三类工具（刮削器、雕刻器、尖状器和砍砸器等）。遗址的地质年代推测为晚更新世的晚期，即旧石器时代晚期[29]（图1.1，6）。同年，吉林大学又赴长白山天池及九台地区调研，希望找到黑曜岩原料产地，并在两地采集了若干黑曜岩样品，但是这些样品的质地与形态均不理想。

2007年，吉林大学在对吉林延边和龙石人沟遗址发掘时偶然发现了和龙崇善大洞遗址，遗址面积超过100万平方米，并于当年进行试掘，取得了巨大的收获。发现

图1.1　吉林省东部地区黑曜岩旧石器遗址分布图

1. 抚松新屯子西山　2. 和龙柳洞　3. 珲春北山　4. 和龙石人沟　5. 和龙青头

6. 安图沙金沟　7. 和龙崇善大洞

和发掘了数量超过15000件的石器。该遗址石器的原料以黑曜岩为绝对主体，在工具组合中以刮削器和雕刻器为主，时代应属于旧石器时代晚期[30]（图1.1，7）。

黑曜岩石器在我国其他地区发现较少，因而相应的研究与分析也显得较为薄弱，对于黑曜岩石器的传统研究尚且不多，更遑论对黑曜岩的微痕研究。近年来，随着这些以黑曜岩原料为主体的旧石器遗址和地点的发现与发掘，黑曜岩石器的相应研究也变得系统和详细起来。正是由于这些资料的完善和更新，对于黑曜岩石器进行针对性的全面研究成了可能。

## 四、对吉林省东部地区黑曜岩石器进行微痕分析的设想

吉林省东部地区具有这样高密度的黑曜岩旧石器遗址，相似的细石器工业技法与石器类型，相似的年代与时期，是否为同一人群创造的不同文化，为什么？是不同的物质资源使得文化发生了变异还是受到了外来因素的干扰与破坏？是否为不同人群创造的不同文化？为什么在同一地域、同一环境下产生了不同的文化？是否为同一人群创造的共同文化？为什么同一人群在旧石器时代分布这样广泛，是季节迁徙还是部落分散？还是不同人群创造的共同文化？是巧合还是有着某种必然？这些答案我们唯有通过对出土的石器进行研究分析才能得到。前文业已提到，石器研究最为重要的一环实为功能的研究。不同遗址中的相同器物的功能是否相同？不同遗址中相同功能的器物的外形是否相同？同一遗址中的相同器物的功能是否相同？同一遗址中相同功能的器物的外形是

否相同？这些问题的答案，研究者多年来一直有所猜测，但这些猜测多未得到真正让人信服的实证，微痕分析或许能够为研究者提供一条新的途径，去证实这些猜测。本书正是基于这样一种考虑应运而生，希望书中的结论对这些研究能够提供一些帮助，书中的发现对研究者能够提供一些启发，书中的尝试能够架起微痕研究与石器分析的桥梁。

本书将通过这样几步来解决问题：①使用黑曜岩模拟打制各遗址的典型石器；②对打制成的石器进行模拟使用的实验；③在体视显微镜下对模拟使用实验后的石器进行微痕观察与分析；④在体视显微镜下对各遗址的典型石器进行微痕观察与分析；⑤将③与④的结果进行比对，以期得到石器的功能分类。同时以微痕数据为基准初步建立起中国黑曜岩石器类型与功能的判定标准。

## 注 释

[1] 宋兆麟：《投石器和流星索——远古狩猎技术的重要革命》，《史前研究》1984年2期，98～108页。

[2] 2006、2007年张森水先生两次勉励笔者。

[3] 高星、沈辰：《石器微痕分析在中国考古学中的应用与发展前景》，《石器微痕分析的考古学实验研究》，科学出版社，2008年，1页。

[4] Semenov S A. *Prehistoric technology: an experimental study of the oldest tools and artefacts from traces of manufacture and wear*. Bath: Adams & Dart, 1964.

[5] 高星、沈辰：《石器微痕分析在我国的应用：沉思与前瞻》，《中国文物报》2007年12月21日第7版、2008年1月18日第7版。

[6] 高星、沈辰：《石器微痕分析在中国考古学中的应用与发展前景》，《石器微痕分析的考古学实验研究》，科学出版社，2008年，6页。

[7] Semenov S A. *Prehistoric technology: an experimental study of the oldest tools and artefacts from traces of manufacture and wear*. Bath: Adams & Dart, 1964.

[8] Keeley L H. Technique and methodology in microwear studies: a critical review. *World Archaeology*, 1974 (5): 323-326

[9] 埃塞俄比亚的制革工人用黑曜岩制作的刮刀对皮革进行加工。

[10] Hurcombe L M. *Use wear analysis and obsidian: theory, experiments and results*. Sheffield Archaeological Monographs 4.J.R. Collis Publications Department of Archaeology and Prehistory University of Sheffield, 1992: 22-23.

[11] 张晓凌：《石器功能与人类适应行为：虎头梁遗址石制品微痕分析》，中国科学院古脊椎动物与古人类研究所，2009年，22页。

[12] Hurcombe L M. *Use wear analysis and obsidian: theory, experiments and results*. Sheffield Archaeological Monographs 4.J.R.Collis Publications Department of Archaeology and Prehistory University of Sheffield, 1992.

[13] Mandujano C, et al. Provenance and use wear of pre-Hispanic obsidian scrapers. *Journal of Radioanalytical and Nuclear Chemistry*, 2002, 252 (1): 81-85.

[14] a. 童恩正：《石器的微痕研究》，《史前研究》1983年2期，151～158页。

b.张森水：《述评〈石器使用的试验鉴定——微磨损分析〉一书》，《人类学学报》1986年 5卷4期，392～395页。

[15] 侯亚梅：《石制品微磨痕分析的实验性研究》，《人类学学报》1992年11卷3期，202～215页。

[16] 黄蕴平：《沂源上崖洞石制品的研究》，《人类学学报》1994年13卷1期，1～11页。

[17] 夏竞峰：《燧石刮削器的微痕观察》，《中国历史博物馆馆刊》1995年1期，22～42页。

[18] 王幼平：《雕刻器实验研究》，《考古学研究》，文物出版社，1992年，65～90页。

[19] 李卫东：《燧石尖状器实验研究》，《考古学研究》，文物出版社，1992年，91～123页。

[20] 顾玉才：《海城仙人洞遗址出土钻器的实验研究》，《人类学学报》1995年14卷3期，219～226页。

[21] 高星、沈辰：《石器微痕分析的考古学实验研究》，科学出版社，2008年。

[22] a.谢礼晔：《微痕分析在磨制石器功能研究中的初步尝试——二里头遗址石斧和石刀的微痕分析》，中国科学院研究生院，2005年。

b.张晓凌：《石器功能与人类适应行为：虎头梁遗址石制品微痕分析》，中国科学院古脊椎动物与古人类研究所，2009年。

[23] 陈全家、赵海龙、王春雪：《抚松新屯子西山旧石器遗址试掘报告》，《人类学学报》2009年 28卷2期，147～153页。

[24] 陈全家、赵海龙、霍东峰：《和龙市柳洞旧石器地点发现的石制品研究》，《华夏考古》2005年3期，51～59页。

[25] 陈全家、王春雪、方启等：《吉林和龙柳洞2004年发现的旧石器》，《人类学学报》2006年25卷3期，208～219页。

[26] 陈全家、张乐：《吉林延边珲春北山发现的旧石器》，《人类学学报》2004年23卷2期，138～145页。

[27] 陈全家、王春雪、方启等：《延边地区和龙石人沟发现的旧石器》，《人类学学报》2006年25卷2期，106～114页。

[28] 陈全家、方启、李霞等：《吉林和龙青头旧石器遗址的新发现及初步研究》，《考古与文物》2008年2期，3～9页。

[29] 陈全家、赵海龙、方启等：《安图沙金沟旧石器遗址发现的石器研究》，《华夏考古》2008年4期，51～58页。

[30] 李霞：《和龙崇善大洞旧石器遗址（07年）发掘的石器研究》，吉林大学硕士学位论文，2008年。

# 第二章　实验标本的设计与制作

## 一、实验标本的设计

### （一）实验原料的来源与选用

由于实验要进行比对的考古标本均为黑曜岩原料，故而实验原料笔者也选择为黑曜岩。多年来，笔者在吉林省东部地区不断寻找黑曜岩的原料产地，均没有如愿。尤其是在最寄予厚望的2006年5月，笔者赴吉林长白山天池和吉林九台火山地区进行调研，找到的原生黑曜岩均不可以作为石器原料。截至实验实施阶段，吉林地区的原生黑曜岩石料仍在找寻之中。此次实验标本所选用的石料系由日本学者加藤真二热心提供的北海道出产的黑曜岩20千克左右以及由加拿大学者应明友情提供的采自美国俄勒冈州的黑曜岩3千克左右组成（图版一）。经过观察与比较，其石质较为接近吉林省旧石器考古遗址中出土的黑曜岩石器，故而采用。

### （二）实验标本的设计选择

结合在各遗址出土器物中选择将要对比的考古标本情况，我们将黑曜岩原料加工成为140件工具，其中包括：石片22件、石叶22件、细石叶[1]35件作为第二类工具[2]使用，第三类工具[3]中的刮削器22件、尖状器26件[4]、雕刻器13件[5]（图版一）。

## 二、实验标本的制作

使用的剥片工具主要为石锤、鹿角[6]（图版一），剥片方法均为直接锤击剥片，个别石叶与细石叶为截断使用，工具的修理方法以锤击修理为主，间或压剥修理，修理方式多单向加工。

石器的制作者均为陈全家教授，累计耗时三天。加工地点为吉林大学边疆考古研究中心旧石器标本陈列室（图版一）。

## 注　释

[ 1 ] 本书中将长50毫米以下，宽10毫米以下的石叶定为细石叶。

[ 2 ] 按照吉林大学陈全家教授的分类方法，将没有经过进一步加工而直接使用的有使用过痕迹的功用的石片或石叶叫作第二类工具，后同。

[ 3 ] 按照吉林大学陈全家教授的分类方法，将经过进一步加工形成一定形状或类型的石器称为第三类工具，后同。

[ 4 ] 其中一件尖状器的两个不同刃部在实验中分别编号为尖状器SYZ5与尖状器SYZ6。所以尖状器的实验编号比实际实验标本数多一件。

[ 5 ] 其中一件雕刻器的两个不同刃部在实验中分别编号为雕刻器SYK3与雕刻器SYK4。所以雕刻器的实验编号比实际实验标本数多一件。

[ 6 ] 此二件工具由陈全家教授提供。另按照吉林大学陈全家教授的分类方法，天然工具者，称为第一类工具，也可以称为加工工具的工具，后同。

# 第三章　实验标本的微痕观察与分析

## 一、实验对象的选取

考虑到古代人类生活中的常用事物，并且结合现有的实验条件。笔者将实验对象分为5大类：树木、皮革、鲜肉、骨骼、蔬菜。其中树木又分为干木与新鲜木，干木系为采集获得的松树枝干，新鲜木系为采集获得的新鲜杨树枝干；皮革亦分为干与新鲜两种，干皮革为赠送获得的干牛皮，新鲜皮革则为购买所得到的新鲜猪皮；鲜肉则均为购买所得的新鲜猪肉；骨骼为新鲜的牛骨与新鲜的猪骨，均为购买所得；蔬菜为新鲜大白菜，购买所得。上述实验对象的硬度大体为新鲜猪骨或牛骨（坚硬）＞干松木（较硬）＞新鲜杨木（较软）＞干牛皮（软）＞新鲜猪皮（很软）＞新鲜猪肉（极软）＞新鲜大白菜（最软）。新鲜猪骨或牛骨为本实验中最为坚硬的实验对象，新鲜大白菜为最软性实验对象。

## 二、实验方式与方法

### （一）实验流程

实验的流程见图3.1所示。首先挑选好实验标本，并要在使用前进行观察记录与照相，然后将其进行使用实验，在使用100次后即停止，进行观察记录（石器微痕实验记录表样表[1]见附录一）与照相（如果在此期间，实验标本出现损坏以致不能继续使用则立即停止，观察记录、照相后，该次实验完全结束）；在实验标本的使用进行到500次时则再次停止，进行观察记录与照相（如果在此期间，实验标本出现损坏以致不能继续使用则立即停止，观察记录、照相后，该次实验完全结束）；在实验标本的使用进行到1000次时即再次停止，进行观察记录与照相（如果在此期间，实验标本出现损坏以致不能继续使用则立即停止，观察记录、照相后，该次实验完全结束）；最后在实验标本的使用进行到2000次时完全停止，进行观察记录与照相（如果在此期间，实验标本出现损坏以致不能继续使用则立即停止，观察记录、照相后，该次实验完全结束）[2]。实验地点为吉林大学边疆考古研究中

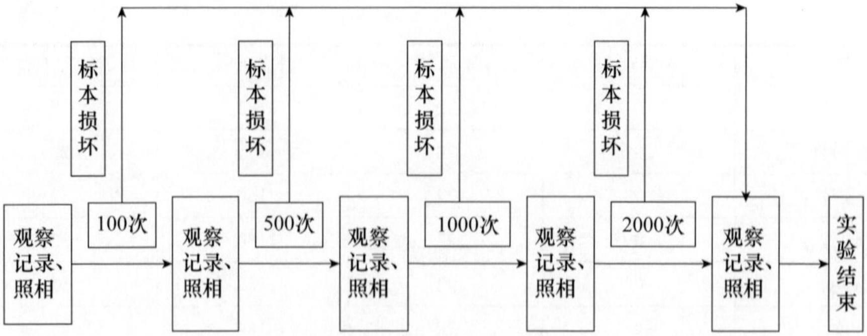


图3.1　石器使用实验流程示意图

心旧石器标本陈列室。操作者共计16人，共进行有效实验142项，耗时60天。

## （二）实验相关要素[3]

### 1. 标本编号

标本编号为石器汉字名称加实验和实验行为的拼音缩写加数字序号，如“刮削器SYQ8”，是指刮削器切加工实验第8件。

### 2. 实验种类

对实验对象的加工分为切、刮、钻、刻四类。其中除细石叶为捆绑后使用外，其他实验标本均为手持使用。每件标本只进行同一动作的单纯实验。对于树木（包括干木与新鲜木）与骨骼的加工与观察，选用实验动作包括切、刮、钻、刻四类。对于皮革中的干皮革的加工与观察，选用实验动作只有切与钻，因为考虑到对干皮革的刮与刻似不具备实用意义[4]。同理，对于皮革中的新鲜肉皮的加工与观察，选用实验动作只有切与刮。基于同样的考虑，对于鲜肉与蔬菜也只选择了切一项动作进行实验。

### 3. 操作者

16名操作者的资料详见表3.1。在石器使用的实验中，操作者的自然情况应该是具有极其重要的意义，不同的操作者可能会导致使用结果的差异[5]。

**表3.1　石器使用实验操作者自然情况一览表**

| 姓名 | 性别 | 年龄/岁 | 身高/厘米 | 体重/千克 |
|---|---|---|---|---|
| 陈晓颖 | 女 | 27 | 162 | 52 |
| 戴玲玲 | 女 | 22 | 160 | 50 |

续表

| 姓名 | 性别 | 年龄/岁 | 身高/厘米 | 体重/千克 |
|---|---|---|---|---|
| 方启 | 男 | 32 | 183 | 100 |
| 侯哲 | 女 | 20 | 175 | 73 |
| 卢悦 | 女 | 22 | 160 | 52 |
| 任秀芬 | 女 | 22 | 160 | 52 |
| 孙明明 | 女 | 22 | 162 | 55 |
| 谭觅 | 女 | 20 | 164 | 60 |
| 陶莹 | 女 | 32 | 163 | 57 |
| 王欢 | 女 | 23 | 153 | 49 |
| 王欣 | 女 | 22 | 164 | 50 |
| 魏屹 | 女 | 21 | 162 | 50 |
| 肖晓鸣 | 女 | 23 | 155 | 47 |
| 赵莹 | 女 | 25 | 156 | 52 |
| 郑钧夫 | 男 | 25 | 168 | 60 |
| 周敏 | 女 | 22 | 168 | 70 |

4. 定位

第二类工具（石片、石叶与细石叶）的定位为台面或近段向上摆放，背面朝向观察者，观察者的左侧和右侧即为被观察物的左侧与右侧。第三类工具则为刃部向上，背面朝向观察者，观察者的左侧和右侧即为被观察物的左侧与右侧。关于对微痕在标本上的位置，则采用由乔治·奥代尔所创的八分法。即以上文规定定位完成后，以标本中心为圆心，将标本八等分，按照顺时针分别表示为P.C.1～8。每个P.C.表示一个特定的标本外缘。如图3.2所示，该标本的微痕位置为P.C.8和 P.C.1，则表述为微痕位置为P.C.8-1。

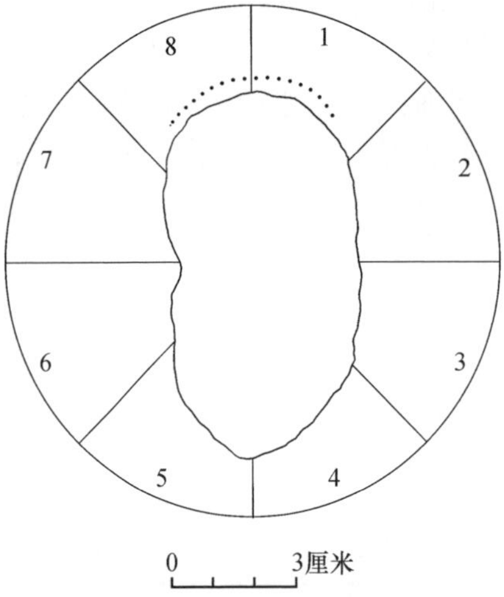

图3.2　八分法示意图

5. 捆绑方式

捆绑仅限于细石叶。方式一般是用两双方便木筷将细石叶夹住，再使用塑料绳对木筷缠绕至细石叶固定牢靠为止，然后再手持使用。

6. 运动情况

对实验对象的加工分为切、刮、钻、刻四类。操作者均为右手使用，且单次单向运动，在运动过程中，操作者不得更换，使用角度与使用力度均不做改变。切指实验标本垂直于被加工物，运动方向与实验标本刃口的长轴方向一致，由外向内运动。刮指实验标本与被加工物呈一定角度，运动方向与实验标本刃口的长轴方向垂直，由内向外运动。钻指实验标本垂直于被加工物，运动方向为每次顺时针180度旋转。刻指实验标本与被加工物呈一定角度，由上向下刻划运动（图3.3；图版二）。

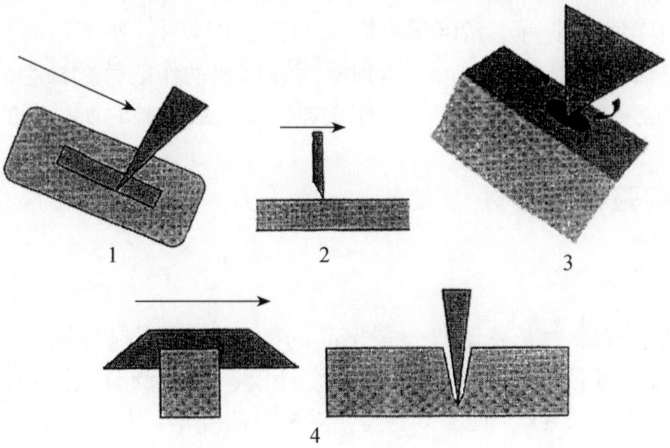


图3.3　运动情况示意图（改自乔治·奥代尔）

1. 刻　2. 刮　3. 钻　4. 切

7. 观察项目

石器的微痕包括磨损和破损两大类。其中磨损痕迹的观察和记录包括：磨圆、光泽、条痕和位置。磨圆是指石器与被加工对象或装柄物接触，经过机械摩擦，由原来的锋利状态变为平滑圆钝。观察中按磨圆的程度进行记录。光泽对于黑曜岩石器来说很难界定，因为石质本身不但反光性良好，且还具备一定的透光性，故而对于光泽的观察将较少提及。条痕是石器在运动摩擦中形成的直线条纹，具有方向性，是判断运动方向的重要依据。破损痕迹则包括位置、微疤分布形式、微疤尾端形态、微疤大小。其中微疤分布形式包括连续、紧密、不连续、不规则、重叠等多种形式。微疤尾端形态是指微疤远端的纵剖面形态，包括羽翼式、卷边式、层叠式（阶梯式）和折断式四种。这一属性与来自加工对象的反作用力的传导有关，能够反映加工对象的硬度。

8. 使用效率

标本的使用效率能够反映一件石器的“生存与否”，显然一件经过上千次使用而仍然锋利的石器要比一件几百次的使用后就变钝的石器更有保留和继续利用的价值。故而在记录中应对使用效率有所提及。

9. 动作记录

动作记录包括单次动作长度、动作频率、动作耗时和动作次数。单次动作长度的记录可将同种实验不同动作长度放在一起讨论。例如，A操作者使用刮削器刮松树枝干的动作长度为平均8厘米，B操作者使用刮削器刮松树枝干的动作长度为平均6厘米，所以2000次后，A操作者的刮动作使用进行了16000厘米，而B操作者的刮动作使用进行了12000厘米。这样在比较两件刮削器时可以将二者置于使用总长度这一前提下进行。动作频率能够反映动作的持续性与力度的大小。动作耗时指完成实验的总时间[6]。动作次数则指完成实验时所进行的使用次数。

## （三）实验相关器材

1. 体视显微镜

使用的观察仪器为麦克奥迪公司出品的K-400L体视显微镜，其规格为头部［AT070021］：双目倾斜45度，双目视度补偿，瞳距调节范围：54 ~ 76mm；镜体［AT070023］：6X、12X、25X、50X四档变倍，标准1.0X消色差物镜，标准2.0X消色差物镜[7]，V型导轨与钢球组合的调焦机构，保证调焦灵活舒适、稳定可靠，可调角度的入射光照明系统，配带反光碗12V/20W卤素灯；底座［AK4000005］：工作平台，具有可调节亮度的12V/10W入射光源和透射光源，可单独或者同时使用入射光源或透射光源，超宽电压输入的开关电源（100 ~ 240V）；目镜［SG02T0218］：超大视场10X/23目镜一对；眼罩［SB150004］：便于观察的护眼罩一对。

2. 数码显微系统

连接体视显微镜与电脑的数码显微系统采用Moticam2506的500万像素数码成像系统。其规格为分辨率：2592×1944 有效像素；像素点尺寸：2.2μm×2.2μm；帧率：（3.5 ~ 46.5）帧/秒；快门：电子快门；信噪比：40.5dB；扫描方式：逐行扫描；光亮要求：≈3 Lux；操作系统：Windows XP/Vista，Mac OSX；数据接口：USB2.0（480 Mbit/sec）；电源：DC 5V±5%；电流：≈200 mA；功率：≈1.0 W；工作温度：−10℃ ~ 70℃；存储温度：−10℃ ~ 80℃；相对湿度：40 % ~ 90 %。

3. 数码相机

使用的数码相机为尼康牌数码单镜反光相机D40X，其规格为有效像素：1020万；影像感应器：RGB CCD，23.6mm×15.8 mm；总像素：1075 万，尼康 DX 格式；影像尺寸（像素）：3872×2592［L］，2896×1944［M］，1936×1296［S］；感光度：100 ~ 1600，调整幅度为1 EV，提供比1600更高一档的感光度；文件格式：压缩NEF（RAW）：12 位压缩，JPEG：兼容 JPEG 基线；拍摄模式：①单幅拍摄模式，②连续拍摄模式：约3张/秒，③自拍模式，④延迟遥控模式：延迟 2 秒，⑤快速响应遥控模式；白平衡：自动（420 像素 RGB 感应器下 TTL 白平衡），带微调和预设白平衡的 6 种手动模式；镜头：尼克尔 AF-S VR 105mm f/2.8G IF-ED自动对焦微距镜头S型。

4. 其他

冷光源照明器、超声波清洗机、电子天平、电脑等。

## 三、实验观察记录[8]

### （一）对树木的加工与观察

作为实验对象的树木分为干木与新鲜木，干木系为采集获得的松树枝干，新鲜木系为采集获得的新鲜杨树枝干。下面先介绍对干木（松树枝干）的加工与观察。

1. 对干木（松树枝干）的加工与观察

实验所采用的松树枝干均为采集获得。经多年放置阴干，较为干燥，质地较硬。

（1）切。

在实验中使用到的石器为石片SYQ1、石片SYQ2、石叶SYQ11、石叶SYQ12、细石叶SYQ10、细石叶SYQ12、细石叶SYQ15、刮削器SYQ8、刮削器SYQ11、尖状器SYQ1、尖状器SYQ2，共计11件（图版三）。

石片SYQ1，操作人：郑钧夫。长17.17毫米，宽47.62毫米，厚4.27毫米，重3.14克，使用部位为P.C.3-6（图3.4），刃缘平直，刃角为18度。

使用效率：标本使用效果不明显，效率不高。

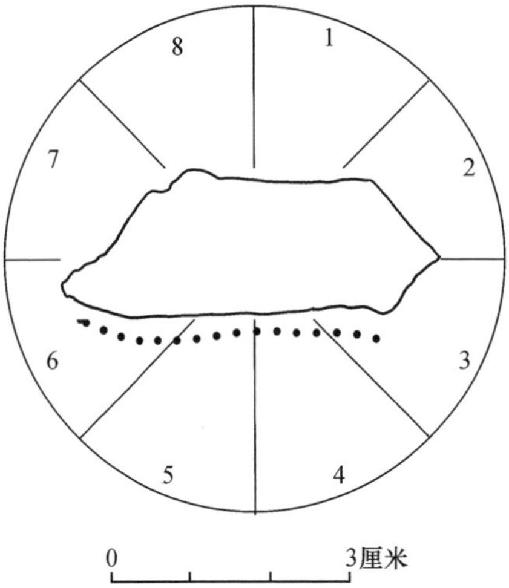

图3.4　石片SYQ1使用部位示意图

动作记录：单次动作长度平均为10厘米，动作频率为46次/分钟，动作耗时50分钟，一共完成动作次数2000次。

微痕观察：

使用前：刃缘平直。器身表面光滑。刃缘有一处凸起。一侧可见因打制而形成的弧形棱脊。

100次：背面显微镜下可见细小木屑和少量不连续的微小疤痕，腹面基本不见疤痕。

500次：显微镜下背面和腹面均只能见到微小不连续的少数疤痕，刃缘尾端由于较薄，出现两侧均可见的连续折断式疤痕，刃缘呈齿状。

1000次：背面开始出现成组较连续的羽翼式疤痕，腹面疤痕还不明显。尾端为折断式疤痕，有较大疤出现。

2000次：刃缘整体还是比较平直，背面及腹面只新增几个较大的折断式疤痕。

石片SYQ2，操作人：方启。长38.72毫米，宽26.06毫米，厚3.21毫米，重1.76克，使用部位为P.C.1-2（图3.5），刃缘平直，刃角为15度58分。

使用效率：初期极锋利，500次以后愈发变钝，使用到最后作用效果不明显，但是仍较锐利。干松木被切割出深为0.5厘米左右的环槽。

动作记录：单次动作长度平均为2厘米，动作频率为 60次/分钟，动作耗时40分钟，一共完成动作次数2000次。

微痕观察：

使用前：刃缘较薄锐，刃缘处可见4处因打制而形成的细小疤痕，同心波明显。

100次：刃缘处出现不连续的疤痕，较小。

500次：刃缘处出现较大的疤痕，为折断式，亦不连续。

1000次：刃缘处出现更多疤痕，刃缘的磨平现象明显。较大的疤痕均被磨平。把握处有疤痕产生。

2000次：刃缘呈现锯齿形，疤痕有大

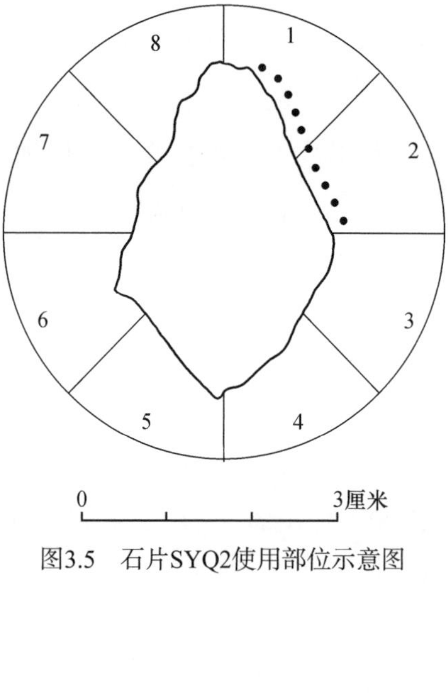

图3.5　石片SYQ2使用部位示意图

有小，呈折断式居多。且不十分连续。石片的微痕形成是由少到多，由小到大的。一开始为不连续的，后随使用增多变为较连续。最后形成的微痕为折断式，刃缘颇像锯齿状，多为中型疤，间或夹杂大型疤痕。

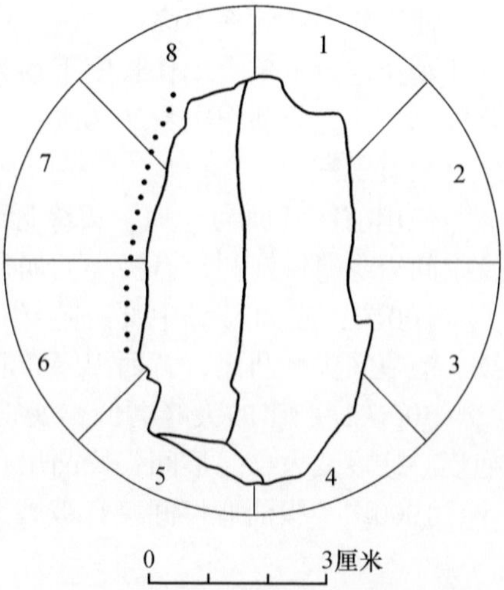

图3.6　石叶SYQ11使用部位示意图

石叶SYQ11，操作人：侯哲。长67.66毫米，宽40.07毫米，厚9.87毫米，重22.62克，使用部位为P.C.6-8（图3.6），刃缘平直略凸，刃角为31度36分。

使用效率：初期锋利，500次以后变钝。

动作记录：单次动作长度平均为1.5厘米，动作频率为80次/分钟，动作耗时25分钟，一共完成动作次数2000次。

微痕观察：

使用前：右侧为片疤，左侧保留砺石面，为预备使用刃缘。远端未经修理，有排列紧密的细小疤痕。刃缘近端有一大的疤痕，远端因质地原因有一陡坎。刃缘上有零星的崩疤，背面及腹面都分布了零星的极小的崩疤，腹面可见清晰的放射线。

100次：刃缘上有小的锯齿。背面刃缘有细小的崩裂疤痕，不连续。腹面有不连续的羽翼式疤痕。

500次：近端疤痕崩裂多、连续，远端也有大的崩疤。中部凸出处被磨得平滑。腹面疤痕较深较大、连续，刃缘变钝、变厚。

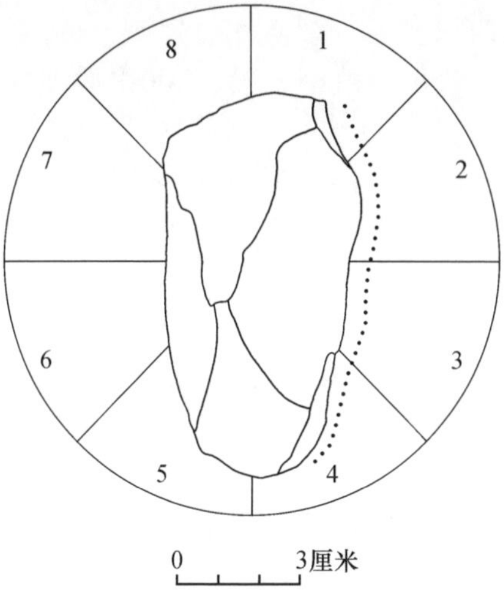

图3.7　石叶SYQ12使用部位示意图

1000次：两端有较大的折断式连续的疤痕，呈锯齿状。中部凸出处的疤痕尖峰被磨平，刃缘也有不连续细小疤痕。背面又增加了新的疤痕。

2000次：原先产生的疤痕都被磨得浅平，尖峰不明显，刃缘变得平滑。腹面的疤痕也变得浅平，远端疤痕变多，刃缘呈锯齿状。

石叶SYQ12，操作人：魏屹。长91.98毫米，宽48.84毫米，厚18.6毫米，重41.47克，使用部位为P.C.1-4（图3.7），刃缘平直略凸，刃角为34度20分。

使用效率：效率不高。

动作记录：单次动作长度平均为3厘米，动作频率为 60次/分钟，动作耗时40分钟，一共完成动作次数2000次。

微痕观察：

使用前：背面为全疤，刃缘远端可见便于把握而修理的细小疤痕[9]，近端及中间刃缘薄锐锋利，有极小的崩裂的疤痕。

100次：腹面刃缘中部有连续的长条形疤痕，薄锐处折断式疤痕变大，连续。疤痕间尖峰凸出，背面刃缘布满了连续的疤痕连续，细小。

500次：凸出的尖峰磨低，变得不明显，疤痕连续，腹面增加了羽翼式浅平疤痕。疤痕变大，疤痕间尖峰凸出，疤痕间棱脊变得不明显。

1000次：腹面疤痕间棱脊被磨平，背面刃缘上增加了许多非常细小的疤痕，疤痕更大，薄锐的刃缘变得稍钝，中部磨耗重，稍向内凹。

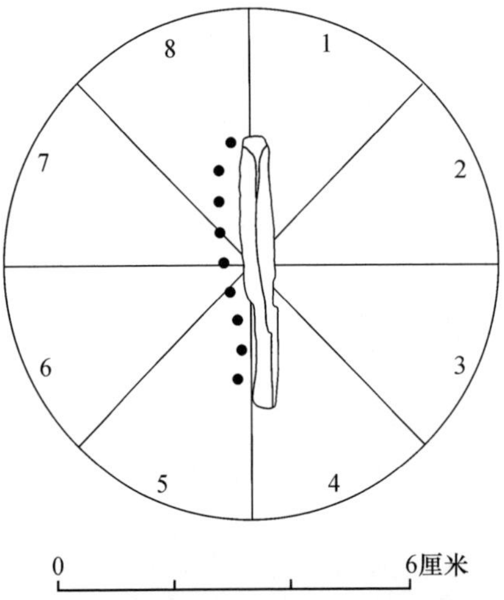

图3.8　细石叶SYQ10使用部位示意图

2000次：近端出现较大的羽翼式疤痕，折断式疤痕刃缘形成锯齿状背面，疤痕增加，刃缘满布细小疤痕，刃缘变得稍齐。

细石叶SYQ10，操作人：陶莹。长45.01毫米，宽6.99毫米，厚2.29毫米，重0.62克，使用部位为P.C.5-8（图3.8），刃缘平直，刃角为24度10分。

捆绑方式：用两双方便筷的大头夹住细石叶近端，用玻璃绳缠绕7 ~ 8圈（图版四）。

使用效率：效率一般，200次后即变得圆钝。

动作记录：单次动作长度平均为3.5厘米，动作频率为60次/分钟，动作耗时35分钟，一共完成动作次数2000次。

微痕观察：

使用前：两侧边近平行，中部稍远处有一弯曲，背面为全疤，中央有一纵脊，脊上有长条形的细疤痕。近端有打片时留下的细小疤痕，腹面较平坦，有细密的放射线。背面观刃缘锋利未见疤痕，刃缘中部有同心波呈褶皱形，腹面观刃缘平滑，未见疤痕。

100次：背面刃缘出现不规则的连续疤痕，既有羽翼式，也有折断式，刃缘呈锯齿形，腹面有不连续的疤痕，其上还有更小的折断式疤痕。

500次：背面出现层叠的疤痕为羽翼式疤痕，原先产生的疤痕变平滑，尖峰被磨平，腹面疤痕增多，有稍大羽翼式疤痕，原先疤痕稍磨平。

1000次：背面疤痕增多、增大、变深，刃缘较平滑，腹面出现新的稍小的疤痕。

2000次：背面疤痕层叠，不规则，既有羽翼式，也有折断式，腹面疤痕变多，刃缘更平滑。

细石叶SYQ12，操作人：方启。长38.51毫米，宽10.74毫米，厚4.87毫米，重1.21克，使用部位为P.C.5-8（图3.9），刃缘平直，刃角为37度46分。

捆绑方式：用两双方便筷的大头夹住细石叶近端，用玻璃绳缠绕7～8圈。

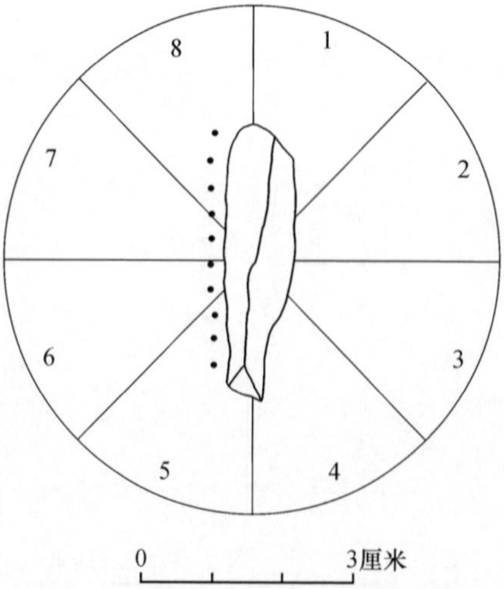

图3.9 细石叶SYQ12使用部位示意图

使用效率：效率不高，一直不是很好用。

动作记录：单次动作长度平均为3厘米，动作频率为 100次/分钟，动作耗时20分钟，一共完成动作次数2000次。

微痕观察：

使用前：右侧刃缘较弯曲，左侧较平直，背面右侧保留砾石面，背面观刃缘远端有两层崩疤，疤痕为折断式，底层疤痕数为三个，刃缘中部有两个连续的羽翼式崩疤，崩疤较大，由于崩疤使得刃缘中部有一处小尖峰，临近近端有三个细小的独立崩疤；腹面观刃缘近端有三个连续的崩疤，临近近端有一个大的折断式崩疤，疤痕较深，刃缘较凸起处有连续的细小崩疤，疤痕大小不一。

100次：背面观刃缘使用前的大崩疤增大，呈羽翼式，新增五处较小的折断式崩疤，刃缘凹凸起伏；腹面观刃缘前部崩疤增大，疤痕崩疤为多层。

500次：背面观刃缘100次时形成的崩疤明显增大，新增多处崩疤，崩疤有的较小，有的较大，形成的崩疤为连续的折断式；腹面观刃缘中部新增两处折断式崩疤，刃缘疤痕连续。

1000次：刃缘的崩疤明显变大变深，刃缘近端出现一处大的长条形崩疤，刃缘处的疤痕多为双层，腹面观刃缘处的疤痕增深。

2000次：背面观刃缘呈锯齿状，刃缘崩疤呈多种形态，疤痕大小不一；腹面观刃缘疤痕连续，刃缘有起伏。

细石叶SYQ15，操作人：陈晓颖。长19.56毫米，宽6.13毫米，厚2.91毫米，重0.32克，使用部位为P.C.1-4（图3.10），刃缘平直，刃角为36度50分。

捆绑方式：用两双方便筷大头夹住细石叶中段，用玻璃绳缠绕7～8圈。

使用效率：一直不是很好用。

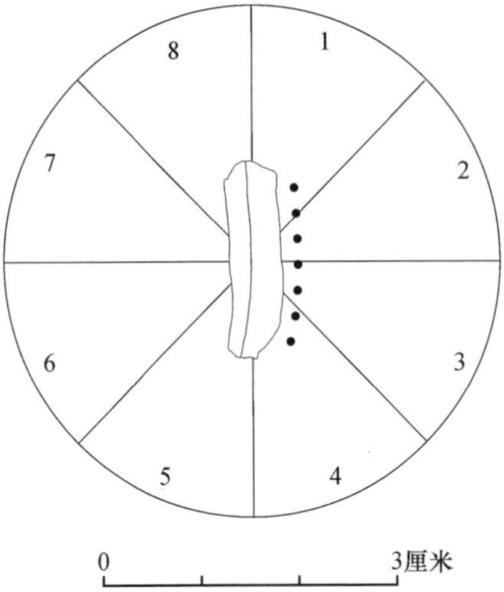

图3.10　细石叶SYQ15使用部位示意图

动作记录：单次动作长度平均为2.4厘米，动作频率为 60次/分钟，动作耗时35分钟，一共完成动作次数2000次。

微痕观察：

使用前：近端残，远端尖稍折。背面有一纵脊。右侧较薄，刃缘平滑，不见明显疤痕。较薄锐，尤其是远端。腹面上有较浅的较细密的放射线。

100次：刃缘出现折断式疤痕，变得有所起伏，疤痕间尖峰明显。远端薄锐处被磨耗掉。背面有一稍大羽翼式疤痕。腹面出现连续的细小的疤痕，也有羽翼式的零星的较大疤痕。

500次：背面远端磨耗严重，出现连续的较深的羽翼式疤痕，疤痕间尖峰及棱脊变得不明显。

1000次：刃缘变钝，背面疤痕增多，疤痕间棱脊变得不明显。腹面新出现了较小的疤痕。

2000次：背面疤痕间棱脊变得不明显。刃缘变钝。腹面出现排列整齐的细长疤痕，疤痕远端不明显。

刮削器SYQ8，操作人：王欢。长44.5毫米，宽32.46毫米，厚13.57毫米，重19.62克，使用部位为P.C.6-7（图3.11），刃缘为平直微凸，刃角为77度20分。

使用效率：不是很高。

动作记录：单次动作长度平均为2.4厘米，动作频率为 60次/分钟，动作耗时35分钟，一共完成动作次数2000次。

微痕观察：

使用前：左右两侧经修理，锤击疤痕较大，压制疤痕较小，疤痕形态差异大。左侧刃角稍小，定为使用刃缘，远端有一突起，近端呈凸刃。形成刃缘的疤痕深浅不一，疤痕间棱脊清晰。腹面观刃缘有一崩裂形成的疤痕，刃缘处可见两处小的剥片时产生的崩裂疤痕。

100次：背面变化不明显，腹面刃缘处有多处使用时形成的疤痕。

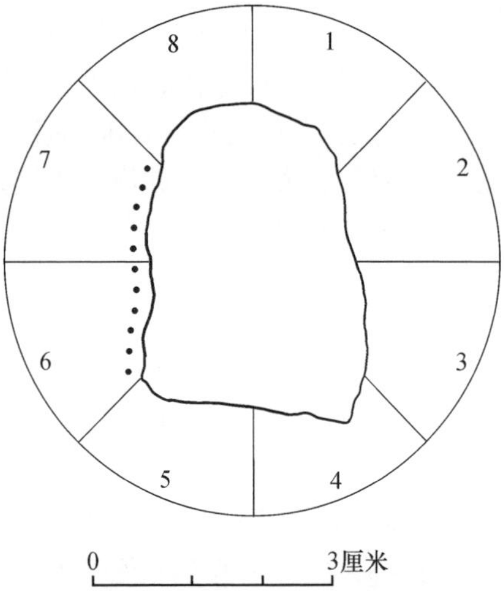

图3.11　刮削器SYQ8使用部位示意图

500次：刃缘的小凹缺处变大，未能观测到新的崩疤，腹面划痕增多，刃缘远端的小尖峰变得圆钝。

1000次：背面可观测到远端的尖峰变得圆钝，个别疤痕被磨耗消失。腹面可见远端的尖峰变小，有的崩疤内新增细小的崩疤。

2000次：背面远端尖峰的方向略有改变，小凹缺的边缘变长，腹面刃缘凸出新增若干崩疤，刃缘凹缺处新增一处崩疤。

刮削器SYQ11，操作人：任秀芬。长25.6毫米，宽23.63毫米，厚5.21毫米，重2.67克，使用部位为P.C.8-1（图3.12），刃缘为凸刃，刃角为58度52分。

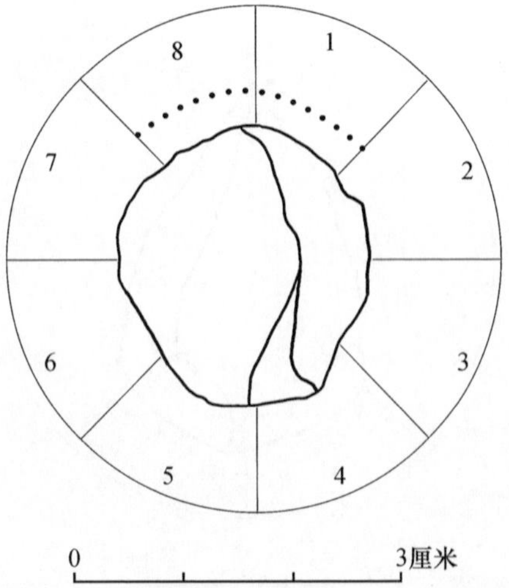

图3.12　刮削器SYQ11使用部位示意图

使用效率：较差，使用效果极不明显。

动作记录：单次动作长度平均为3.7厘米，动作频率为 45次/分钟，动作耗时50分钟，一共完成动作次数2000次。

微痕观察：

使用前：远端经修理形成凸刃，左侧疤痕较大，右侧疤痕较小，右缘较为薄锐，左缘略钝，疤痕间棱脊清晰，腹面尾端略向内侧弯曲，偶见因崩裂而产生的疤痕，同心波较明显。显微镜下可见疤痕密集，可观测到修理疤痕间形成的小的尖峰，刃缘最凹处最为薄锐，透光性好，器身薄厚适中，腹面边缘可见剥片时形成的崩疤，崩疤大小不一。

100次：背面变化不明显，背面刃缘最凸出处有一小崩疤，左侧有一道沿运动方向产生的划痕，附着少量木屑。刃缘背面未见新增崩痕，边缘略见圆钝，腹面未见新崩疤的出现。

500次：背面刃缘且尖端新增2处细小的崩疤，腹面崩疤变大。

1000次：背面刃缘可见两处新增的崩疤，缘峰变钝，腹面新增一个大的崩疤，疤痕内还有小的崩疤，还增加了几处细小的崩疤。

2000次：背面刃缘且偏右侧的疤痕棱脊消失，新增一个宽大的崩疤，致使边缘形成新的尖峰，腹面原来的小崩疤有的消失不见，刃缘形态变化不大。

尖状器SYQ1，操作人：卢悦。长51.53毫米，宽34.99毫米，厚10.44毫米，重13.76克，使用部位为P.C.8-1（图3.13），刃缘为尖刃，刃角为38度30分。

使用效率：较好。

动作记录：单次动作长度平均为6～8厘米，动作频率为 45次/分钟，动作耗

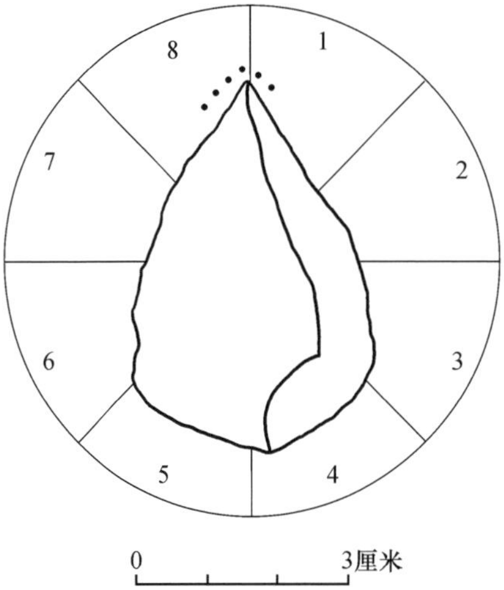


图3.13　尖状器SYQ1使用部位示意图

时45分钟，一共完成动作次数2000次。

微痕观察：

使用前：左侧刃缘未经修理，但极为锋锐，与右侧直刃形成一薄锐锋利的尖刃。疤痕层叠，排列紧密。近端处经锤击修理，便于把握。刃尖处有一个小的向左弯曲的小尖峰。形成尖刃的两边薄锐。有细小的剥片时形成的崩疤。腹面右缘有细小的崩疤。且较为连续，左缘未见明显疤痕。

100次：尖刃变得圆钝。腹面左侧出现两个新的小崩疤。附着少量木屑。右侧也有一新疤。

500次：尖刃变得更加圆钝。背面尖刃处有零星极细小崩疤。腹面尖刃有一短宽疤痕。右侧也有两个小的疤痕，疤痕间棱脊分明。

1000次：尖刃已经磨耗消失，出现一个小的三角形平面。背面刃缘有小的零星疤痕。腹面有3个连续的长条形疤痕。疤痕间棱脊分明。

2000次：尖刃的小平面变得更大。背面刃脊处有一个小的短宽的崩疤，腹面的小疤痕内沿着运动方向出现划出的疤痕。

尖状器SYQ2，操作人：王欣。长34毫米，宽19.89毫米，厚6.21毫米，重3.67克，使用部位为P.C.8-1（图3.14），刃缘为尖刃，刃角为70度26分。

使用效率：使用效率一直较高。

动作记录：单次动作长度平均为2厘米，动作频率为 70次/分钟，动作耗时30分钟，一共完成动作次数2000次。

微痕观察：

使用前：近端经修理以便把握。镜下观尖刃处平齐，左侧边缘疤痕密集层叠，右侧边缘疤痕较深，造成刃缘薄锐，透光性好，腹面刃缘右侧有一处崩疤，左侧近尖刃处有一凹缺，凹缺下方有若干连续的崩疤，右侧刃呈起伏状，也有较多细小的崩疤。

100次：刃部可见木屑，尖刃变钝，腹面有五个小的崩疤，尖刃右侧出现平行

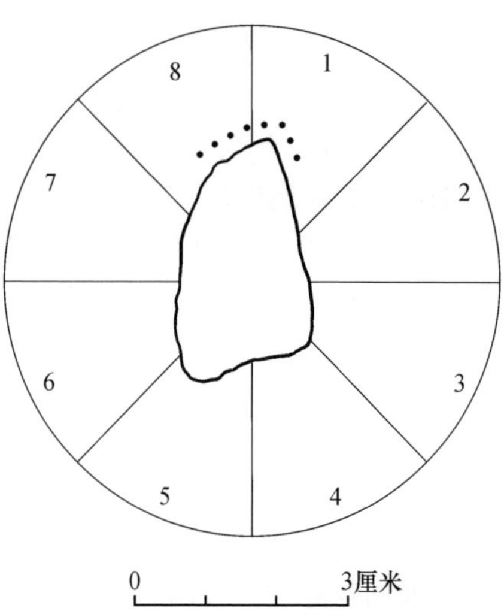


图3.14　尖状器SYQ2使用部位示意图

排列的划痕。

500次：刃尖变得圆滑，腹面左右两侧都出现许多小的疤痕，左侧与加工对象接触处疤痕变得连续。

1000次：背面变化不明显，腹面疤痕变得更大，离尖刃稍远处出现几个新的小疤痕。

2000次：背面细小疤痕变得更多。腹面原有疤痕变得更大，也增加了一些小的疤痕。

（2）刮。

在实验中使用到的石器为石片SYG2、石片SYG3、石叶SYG5、石叶SYG6、细石叶SYG3、细石叶SYG4、刮削器SYG3、刮削器SYG4，共计8件（图版四）。

石片SYG2，操作人：郑钧夫。长40.44毫米，宽15.53毫米，厚4.90毫米，重1.70克，使用部位为P.C.5-7（图3.15），刃缘为凹刃，刃角为41度20分。

运动情况：与被加工物体呈30度角运动。

使用效率：开始较为锋利，500次后明显变钝。

动作记录：单次动作长度平均为5厘米，动作频率为40次/分钟，动作耗时50分钟，一共完成动作次数2000次。

微痕观察：

使用前：使用刃缘微凹，较薄锐，透光度差，刃缘平滑无疤。

100次：背侧刃缘可见较多连续疤痕，腹侧可见不连续的疤痕。

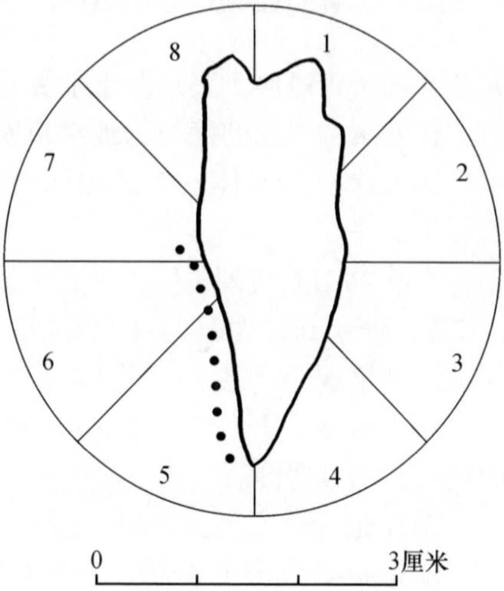

图3.15 石片SYG2使用部位示意图

500次：石片变钝，刃部残留木屑，背侧显微观察有连续较密的细小疤痕，腹侧不连续且不密集。背侧肉眼可见不连续的较大疤痕（且2～4个为一组），腹侧肉眼只可见3～5个较大疤痕，其中1个疤很大，长约1厘米。

1000次：显微镜下背侧疤痕更加连续细密，疤痕可分层次，腹侧疤痕增多且趋于连续。刃缘微有齿状凹凸出现。

2000次：显微镜下背侧刃缘凹凸不平，腹侧疤痕不连续，刃缘较为平直。

石片SYG3，操作人：方启。长38.09毫米，宽23.8毫米，厚4.19毫米，重2.87克，使用部位为P.C.2-4（图3.16），刃缘为凹刃，刃角为27度10分。

运动情况：与被加工物体呈30度角运动。

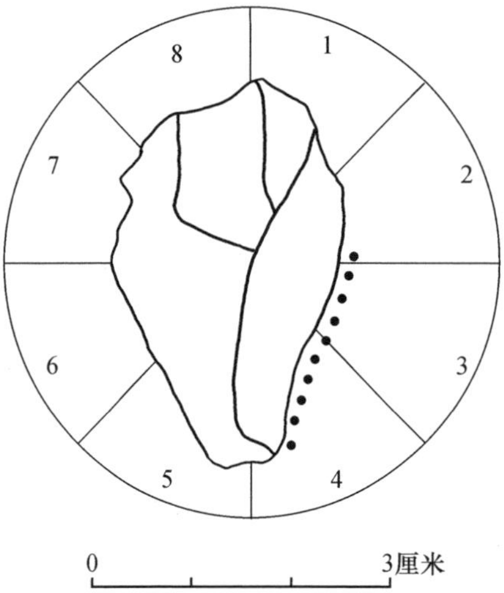

图3.16　石片SYG3使用部位示意图

使用效率：开始的时候较为锋利好用，但是随着使用的进行，明显变钝，至2000次时，其已基本丧失刃部的功能，对松树干的加工收效不明显，石片的刃部已变钝。

动作记录：单次动作长度平均为10厘米，动作频率为30次/分钟，动作耗时70分钟，一共完成动作次数2000次。

微痕观察：

使用前：刃缘微凹，表面平滑，刃缘处肉眼可见一小凸起，器身表面平滑。

100次：石片的刃缘出现较连续明显的疤痕。

500次：刃缘的微疤更为连续，疤痕为大部分折断式疤痕，夹杂若干羽翼式痕迹，同时手握处有疤痕产生。

1000次：刃缘的疤痕为连续折断疤，间或夹杂新的大片疤出现。

2000次：刃缘体现为连续的较大疤痕，为折断式疤痕，疤痕分层明显（图版五）。

石叶SYG5，操作人：卢悦。长49.41毫米，宽21.56毫米，厚6.22毫米，重7.07克，使用部位为P.C.1-4（图3.17），刃缘为直刃微凸，刃角为38度20分。

运动情况：与被加工物体呈30度角运动。

使用效率：开始较为好用，随着使用的进行，明显变钝。

动作记录：单次动作长度平均为6厘米，动作频率为40次/分钟，动作耗时50分钟，一共完成动作2000次。

微痕观察：

使用前：背面刃缘薄锐锋利，近端有一打片时形成的较大的疤痕，远端有两处较大的崩疤，刃缘中间部分有一些连续的微小崩疤。还有几处不连续的细小崩疤，腹面有起伏，放射线明显，如划痕分布于刃缘上，刃缘上有两处较大的崩疤及几处较小的崩疤，疤痕不连续。

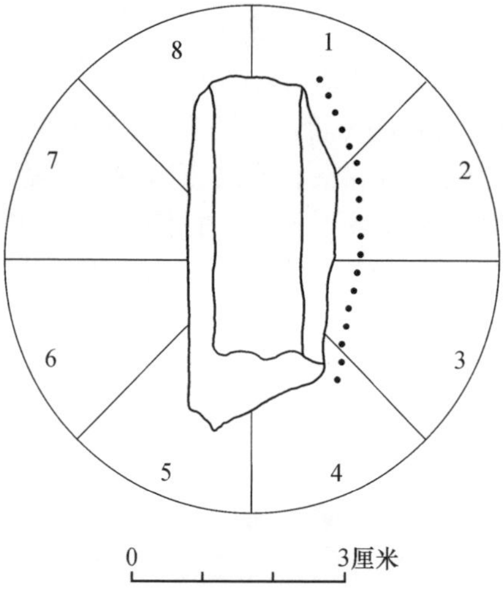

图3.17　石叶SYG5使用部位示意图

100次：背面与腹面薄锐处出现了不连

续的崩裂，均较小多为折断式。

500次：背面变化不明显，腹面近端中部出现双层的较深较小的疤痕，远端为不连续的单层深疤，疤痕间有凸出的尖。

1000次：背面增加了零星不连续的疤痕，腹面疤痕层叠，排列紧密，大小差异大，但形态相似，刃缘也增加了许多细小的疤痕。

2000次：刃缘不平齐，腹面小疤变得更多，原先疤痕更大，疤痕间棱脊被磨平。

石叶SYG6，操作人：王欢。长31.2毫米，宽15.21毫米，厚3.05毫米，重1.39克，使用部位为P.C.1-4（图3.18），刃缘为直刃微凸，刃角20度10分。

运动情况：与被加工物体呈30度角运动。

使用效率：开始较为好用，随着使用的进行，500次后明显变钝。

动作记录：单次动作长度平均为4.6厘米，动作频率为60次/分钟，动作耗时35分钟，一共完成动作次数2000次。

微痕观察：

使用前：背面有前几次剥片形成的阴痕及棱脊，器身极其薄锐，腹面同心波明显略向内侧弯曲，腹面刃缘上有连续细小的崩疤，疤痕大小不一，该器腹面近端有两个较大的不连续的疤痕，背面刃缘锋利，在近端和远端有连续的细小崩疤。

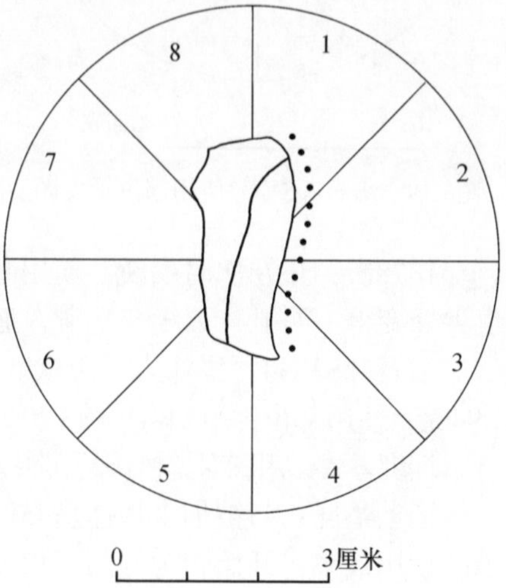

图3.18　石叶SYG6使用部位示意图

100次：背面可见明显折断式疤痕，腹面则不明显。

500次：背面可见连续的折断式疤痕，略呈锯齿状，腹面的微疤多呈羽翼式。

1000次：连续的锯齿状微疤可在背面观察到，腹面同。

2000次：背面为连续的折断式微疤，锯齿状，腹面同，整个刃部被磨圆钝而变得不光亮。

细石叶SYG3，操作人：赵莹。长19.29毫米，宽7.08毫米，厚2.01毫米，重0.36克，使用部位为P.C.1-4（图3.19），刃缘为直刃，刃角无法测量[10]。

捆绑方式：用两双方便筷的大头夹住细石叶近端，用玻璃绳缠绕7～8圈。

运动情况：与被加工物体呈30度角运动。

使用效率：开始较为好用，500次后明显变钝。

动作记录：单次动作长度平均为2.2厘米，动作频率为70次/分钟，动作耗时近20分钟，一共完成动作次数1378次。

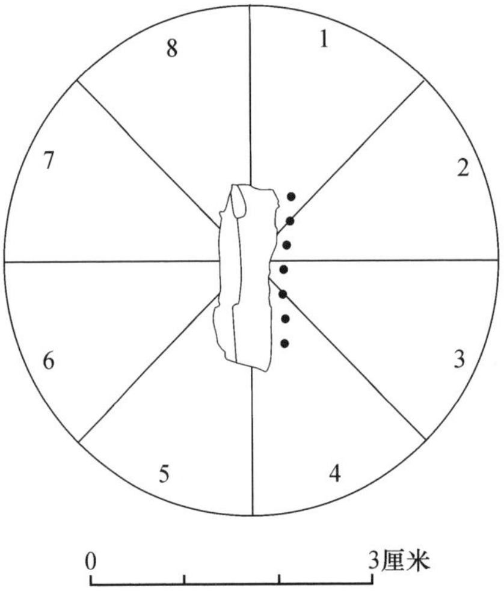


图3.19　细石叶SYG3使用部位示意图

微痕观察：

使用前：该器物较薄锐，远端处平滑，中部刃缘呈锯齿形，有细小疤痕，背面中部刃缘有一稍大的羽翼式疤痕，腹面平滑，无明显疤痕。

100次：远端背面有3个较短的疤痕，刃缘稍有磨耗，腹面出现连续的较小的羽翼式疤痕。

500次：远端磨耗重，出现连续的折断式疤痕，刃缘呈锯齿形，腹面疤痕变大，排列紧密，均较浅。

1000次：背面疤痕变得更大，有稍大的羽翼式疤痕，但棱脊不明显，腹面形成层叠的不规则疤痕。

1378次：1378次时崩断。使用断裂远端背面有一羽翼式疤痕，原先产生的疤痕尖峰变得不明显，刃缘变平滑，疤痕变得更多更密集。

细石叶SYG4，操作人：王欢。长30.68毫米，宽11.23毫米，厚7.69毫米，重1.94克，使用部位为P.C.1-4（图3.20），刃缘为直刃，刃角38度30分。

捆绑方式：用三对方便筷的大头夹住细石叶的三个面，用玻璃绳缠绕20～25圈。

运动情况：与被加工物体呈45度角运动。

使用效率：开始较为好用，1200次后使用效率逐渐下降。

动作记录：单次动作长度平均为2.8厘米，动作频率为60次/分钟，动作耗时35分钟，一共完成动作次数2000次。

微痕观察：

使用前：背面观刃缘锋利且较薄锐，刃缘中部有一处崩裂的圆疤，腹面观同心波明显。刃缘偏近端有一处微小的崩疤，其余部分未见疤痕。刃缘平直。

100次：远端疤痕增多，刃缘有磨耗，疤痕多为羽翼式。腹面平坦，远端有两个羽翼式疤痕。

500次：整个刃缘都有短宽的疤痕，背面分布的羽翼式疤痕浅平稍大。远端出现层叠疤痕，有较深较小崩疤。

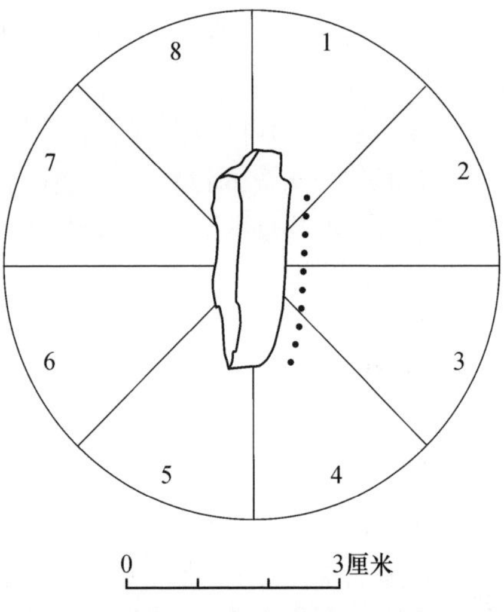


图3.20　细石叶SYG4使用部位示意图

1000次：远端疤痕层叠连续，疤痕较深，变窄。刃缘变钝，近端为细小的折断式疤痕，腹面远端疤痕增多，排列紧密，多为半圆形。

2000次：刃缘布满疤痕，远端有层叠的疤痕。背面有较大的羽翼式疤痕，其上有较小的崩疤。近端仍为单层疤痕，捆绑时将近端右侧的尖峰压折（图版六）。

刮削器SYG3，操作人：方启。长21.59毫米，宽19.33毫米，厚19.33毫米，重4.36克，使用部位为P.C.7（图3.21），刃缘为盘状，刃角84度18分。

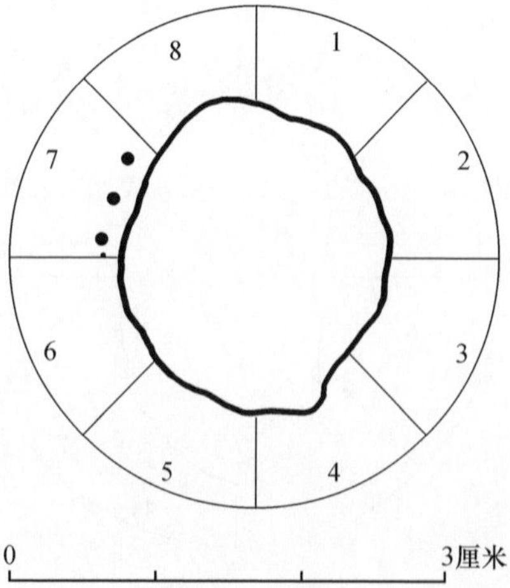

图3.21　刮削器SYG3使用部位示意图

运动情况：与被加工物体呈60度角运动。

使用效率：虽然使用效果远远不如石片与石叶，但是效果较为持久，使用到2000次时，仍然可以很便利的使用，但是手握持的感觉很不舒服。2000次后，拇、食二指感到疼痛。

动作记录：单次动作长度平均为15厘米，动作频率为50次/分钟，动作耗时40分钟，一共完成动作次数2000次。

微痕观察：

使用前：腹面不见疤痕，背面密布疤痕，观测到连续的深坑状疤痕。刃缘经多层修疤，疤痕连续。大小不一，形态差距较大。

100次：修疤的尖棱明显磨圆，腹面产生1个小疤，背面则见不到明显的磨圆。

500次：原来的尖棱基本被磨平，又出现新的不连续疤痕，背面变化不明显。

1000次：刃缘已近磨平，出现折断式大型疤。

2000次：刃缘的腹面可见到明显的若干大型疤痕，折断式。背面变化不明显，总体来说变化不大。

刮削器SYG4，操作人：郑钧夫。长87.05毫米，宽48.74毫米，厚21.78毫米，重92.97克，使用部位为P.C.8-1（图3.22），刃缘为圆头，刃角86度10分。

运动情况：与被加工物体呈30度角运动。

使用效率：石器的效率不高，1000次后的效率不明显。

动作记录：单次动作长度平均为6～7厘米，动作频率为90次/分钟，动作耗时20分钟，一共完成动作次数2000次。

微痕观察：

使用前：腹面可见细小的崩疤，背面先锤击后压制形成形制规整的圆头刮削

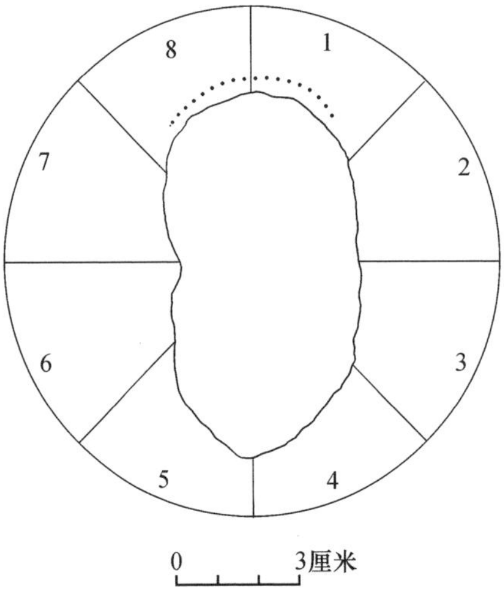


图3.22　刮削器SYG4使用部位示意图

器，疤痕多呈长条形，排列紧密连续，近端经锤击修理，以便把握。

100次：显微镜下背面的疤痕有磨圆迹象，腹面可见基本连续的小疤和几处不连续的大疤。

500次：背侧刃角略有磨损，显微镜下已很难观测刃缘，腹侧疤痕出现层次，新出现一层细小较宽的疤痕，刃缘的尖趋于圆钝。

1000次：腹面新增微小的疤痕，刃缘形状定型，背面变化不明显。

2000次：背面变化仍不明显，腹面可见新的较大的疤痕，且集中于使用刃缘的边缘，腹面可明显见到与运动方向一致的刮磨痕迹。

（3）钻。

在实验中使用到的石器为细石叶SYZ1、细石叶SYZ2、尖状器SYZ1、尖状器SYZ2、雕刻器SYZ3、雕刻器SYZ4共计6件。

细石叶SYZ1，操作人：侯哲。长33.87毫米，宽9.56毫米，厚3.91毫米，重0.9克，使用部位为P.C.4-5（图3.23），刃缘为尖刃，刃角73度30分。

捆绑方式：用两双方便筷大头夹住细石叶近端，用玻璃绳缠绕7～8圈。

使用效率：较为锋利，但是尖部特别容易损坏。566次时尖刃折断，继续使用至1000次，停止使用[11]。

动作记录：单次动作顺时针旋转180度，动作频率为40次/分钟，动作耗时25分钟，一共完成动作次数1000次。

微痕观察：

使用前：背面较平坦，刃部尖锐，近端经过修整，有连续的疤痕，腹面同心波明显，无疤痕。

100次：背面观刃缘磨耗严重，使用前的尖刃已磨耗不见，刃缘中部有两个较小的崩疤，疤痕为折断式，尖刃的中脊处有一大的崩疤，疤痕较深，形成尖刃的左

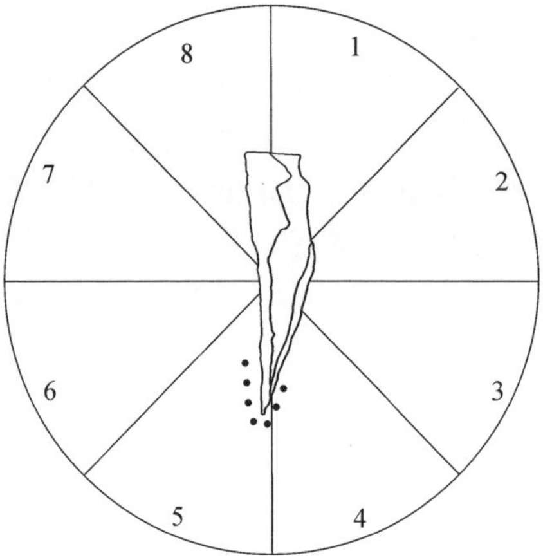


图3.23　细石叶SYZ1使用部位示意图

右边缘有细密连续的折断式疤痕，疤痕为多层，由尖刃向边缘逐渐变小。

500次：背面观尖刃处崩疤明显增多，由于执行钻刺动作，使得尖刃部分变细，形成肩部，腹面观尖刃两侧各有多层的层叠疤痕，左侧有一条较大的崩疤，疤痕较大，为折断式。

1000次：背面观刃缘处有一大的崩疤。为尖刃崩裂所致，尖刃右侧有一个折断式的崩疤，刃缘右侧有细密连续的折断式崩疤。腹面观尖刃崩断，崩断处有一断面及两层折断式疤痕。

细石叶SYZ2，操作人：卢悦。长19.41毫米，宽9.91毫米，厚3.47毫米，重0.57克，使用部位为P.C.4-5（图3.24），刃缘为尖刃，刃角74度50分。

捆绑方式：用两双方便筷大头夹住细石叶近端，用玻璃绳缠绕7～8圈。

使用效率：较为锋利，但是尖部脆弱易损坏。960次时尖刃崩裂，停止使用。

动作记录：单次动作顺时针旋转180度，动作频率为30次/分钟，动作耗时近31分钟，一共完成动作次数960次。

微痕观察：

使用前：背面观刃缘整体较平直，刃缘临近近端处有一个大的折断式疤痕，该崩疤上有一个较小的折断式疤痕。腹面观刃缘凸起处有两个折断式的崩疤，左侧疤痕略小，右侧疤痕稍大。刃缘临近远端的地方有两个独立的崩疤，疤痕均为折断式。

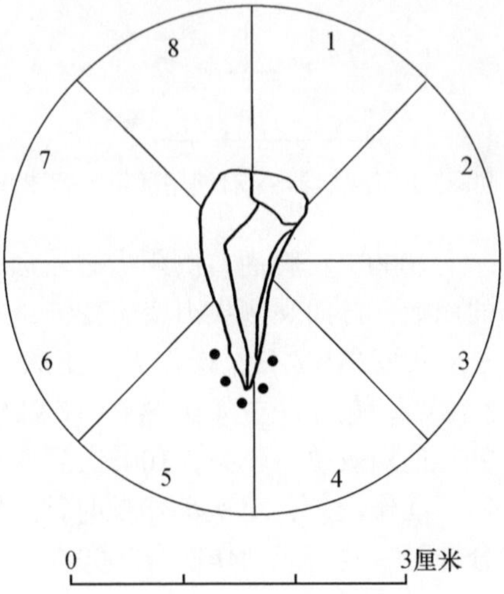

图3.24　细石叶SYZ2使用部位示意图

100次：背面观刃缘磨耗严重变得圆钝，形成尖刃的右侧边缘有一处较大的崩疤，刃缘有一个微小的尖峰，腹面观尖刃处有一个较小的折断式疤痕，刃缘左侧有一处大的折断式疤痕。

500次：刃缘的微小尖峰磨耗不见，原小尖峰处有一疤痕，左侧有四个微小的折断式崩疤。

960次：刃缘的尖峰折断，断裂处较平直，左侧有一处折断式崩疤，右侧有一处小尖峰，刃缘左侧有两个折断式崩疤，疤痕较深。

尖状器SYZ1，操作人：卢悦。长39.7毫米，宽26.26毫米，厚11.7毫米，重6.58克，使用部位为P.C.8-1（图3.25），刃缘为尖刃，刃角40度50分。

使用效率：较高，但是尖部脆弱易损坏。

动作记录：单次动作顺时针旋转180度，动作频率为40次/分钟，动作耗时50

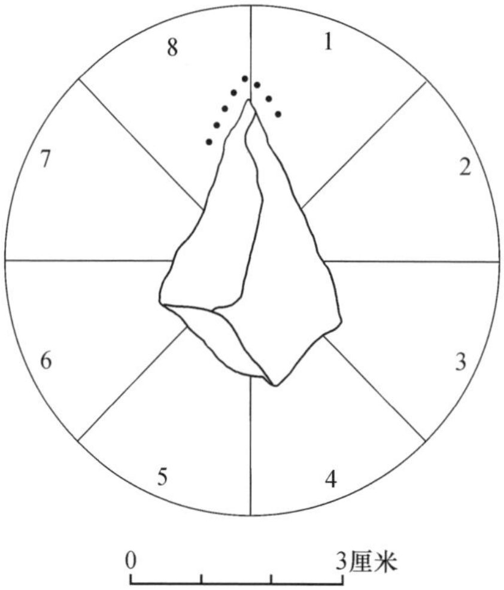


图3.25　尖状器SYZ1使用部位示意图

分钟，一共完成动作次数2000次。

微痕观察：

使用前：显微镜下，背面右刃和腹面左刃可见压制细小疤痕，尖部较尖，不见疤痕。

100次：尖刃变钝，腹面有3个较小的疤痕。

500次：尖刃变得更小，尖刃两侧边缘出现新的崩疤，腹面尖刃右侧刃缘有新的细小的疤痕。尖刃两侧附着木屑。

1000次：左侧边缘内凹弧度较大，尖刃变得钝厚，右缘边缘凸起变得不明显，腹面有多层崩疤，左缘新增两个较大崩疤。

2000次：腹面右侧距尖刃较远处出现一处较大的崩裂疤痕，近尖刃处出现新的崩疤，背面观测尖刃变短变钝，左侧缘变得平滑（图版七）。

尖状器SYZ2，操作人：王欣。长34.15毫米，宽17.7毫米，厚9.76毫米，重3.18克，使用部位为P.C.8-1（图3.26），刃缘为尖刃，刃角42度16分。

使用效率：较高，1000次后变得圆钝。

动作记录：单次动作顺时针旋转180度，动作频率为40次/分钟，动作耗时50分钟，一共完成动作次数2000次。

微痕观察：

使用前：尖部显微镜下刃缘平直，一侧有一压制疤痕。

100次：尖刃被磨耗掉，背面出现了三个新的小疤。腹面出现四个小疤，其中右侧一个疤痕较大。

500次：尖刃变短变钝，与加工对象接触处出现排列紧密的连续疤痕，右侧两面疤痕均较多。

1000次：背面变化不甚明显，尖刃有变钝的趋势，腹面右侧刃缘小疤痕数量增多，大疤有变大的情况出现。左侧近尖刃处新增一个大的崩裂的疤痕。

2000次：背面右缘凹缺变得不明显，

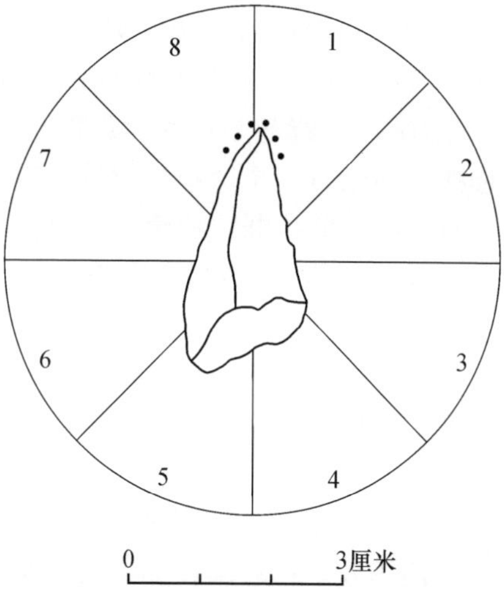


图3.26　尖状器SYZ2使用部位示意图

右缘变得平滑，略有呈直刃的趋势，尖峰变得圆钝，周围边缘平滑，疤痕变大。腹面左缘崩疤变大，右缘疤痕间的棱脊变得清晰可见。

雕刻器SYZ3，操作人：侯哲。长34.92毫米，宽17.6毫米，厚5.42毫米，重3.54克，使用部位为P.C.8-1（图3.27），刃缘为凿子形，刃角61度18分。

使用效率：不是十分好用，1630次时刃部断裂无法继续。

动作记录：单次动作顺时针旋转180度，动作频率为60次/分钟，动作耗时30分钟，一共完成动作次数1630次。

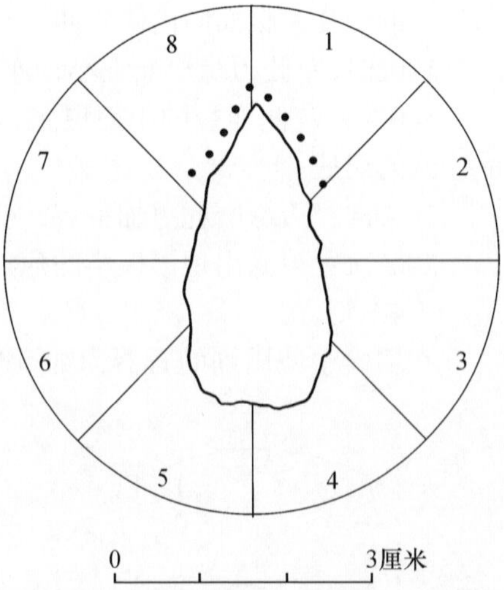

图3.27　雕刻器SYZ3使用部位示意图

微痕观察：

使用前：可见两侧边疤痕连续，且较为密集，疤痕间棱脊明显。较为凸起。两侧边锋利且较为平直。腹面可见一处剥片时产生的细小崩疤。有一条细脊为该器原料自身质地所致。尖刃锋利呈锐角。

100次：左侧刃缘未见明显的变化。腹面未见新的崩疤。

500次：左侧观凿子形刃口由凹凸刃变为凹刃，新增若干连续的细小疤痕，右侧观刃缘变平直。新增两个层叠的大的崩裂疤痕。

1000次：左侧观刃缘的凹缺处被磨成弧形，边缘变得厚钝。新增一处略长的疤痕。右侧观刃缘磨得圆钝。

1630次[12]：刃部断裂，石器损毁。

雕刻器SYZ4，操作人：卢悦。长39.91毫米，宽22.94毫米，厚7.65毫米，重5.9克，使用部位为P.C.8-1（图3.28），刃缘为凿子形，刃角69度32分。

使用效率：效率不是很高，刃部磨耗严重。

动作记录：单次动作顺时针旋转180度，动作频率为50次/分钟，动作耗时40分钟，一共完成动作次数2000次。

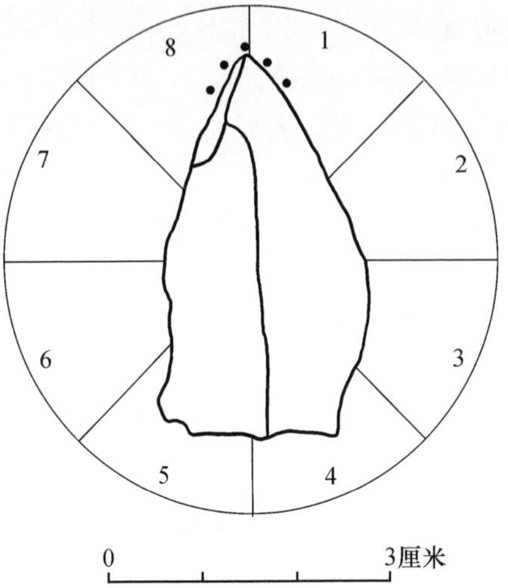

图3.28　雕刻器SYZ4使用部位示意图

微痕观察：

使用前：可见该器背面锋利棱脊和边缘，凿子形刃口锋利平直，左侧可见两次向近端的剥片，腹面向内侧弯曲，有一个较大的崩疤，亦有锋利的尖峰。

100次：左侧刃缘疤痕细小，连续，崩裂严重，右侧有细小的崩疤。

500次：左侧崩裂的小疤更多，右侧出现一个浅的大的疤痕，其上有几个小的较深的崩疤。

1000次：刃缘磨耗更加平齐，变钝，左右两侧都增加了新的细小疤痕。

2000次：刃缘出现了极小的疤痕，已不再出现大疤痕。

（4）刻。

在实验中使用到的石器为细石叶SYK3、细石叶SYK4、尖状器SYK3、尖状器SYK4、雕刻器SYK2、雕刻器SYK4共计6件。

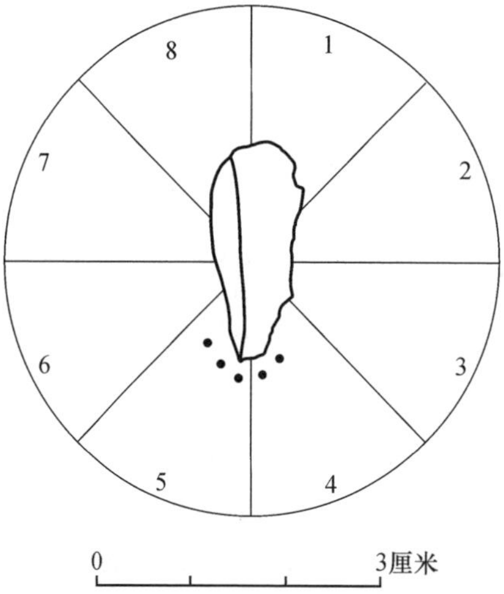

图3.29　细石叶SYK3使用部位示意图

细石叶SYK3，操作人：方启。长22.77毫米，宽10.17毫米，厚2.47毫米，重0.38克，使用部位为P.C.4-5（图3.29），刃缘为尖刃，刃角16度30分。

捆绑方式：用两双方便筷的大头夹住细石叶近端，用玻璃绳缠绕10圈左右。

运动情况：与被加工物呈60度角。

使用效率：效率较高且持续，刃部较为锋利，1700次后明显变钝。

动作记录：单次动作长度6厘米，动作频率为50次/分钟，动作耗时40分钟，一共完成动作次数2000次。

微痕观察：

使用前：尖刃薄锐，锋利，背面有一纵脊，近端有层叠的疤痕，右侧有一沿刃缘的长条形疤痕，尖刃偏左，右侧远端有细小疤痕，腹面微向内凹，近端有一崩疤，有细的放射线。

100次：薄锐处磨耗，尖刃变得稍钝，尖峰向右侧移动，刃缘上有细小的折断式疤痕，腹面尖刃处有一小崩疤。

500次：尖刃两侧变得更加平直，磨耗重，尖刃变得更尖，左侧有细小的疤痕，尖刃处有一稍大的羽翼式疤痕，腹面右侧疤痕变大。

1000次：尖刃角变大，左侧有一稍大的崩疤，右侧有小的崩疤，腹面疤痕棱脊变得更低。

2000次：左右两侧都有崩疤，右侧小疤连续，左侧有一较大的崩疤，腹面左侧有2个较大的疤痕，右侧有一小疤。

细石叶SYK4，操作人：卢悦。长28.71毫米，宽9.01毫米，厚2.98毫米，重

0.4克，使用部位为P.C.4-5（图3.30），刃缘为尖刃，刃角14度30分。

捆绑方式：用两双方便筷的大头夹住细石叶近端，用玻璃绳缠绕10圈左右。

运动情况：与被加工物呈60度角。

使用效率：刃部较为锋利，效率较高，1000次以后尖刃变钝效率降低。

动作记录：单次动作长度5厘米，动作频率为45次/分钟，动作耗时50分钟，一共完成动作次数2000次。

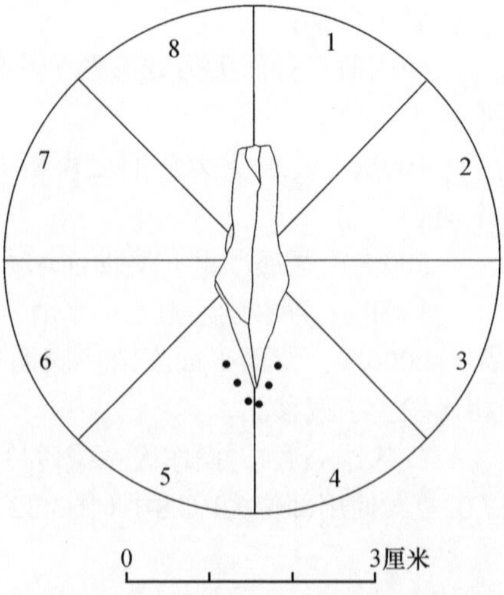


图3.30　细石叶SYK4使用部位示意图

微痕观察：

使用前：背面观尖刃锋利，腹面观刃缘尖峰处有一个较大的崩疤，尖刃的左侧布满微小的崩疤。背面有一较直纵脊，左侧远端有少量砾石面，近端有2处崩片，近端两侧直，中部偏下处变粗，远端呈一尖，尖刃刃角小，锋利薄锐两侧缘薄。

100次：背面观刃缘磨耗严重，刃缘较圆钝，腹面观刃缘磨耗得较为圆钝。

500次：背面观刃缘磨耗得变为平直，腹面观刃缘平直，可见一处较窄宽的崩疤。

1000次：由于使用原因刃缘磨耗成为左侧高右侧低的斜刃，腹面观刃缘平滑，磨耗严重。

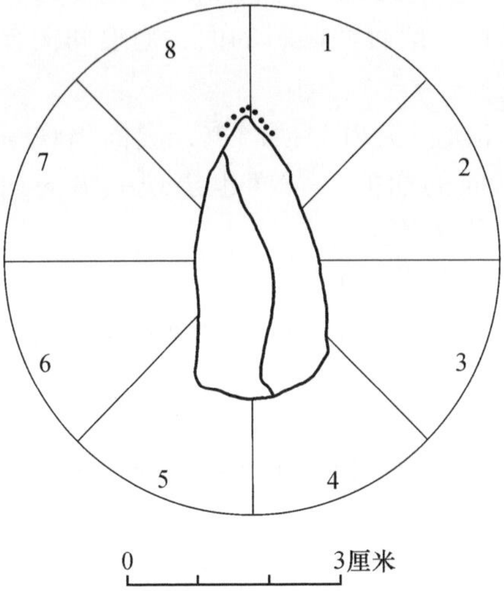


图3.31　尖状器SYK3使用部位示意图

2000次：刃缘处出现很多小尖峰，均是由崩疤形成，疤痕为折断式，且彼此之间连续，腹面观刃缘左侧有一处凹缺，刃缘磨耗圆钝。

尖状器SYK3，操作人：任秀芬。长39.55毫米，宽19.33毫米，厚10.51毫米，重6克，使用部位为P.C.8-1（图3.31），刃缘为尖刃，刃角65度40分。

运动情况：与被加工物呈45度角。

使用效率：刃部较为锋利，效率较高。

动作记录：单次动作长度8.7厘米，动作频率为70次/分钟，动作耗时30分钟，一共完成动作次数2000次。

微痕观察：

使用前：背面尖刃处有两个小的崩疤，刃缘薄锐锋利，腹面右侧有崩裂的疤痕，尖刃稍平。

100次：背面尖刃疤痕变得稍大，腹面尖刃变得平滑，刃部变长，附着少量木屑。

500次：磨损严重，磨损面增大，腹面尖刃左侧有两个小的崩疤。

1000次：崩裂的疤痕变得平滑，棱脊不明显，腹面左侧出现了一个新的崩疤。

2000次：背面平面光滑，腹面左侧出现了两个崩裂的疤痕，尖刃部与使用前相比发生了偏移。

尖状器SYK4，操作人：戴玲玲。长50.65毫米，宽27.67毫米，厚9.12毫米，重7.02克，使用部位为P.C.8-1（图3.32），刃缘为尖刃，刃角35度40分。

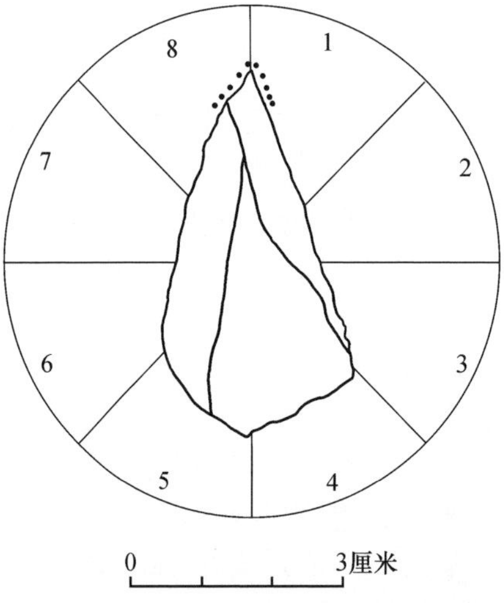


图3.32　尖状器SYK4使用部位示意图

运动情况：与被加工物呈90度角。

使用效率：刃部较为锋利，效率较高。

动作记录：单次动作长度8.6厘米，动作频率为70次/分钟，动作耗时30分钟，一共完成动作次数2000次。

微痕观察：

使用前：背面尖刃处有一长条形崩疤，腹面右侧有一小的崩疤，刃缘薄锐、锋利。

100次：尖刃变钝，薄锐处损耗大，腹面出现一向腹面倾斜的面，疤痕间棱脊不明显。

500次：尖刃磨损严重，腹面出现一新的纵向的崩疤，背面也出现一纵向崩疤，棱脊较明显。

1000次：尖刃变得圆钝，疤痕变得不明显，几乎不可见。

2000次：背面出现一块新的较小的崩疤，棱脊明显，腹面出现的一个疤痕较大。

雕刻器SYK2，操作人：王欣。长59.22毫米，宽37.59毫米，厚12.55毫米，重25.88克，使用部位为P.C.8-1（图3.33），刃缘为凿子形，刃角为73度40分。

运动情况：与被加工物呈90度角。

使用效率：效率较高。

动作记录：单次动作长度7厘米，动作频率为70次/分钟，动作耗时30分钟，一共完成动作次数2000次。

微痕观察：

使用前：凿子形刃口，左侧斜向打下一个剥片，右缘经连续修疤，疤痕大小不一，背面未见疤痕。

100次：右刃能观测到细微的条状擦痕。

500次：右刃可见两个微疤，左侧有多个微疤。

1000次：左刃未见明显变化，右刃有两个明显的折断式疤痕形成。

2000次：肉眼不见任何新的疤痕，显微镜下左侧刃部有几个不连续的细小疤痕，右侧中央有一个小的崩疤，斜刃尖部有一个斜向的崩疤稍大，刃缘有连续的小疤，疤痕间尖峰明显。

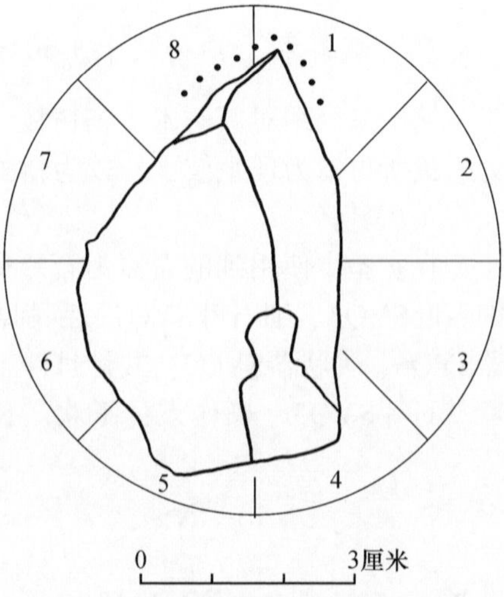

图3.33　雕刻器SYK2使用部位示意图

雕刻器SYK4[13]，操作人：魏屹。长59.27毫米，宽26.12毫米，厚16.1毫米，重16.39克，使用部位为P.C.4-5（图3.34），刃缘为凿子形，刃角63度30分。

运动情况：与被加工物呈90度角。

使用效率：效率较高，500次后刃部明显变钝。

动作记录：单次动作长度6厘米，动作频率为60次/分钟，动作耗时35分钟，一共完成动作次数2000次。

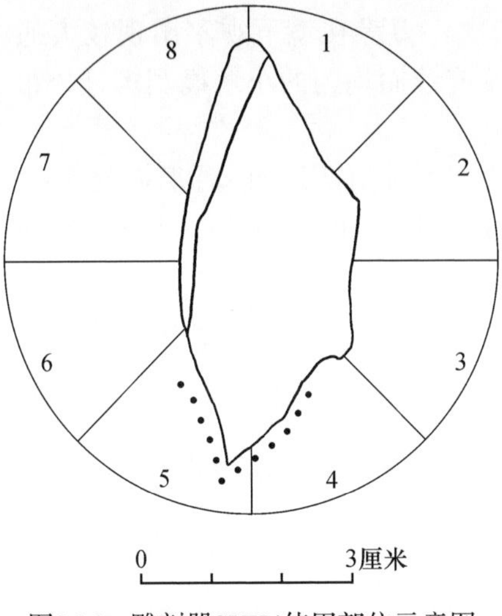

图3.34　雕刻器SYK4使用部位示意图

微痕观察：

使用前：左侧向远端有四次打片形成长条形疤痕，近缘有细小的崩疤，与右侧的近端打击的疤痕形成一凿子形刃口。

100次：可见刃部有磨圆现象，右刃形成两个较大疤痕。

500次：左侧可见明显的疤痕，右刃形成若干较大折断式疤痕，其上又有新形成的小疤。

1000次：疤痕的尖棱有磨圆现象，其他未见显著变化。

2000次：疤痕间尖峰变小，刃部稍平滑，肉眼可见变化不明显。

2. 对新鲜木（杨树枝干）的加工与观察

接下来介绍对新鲜木（杨树枝干）的加工与观察。实验所采用的杨树枝干均为采集所得，为现生枝干，较为新鲜，质地软。

（1）切。

在实验中使用到的石器为石片SYQ3、石片SYQ4、石叶SYQ5、石叶SYQ7、细石叶SYQ3、细石叶SYQ7、刮削器SYQ5、刮削器SYQ6、尖状器SYQ4、尖状器SYQ6、尖状器SYQ9，共计11件。

石片SYQ3，操作人：王欢。长46.49毫米，宽24.38毫米，厚6.85毫米，重5.46克，使用部位为P.C.1-4（图3.35），刃缘为直刃微凸，刃角为50度。

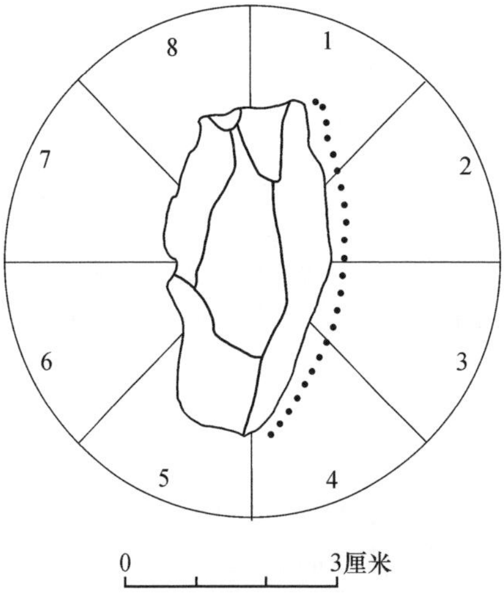

图3.35　石片SYQ3使用部位示意图

使用效率：初期极锋利，500次以后变钝。

动作记录：单次动作长度平均为2.6厘米，动作频率为 100次/分钟，动作耗时22分钟，一共完成动作次数2000次。

微痕观察：

使用前：刃缘薄锐，可见明显的同心波，刃缘薄锐处透光性较好，背面光滑无疤痕。

100次：刃缘在显微镜下可观察到连续而均匀的微小疤痕；肉眼不见明显疤痕。

500次：刃缘在镜下观察出现较大疤痕几个，连续而均匀的小疤痕变多且分布密集；肉眼观察，刃缘光泽度降低，透光性变弱。

1000次：刃缘在镜下观察出现更多更大的折断式疤痕，刃缘的远端磨损较重。

2000次：刃缘变化不大，仍以众多微小疤痕为主，刃缘变平整，上面保留众多小木屑，刃缘两侧肉眼可见明显的摩擦痕迹。

石片SYQ4，操作人：肖晓鸣。长39.01毫米，宽31.5毫米，厚4.47毫米，重5.44克，使用部位为P.C.5-8（图3.36），刃缘直刃微凸，刃角为45度52分。

使用效率：效率一般，很快变钝。

动作记录：单次动作长度平均为2.1厘米，动作频率为 100次/分钟，动作耗时22分钟，一共完成动作次数2000次。

微痕观察：

使用前：器身表面大部分为砾石面。刃缘薄锐，有一处较小的凸起。该器节理较为发育，使用刃缘处可见同心波纹。

100次：疤痕不连续，既有细小疤痕，也有个别较大较浅疤痕，刃缘附着木屑。

500次：疤痕增多、变大，出现连续的细小疤痕。

1000次：增加了许多细小疤痕，原先产生的较大疤痕变得较平缓。

2000次：连续的疤痕变大，均呈折断式。

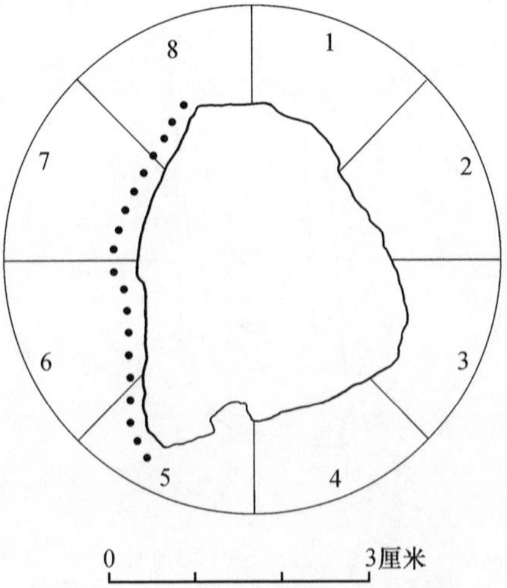


图3.36　石片SYQ4使用部位示意图

石叶SYQ5，操作人：卢悦。长53.16毫米，宽25.32毫米，厚10.48毫米，重11.28克，使用部位为P.C.5-8（图3.37），刃缘为直刃微凸，刃角为28度20分。

使用效率：效率较好。

动作记录：单次动作长度平均为10厘米，动作频率为 60次/分钟，动作耗时30分钟，一共完成动作次数2000次。

微痕观察：

使用前：刃缘接近远端处背面有一稍大崩疤，腹面有零星的崩疤，刃缘薄锐平滑。

100次：刃缘变得圆钝，新增一条划痕，腹面新增两处细小疤痕，有两条划痕。

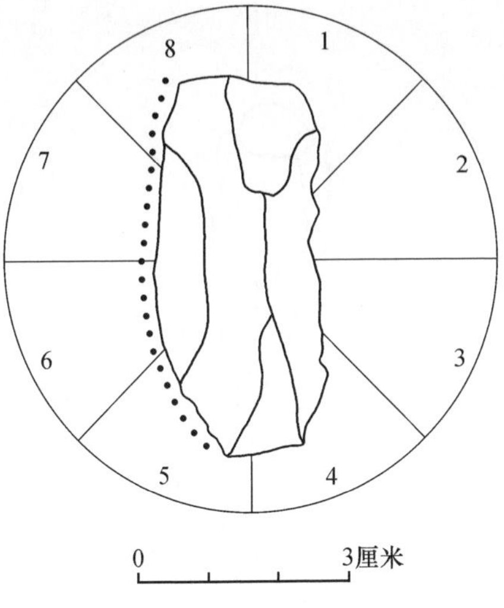


图3.37　石叶SYQ5使用部位示意图

500次：腹面刃缘中部的疤痕明显增大，近右侧的疤痕明显变长变大。

1000次：腹面刃缘右侧新增两个大的崩疤，刃缘中部新增三个连续的小崩疤，疤痕为折断式。刃缘中部出现划痕，背面观刃缘中部出现几处连续密集的折断式疤痕。

2000次：背面刃缘凸起处新增两个大的疤痕，呈折断状，还另增新的细小疤痕若干。腹面观刃缘有一个凹缺，刃缘凸起处新增五个连续的折断式疤痕，两小三大（图版八）。

石叶SYQ7，操作人：戴玲玲。长62.26毫米，宽31.98毫米，厚9.5毫米，重

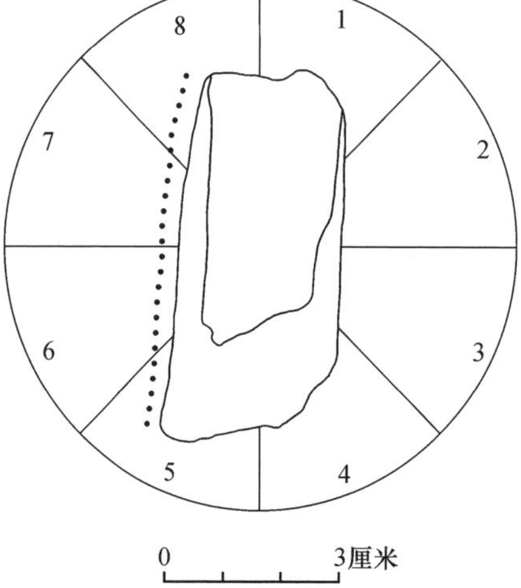

图3.38　石叶SYQ7使用部位示意图

24.97克，使用部位为P.C.5-8（图3.38），刃缘为直刃，刃角为43度10分。

使用效率：效率尚可，可持续使用。

动作记录：单次动作长度平均为3.2厘米，动作频率为 90次/分钟，动作耗时22分钟，一共完成动作次数2000次。

微痕观察：

使用前：背面有一长条形大的疤痕，两次及远端保留部分砾石面，砾石台面，远缘有打击的连续疤痕，左侧刃角小，平滑，为预备使用刃缘，远端经过修理凸出部位被打下。背面刃缘锋利平直，有两处剥片时形成的崩疤，腹面平滑可见器身内部的深色区域，刃缘锋利，有一些细小崩疤，远端有打击修理疤痕。

100次：背面出现零星的崩裂的浅平疤痕，腹面有零星的崩疤，刃缘因有细小的崩疤，微凹凸起伏。

500次：刃缘较100次疤痕间尖峰变低矮，刃缘稍显平滑，背面变化不大，腹面刃缘细小微疤较多。

1000次：刃缘变得更平滑，但是产生细小较深的疤痕，原先的疤痕变得不明显。

2000次：疤痕骤多，而且出现了较大的浅平疤痕，新崩裂的疤痕也比前几次崩裂疤痕更大。

细石叶SYQ3，操作人：方启。长49.22毫米，宽18.13毫米，厚3.47毫米，重2.43克，使用部位为P.C.4-8（图3.39），刃缘弧形平直，刃角为28度。

使用效率：效率较好，200次后即变得圆钝。

动作记录：单次动作长度平均为3厘米，动作频率为 90次/分钟，动作耗时22分钟，一共完成动作次数2000次。

捆绑方式：将细石叶近端使用四对方便筷，两两并排，用玻璃绳缠绕8圈。

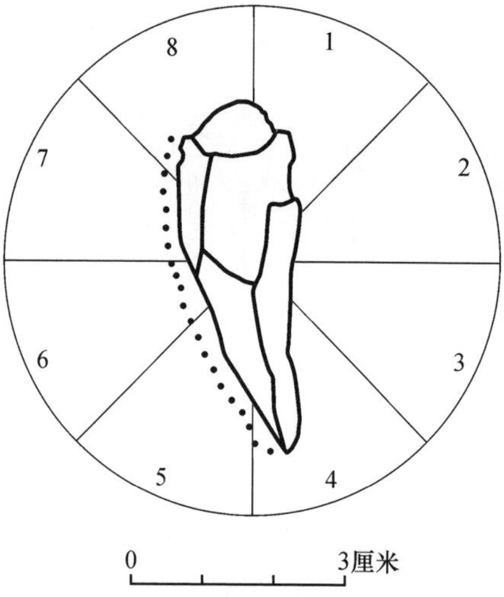

图3.39　细石叶SYQ3使用部位示意图

微痕观察：

使用前：整体近三角形。背面有一纵脊，两侧刃角较小，左侧远端刃角稍大。近端有一片疤，形成一凹缺。远端尖部稍折。腹面近端有打片时形成的两个疤痕，可见细密的放射线。

100次：背面观刃缘使用处新增多处密集连续的疤痕，疤痕大小不一，多为折断式。腹面观刃缘使用处可见一处大的折断式崩疤，还有很多处细小的崩疤。

500次：背面观刃缘右侧新增细密连续的细小崩疤，右侧中部有一处大的凹缺。腹面刃缘处的崩疤增大。

1000次：背面观刃缘的疤痕增大，层数增多，刃缘整体较平滑，腹面观刃缘处的疤痕增大，疤痕连续密集，刃缘有多处凹缺出现。

2000次：背面观刃缘磨耗严重，疤痕连续细密。腹面观刃缘疤痕为多层，新增的细小疤痕较多。

细石叶SYQ7[14]，操作人：赵莹。长32.54毫米，宽10.25毫米，厚3.12毫米，重0.85克，使用部位为P.C.5-8（图3.40），刃缘为直刃稍凹，刃角为19度20分。

使用效率：效率较高，可持续使用。

动作记录：单次动作长度平均为1厘米，动作频率为 80次/分钟，动作耗时30分钟，一共完成动作次数2000次。

捆绑方式：用两双方便筷的大头夹住细石叶近端，用玻璃绳缠绕7～8圈。

微痕观察：

使用前：素台面，左侧远端保留少量砾石面，背面有一纵脊，石叶随纵脊远端微向右弯，近端背面有较宽的片疤，远端右侧有一凹缺，腹面打击点偏左侧有细密的放射线。

100次：刃缘有小的折断式疤痕，远端凸出的小尖被磨平，腹面远端出现羽翼式疤痕。

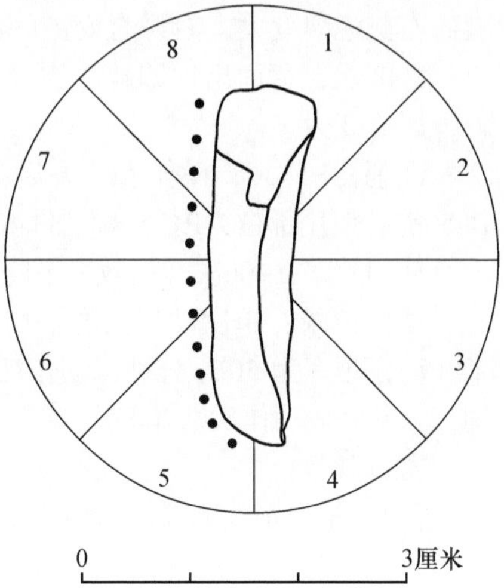


图3.40　细石叶SYQ7使用部位示意图

1000次：刃缘中部背面出现了两个羽翼式疤痕，腹面近端疤痕增大增多。

2000次：刃缘上有连续的崩裂疤痕，磨耗稍重。

刮削器SYQ5，操作人：魏屹。长35.08毫米，宽18.91毫米，厚10.73毫米，重6.22克，使用部位为P.C.1-4（图3.41），刃缘为凸刃，刃角为51度40分。

使用效率：效率一般。

动作记录：单次动作长度平均为2.5厘米，动作频率为 60次/分钟，动作耗

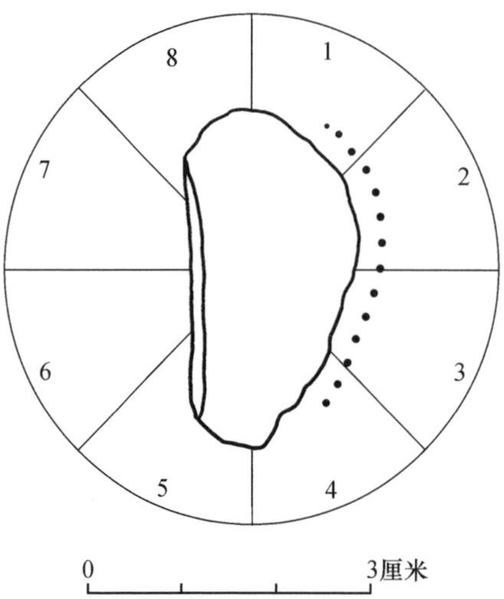

图3.41　刮削器SYQ5使用部位示意图

时35分钟，一共完成动作次数2000次。

微痕观察：

使用前：刃缘经多层修疤，疤痕密集连续，先经锤击修理，再经压制修理。刃缘最凸处最为薄锐。腹面半锥体凸出。同心波明显。放射线明显。保留剥片时产生的疤痕。

100次：背面变化不大，刃缘疤痕间尖峰稍变得圆钝。腹面右侧出现不连续的崩疤。中央最高处疤痕较集中。

500次：背面缘变得厚钝，刃缘变得平直。疤痕间的棱脊变得圆钝，腹面边缘明显变得平滑，腹面右侧有2个较大的崩疤。

1000次：背面边缘变得圆钝。边缘的疤痕被磨得弱小圆钝，右侧疤痕变大。腹面右侧疤痕变大，右缘有变钝的趋势。

2000次：背面出现凹缺。边缘更厚钝，个别崩疤变大，腹面边缘可见变得平滑，崩疤变大。

刮削器SYQ6，操作人：方启。长45.87毫米，宽36.68毫米，厚9.9毫米，重14.59克，使用部位为P.C.5-8（图3.42），刃缘平直，刃角为72度20分。

使用效率：400次开始效率下降。

动作记录：单次动作长度平均为5.1厘米，动作频率为 50次/分钟，动作耗时40分钟，一共完成动作次数2000次。

微痕观察：

使用前：先经打制修理形成较大的疤痕，大疤痕层叠交错，后经压制修理，形成细小的疤痕，使得刃缘的形状较为平直，腹面放射线明显，偶见剥片时形成的细小疤痕。

100次：背面变化不明显，腹面未见崩疤出现，整体变化不大。

500次：背面一些细小疤痕变得圆钝，疤痕间棱脊变得不明显，腹面崩疤增大，有短小划痕出现。

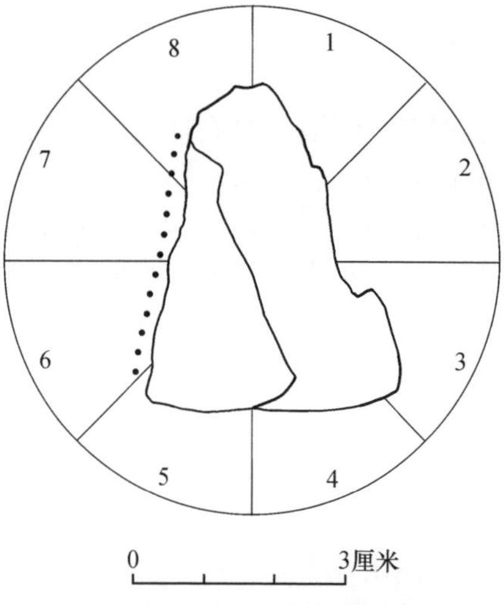

图3.42　刮削器SYQ6使用部位示意图

1000次：背面刃缘突起处的疤痕变大，个别小疤消失不见，刃缘形制未有明显变化，腹面的尖刃略变圆钝，刃缘略变平滑。

2000次：背面刃口一些疤痕被磨耗得不见，一些略有凸出的小尖磨耗消失。刃缘整体变的平滑，由于崩疤的形成造成一些小尖峰的形成，腹面观刃缘有变平的趋势，较1000次变化不明显。

尖状器SYQ4，操作人：侯哲。长37.43毫米，宽29.31毫米，厚4.79毫米，重4.26克，使用部位为P.C.8-1（图3.43），刃缘为尖刃，刃角为73度30分。

使用效率：该器500次之前的使用效率较高，非常适宜使用。

动作记录：单次动作长度平均为4.5厘米，动作频率为 60次/分钟，动作耗时35分钟，一共完成动作次数2000次。

微痕观察：

使用前：该器整体较为薄锐，左缘较为平直，右缘略有弧度。腹面可见因剥离而形成的崩裂的细小疤痕。左缘的疤痕较大，右缘疤痕较小，右缘有五个连续的崩疤。石片背面有两条纵脊。该器尖刃锋利薄锐。

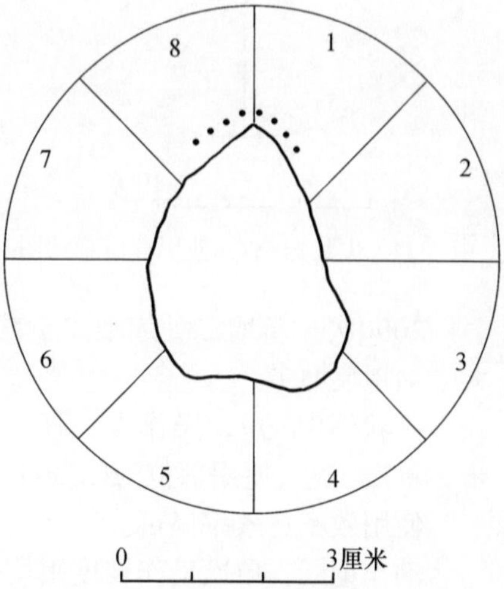

图3.43　尖状器SYQ4使用部位示意图

100次：背面观左刃薄锐的边缘凸起被磨耗消失，形成一个新的崩疤，腹面边缘略呈圆钝之势。

500次：背面可观测到一处细小崩疤，右缘直刃与弧刃之间的差距略有变大。尖刃处略有圆钝。

1000次：背面尖刃消失处新增两处崩裂的疤痕，一呈三角形，一呈半圆形。与尖刃共同使用的刃缘变得圆钝，腹面尖刃磨耗处新增一处大的长条形疤痕，与尖刃共同使用的刃缘新增三个连续的小崩疤及两个不连续的微小崩疤。

2000次：尖刃处变得更加圆钝，新增两处崩裂的疤痕，边缘疤痕间棱脊变得模糊，刃缘变得圆钝，形成的崩疤变大，开始有划痕出现。

尖状器SYQ6，操作人：王欢。长28.84毫米，宽15.07毫米，厚5.28毫米，重1.48克，使用部位为P.C.8-1（图3.44），刃缘为尖刃，刃角为44度10分。

使用效率：开始时较好用，很快变稍钝。

动作记录：单次动作长度平均为6 ~ 8厘米，动作频率为 45次/分钟，动作耗时45分钟，一共完成动作次数2000次。

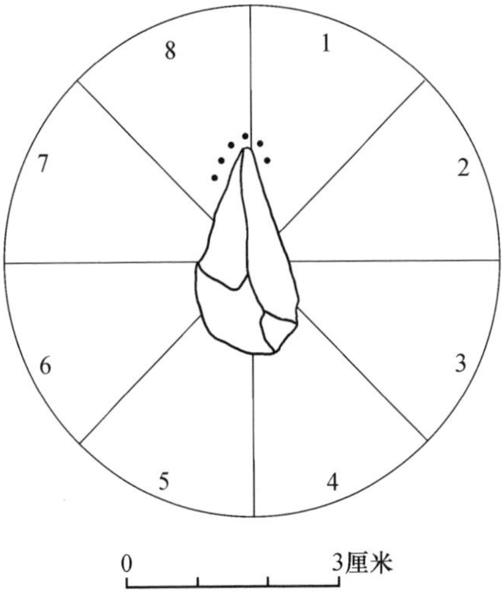


图3.44　尖状器SYQ6使用部位示意图

微痕观察：

使用前：刃缘左侧有两个较大的修理疤痕。左侧修边形成的疤痕密集连续。刃口呈平直状。其身近端经修理形制，腹面略向内凹，同心波明显。腹面右侧的刃口处有多处不连续的细小崩疤。

100次：背面未见新增崩疤。使用切割的边缘略变圆钝。腹面未见新增的崩疤。

500次：背面新增两处较大的崩疤。并有划痕出现。腹面新增二处片疤。划痕清晰可见。

1000次：背面崩疤增多且为多层。刃缘圆钝程度增强。背面划痕多且密集。腹面崩疤变大变多。刻划痕多且密集。

2000次：新增二处崩痕，刃缘明显变得圆钝。腹面崩疤变深。疤痕面积变大，刻划痕增多。

尖状器SYQ9，操作人：任秀芬。长37.35毫米，宽22.75毫米，厚13.56毫米，重7.93克，使用部位为P.C.8-1（图3.45），刃缘为尖刃，刃角为66度10分。

使用效率：效率尚可。

动作记录：单次动作长度平均为8厘米，动作频率为 50次/分钟，动作耗时20分钟，一共完成动作次数1000次。

微痕观察：

使用前：尖峰薄锐锋利，边缘先经锤击修理形成大疤，后经压制修理，对刃缘进行修形，尖刃处的疤痕多细长，器身较厚，腹面可见尖刃两边略呈端肩状，两边未见剥片形成的疤痕。器身透光性好。

100次：背面变化不明显，腹面尖刃左侧出现了新的连续的小崩疤，右侧也有零星小疤。

500次：腹面尖刃出现了一个新的崩疤，疤痕间棱脊明显，左侧有一短宽的疤痕，附着木屑。

1000次：腹面新增五处崩疤，疤痕间棱脊明显，背面观测尖刃长度变短，尖刃

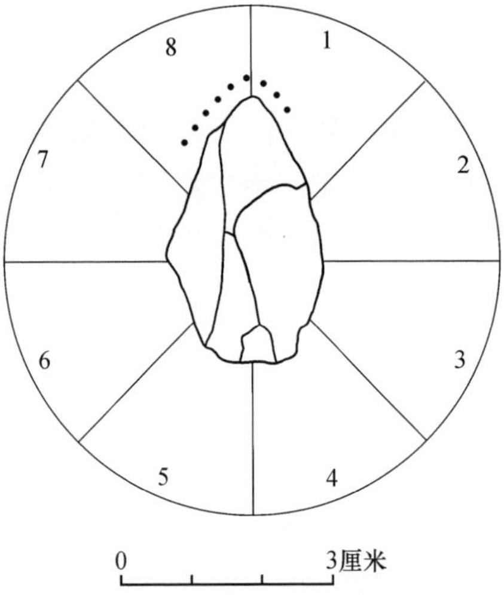


图3.45　尖状器SYQ9使用部位示意图

崩断。

（2）刮。

在实验中使用到的石器为石片SYG1、石片SYG4、石叶SYG3、石叶SYG4、细石叶SYG7、细石叶SYG8、刮削器SYG1、刮削器SYG2，共计8件（图版三）。

石片SYG1，操作人：方启。长55.1毫米，宽19毫米，厚9.51毫米，重5.3克，使用部位为P.C.5-7（图3.46），刃缘为凹刃，刃角为30度10分。

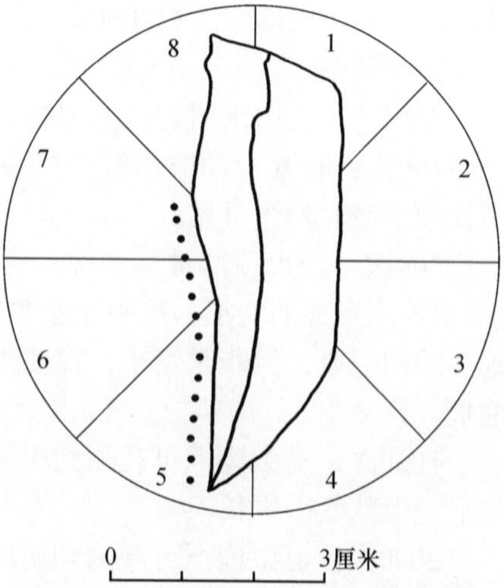

图3.46　石片SYG1使用部位示意图

运动情况：与实验对象呈30度角运动。

使用效率：石片迅速变钝。

动作记录：单次动作长度平均为20厘米，动作频率为 55次/分钟，动作耗时40分钟，一共完成动作次数2000次。

微痕观察：

使用前：形状为长条形，刃缘微凹，较薄锐，肉眼可见打制时形成的细小疤痕，该器表非常平滑，透光度好。

100次：刃缘有2个不连续的细小疤痕，肉眼下可见。

500次：在100次疤痕基础上增添新的细小疤痕，较100次时稍大，肉眼可见疤痕仍不连续。

1000次：刃缘有一处使用频繁，层叠式疤痕明显，其余新增疤痕细小浅平。

2000次：背面疤痕明显，较大，有若干折断式及羽翼式的微小疤痕出现，使用后刃缘仍较锋锐。

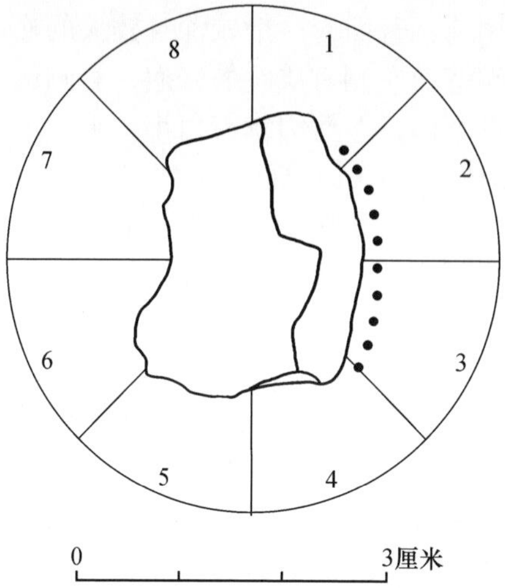

图3.47　石片SYG4使用部位示意图

石片SYG4，操作人：方启。长27.03毫米，宽22.44毫米，厚6.07毫米，重2.86克，使用部位为P.C.1-3（图3.47），刃缘为凸刃，刃角为51度20分。

运动情况：与实验对象呈45度角运动。

使用效率：初使用时较锋利，很快变钝。

动作记录：单次动作长度平均为4.5厘米，动作频率为 80次/分钟，动作耗时25

分钟，一共完成动作次数2000次。

微痕观察：

使用前：使用该器较凸的刃缘，该处刃缘表面平滑无疤痕，透光性差。

100次：石片背面显微镜下可观测到四个连续的细小疤痕，肉眼观察下，这四处细小疤痕隐约可见。

500次：凸刃顶部被磨圆钝。背面显微镜下可观察到连续的疤痕，疤痕大于100次使用形成的疤痕，疤痕数量也较100次使用时明显增加，肉眼观测下亦可看到连续的疤痕，但非常细小，在使用边缘的底部可见一个较大于其他疤痕的独立疤痕。

1000次：显微镜下可观测到更加大而连续的疤痕，疤痕连续范围更大，有些疤痕的形状变得更长。

2000次：显微镜下可观测到使用刃缘处偶有连续疤痕，形成的疤痕形状，折断式、羽翼式、层叠式均有。

石叶SYG3，操作人：卢悦。长49.54毫米，宽24.87毫米，厚6.55毫米，重5.76克，使用部位为P.C.5-7（图3.48），刃缘为直刃微凸，刃角为27度20分。

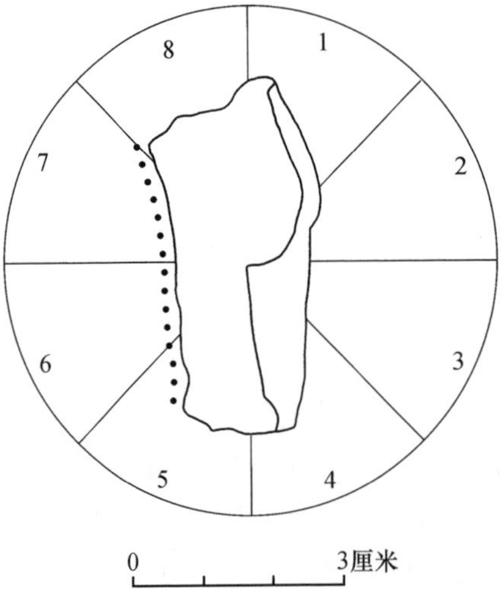

图3.48　石叶SYG3使用部位示意图

运动情况：与实验对象呈30度角运动。

使用效率：效率较高。

动作记录：单次动作长度平均为5厘米，动作频率为 60次/分钟，动作耗时40分钟，一共完成动作次数2000次。

微痕观察：

使用前：背面有一个较深且较大的疤痕，近端背面左侧有层叠的修疤，右侧保留部分砾石面，左侧刃缘刃角小，平滑，两端稍向外凸，腹面放射线清楚。

100次：腹面观刃缘新增一个圈式的折断式疤痕，并另增三个不连续的细小的折断式疤痕，疤痕不连续，背面刃缘左侧出现两个折断式疤痕，刃缘近尾端新增一小疤痕。

500次：腹面观刃缘变得厚钝，小疤逐渐被磨耗成大的凹缺，背面近中部的地方出现了一处折断式疤痕，刃缘近右端出现两处细小的折断式疤痕。

1000次：腹面观刃缘右侧新增一个长条形的疤痕，刃缘中部疤痕连续，背面开始有划痕出现，刃缘右侧的尖峰已被磨钝，疤痕变大。

2000次：背面刃缘左侧崩裂一处大的疤痕，是使用时更大的片疤所致，刃缘的小尖峰多已被磨平，还有大的崩疤出现，腹面刃缘凹凸不平，由于背面的大崩疤，致使形成一个新的尖峰（图版八）。

石叶SYG4，操作人：戴玲玲。长41.05毫米，宽14.74毫米，厚3.45毫米，重2.04克，使用部位为P.C.5-8（图3.49），刃缘为直刃微凸，刃角为26度28分。

运动情况：与实验对象呈30度角运动。

使用效率：使用效果一直较好。

动作记录：单次动作长度平均为4.6厘米，动作频率为 60次/分钟，动作耗时35分钟，一共完成动作次数2000次。

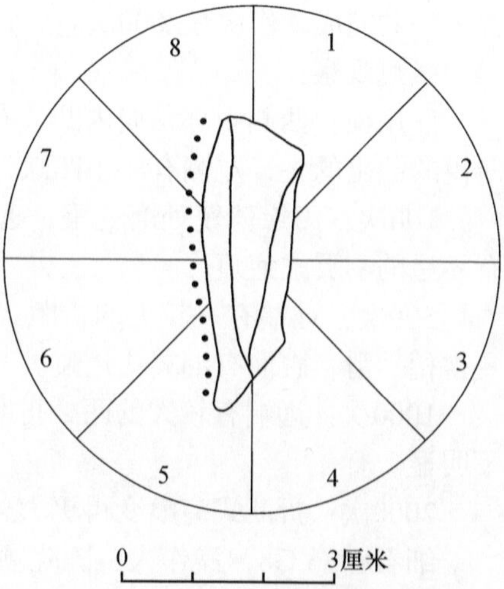

图3.49　石叶SYG4使用部位示意图

微痕观察：

使用前：背面为一个三角形长疤痕，近端背面为修理的疤痕。左侧远端向外凸起，有一个双面都崩裂的疤痕，平滑，右侧靠近远端，有一个大的疤痕。

100次：背面出现不连续的细小疤痕，背面也有不连续的崩疤。

500次：背面刃缘出现了连续的疤痕，疤痕较浅平，大小不一，刃缘因小疤痕有小的起伏，腹面崩裂的疤痕变得更大更多，刃缘变平滑。

1000次：背面疤痕间的棱脊变得不明显，接近远端的凹处出现了层叠的较浅平的疤痕，疤痕较大，腹面疤痕变多，较小，连续，有零星折断式的疤痕。

2000次：背面疤痕棱脊被磨耗得浅平，刃缘变得平滑，疤痕刃缘远端凹处出现了不规则的较深的小疤痕，形态各异，腹面刃缘出现了新的崩疤。

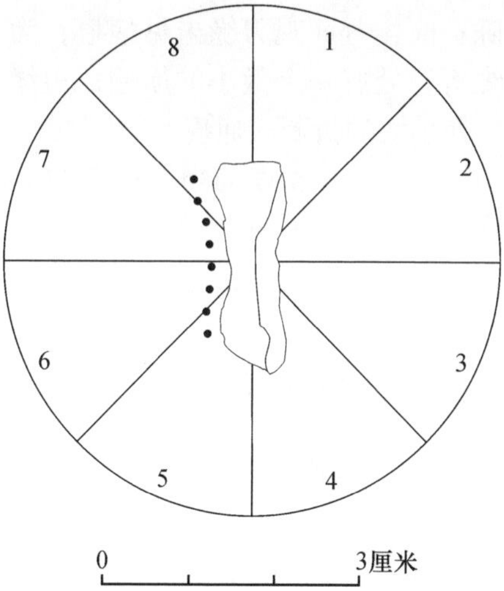

图3.50　细石叶SYG7使用部位示意图

细石叶SYG7，操作人：陶莹。长24.03毫米，宽8.74毫米，厚2.29毫米，重0.37克，使用部位为P.C.5-8（图3.50），刃缘为直刃微凹，刃角为34度20分。

捆绑方式：用两双方便筷的大头夹住细石叶近端，用玻璃绳缠绕7～8圈。

运动情况：与实验对象呈30度角运动。

使用效率：一直较为好用。

动作记录：单次动作长度平均为3.5厘米，运动频率80次/分钟，共用时间30分钟，一共完成动作次数2000次。

微痕观察：

使用前：两侧中部稍向内凹，有打片形成的疤痕，远端有一羽翼式疤痕和一薄锐的凸出的尖，左侧有一小凹缺，刃缘薄。

100次：刃缘薄锐处磨耗重，远端有连续的一段折断式疤痕，较短宽，腹面有零星的羽翼式疤痕。

500次：远端有一较大的折断式疤痕，原先产生的折断式疤痕被磨平，刃缘变得稍平滑，腹面有羽翼式疤痕。

1000次：远端有较大的两处折断式疤痕，刃缘变钝，腹面变平，疤痕间棱脊不明显。

2000次：折断式疤痕变得更大，腹面变化不大。

细石叶SYG8，操作人：陈晓颖。长27.75毫米，宽13.25毫米，厚4.96毫米，重1克，使用部位为P.C.1-4（图3.51），刃缘平直，刃角为21度56分。

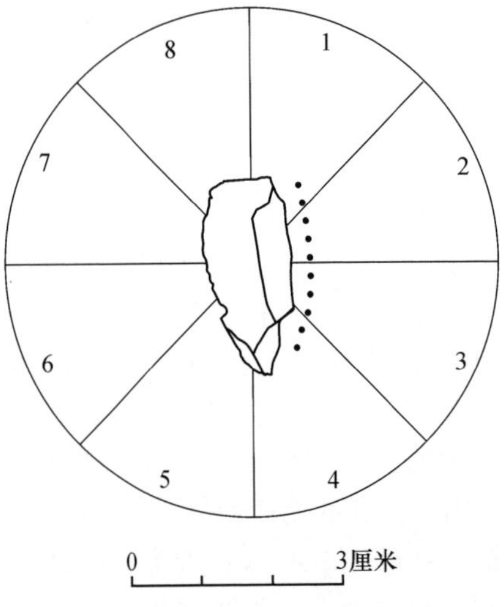

图3.51　细石叶SYG8使用部位示意图

捆绑方式：用两双方便筷的大头夹住细石叶近端，用玻璃绳缠绕7～8圈。

运动情况：与实验对象呈30度角运动。

使用效率：一直保持着一定的锋利性。

动作记录：单次动作长度平均为6.7厘米，运动频率90次/分钟，共用时间25分钟，一共完成动作次数2000次。

微痕观察：

使用前：刃缘薄锐锋利，刃缘尾端有一部分砾石面，背面观刃缘未见疤痕，腹面观刃缘折脊处有一个微小的崩疤，刃缘远端有一处稍大的折断式疤痕。

100次：刃缘有连续的短宽的疤痕，疤痕尖峰明显，腹面无明显疤痕。

500次：背面疤痕更大，羽翼式疤痕更大，出现了连续的疤痕，腹面有细小的崩疤。

1000次：刃缘更钝，疤痕间棱角不明显，疤痕范围变大，疤痕向近端扩展，腹面有细小崩疤。

2000次：整个使用的刃缘背面都有连续羽翼式崩疤，疤痕大小形状相似，刃缘变钝。

刮削器SYG1，操作人：陶莹。长22.35毫米，宽29.32毫米，厚6.36毫米，重3.23克，使用部位为P.C.4-5（图3.52），刃缘凹刃，刃角为68度40分。

运动情况：与实验对象呈60度角运动。

使用效率：效率不理想。

动作记录：单次动作长度平均为6厘米，运动频率60次/分钟，共用时间40分钟，一共完成动作次数2000次。

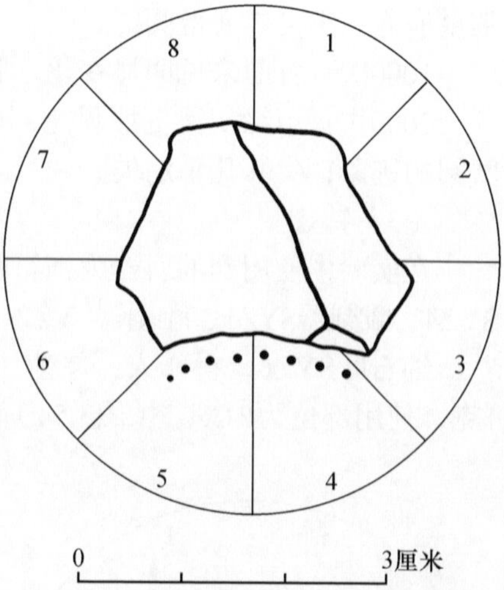

图3.52　刮削器SYG1使用部位示意图

微痕观察：

使用前：腹面不见任何疤痕，背面有层叠的疤痕，连续细密，疤痕均为压制，刃缘不平齐，左侧刃角小，近端手握处经修理。

100次：背面变化不甚明显，腹面有不连续的细小疤痕，疤痕间尖峰明显，附着少量木屑。

500次：背面变化不明显，腹面细小疤痕连续，薄锐处稍大，疤痕之间棱脊减弱。

1000次：背面变化不明显，腹面疤痕层叠，最凹处疤痕最大，右侧薄锐处较左侧厚钝处分布更多疤痕。

2000次：背面变化不明显，腹面疤痕增加，显微镜下变化不大。

刮削器SYG2，操作人：陶莹。长19.6毫米，宽18.53毫米，厚8.11毫米，重3.13克，使用部位为P.C.1-2（图3.53），刃缘为凸刃，刃角为66度48分。

运动情况：与实验对象呈60度角运动。

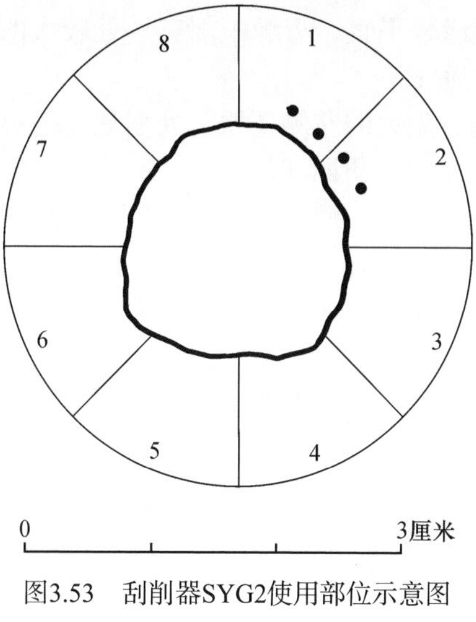

图3.53　刮削器SYG2使用部位示意图

使用效率：效率极低，一直不好用，且动作完成后手指和手腕感到酸痛。

动作记录：单次动作长度平均为6.5厘米，运动频率60次/分钟，共用时间35分钟，一共完成动作次数2000次。

微痕观察：

使用前：腹面不见疤痕，背面疤痕多呈细长形，多层修疤，排列紧密连续，正向加工，先锤击修形再压制修刃，周边修理，形态呈拇指盖形。

100次：背面变化不甚明显，腹面可见一处崩裂疤痕，使用前明显可见的小尖峰，显微镜下未见明显变化。

500次：背面变化不明显，腹面可见

零星崩疤，小尖峰变得圆钝。

1000次：背面未见明显变化，腹面变圆钝，尖峰几乎不可见。

2000次：刃缘变得更加圆钝，显微镜下背面变化不明显，腹面崩裂疤痕有被磨圆的迹象，尖峰几乎消失。

（3）钻。

在实验中使用到的石器为细石叶SYZ6、细石叶SYZ8、尖状器SYZ3、尖状器SYZ4、雕刻器SYZ1、雕刻器SYZ2，共计6件（图版四）。

细石叶SYZ6，操作人：赵莹。长25.54毫米，宽11.75毫米，厚4.88毫米，重1克，使用部位为P.C.4-5（图3.54），刃缘为尖刃，刃角为41度1分。

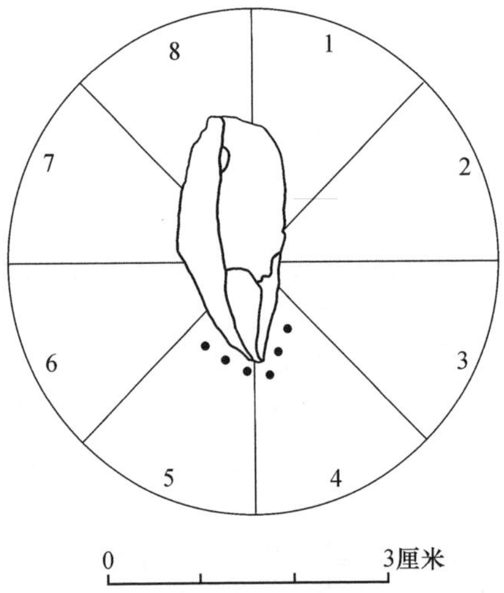

图3.54　细石叶SYZ6使用部位示意图

捆绑方式：用两双方便筷大头夹住细石叶近端，用玻璃绳缠绕7～8圈。

使用效率：效率不是很高，刃部磨耗严重。

动作记录：单次动作顺时针旋转180度，动作频率为60次/分钟，动作耗时35分钟，一共完成动作次数1941次。

微痕观察：

使用前：背面观疤痕间棱脊清晰，尖刃部分呈三级阶梯状，腹面同心波明显，未见崩疤。背面观刃缘左侧有三个连续的折断式疤痕，刃缘中部有一个大的凹缺，刃缘最右端有三个连续的折断式疤痕。腹面观刃缘较平直，刃缘中部有一处较大的折断式疤痕。

100次：背面观刃缘磨耗严重，较为圆钝，尖刃的左侧新增一处崩疤，疤痕浅平，腹面观刃缘磨耗圆钝，为右侧边形成一条窄的折断式疤痕。

500次：背面观刃缘变得更加圆钝，刃缘处的大崩疤内新增一处较小的折断式崩疤，腹面观尖刃缘的尖两侧出现对称的折断式崩疤，尖刃更加凸显。

1000次：背面观刃缘左侧新增一处微小的折断式崩疤，刃缘右侧有细小连续的崩疤形成，腹面观500次时形成的崩疤增大，尖峰磨耗已不明显。

1941次：左侧背面疤痕分布更广更大，腹面有零星的疤痕，右侧腹面有排列紧密的较大的羽翼式疤痕。1941次时断裂，停止使用。

细石叶SYZ8，操作人：卢悦。长25.62毫米，宽6.77毫米，厚1.54毫米，重0.22克，使用部位为P.C.4-5（图3.55），刃缘为尖刃，刃角为35度20分。

捆绑方式：用两双方便筷大头夹住细石叶近端，用玻璃绳缠绕7～8圈。

使用效率：效率一般。

动作记录：单次动作顺时针旋转180度，动作频率为60次/分钟，动作耗时近14分钟，一共完成动作次数799次。

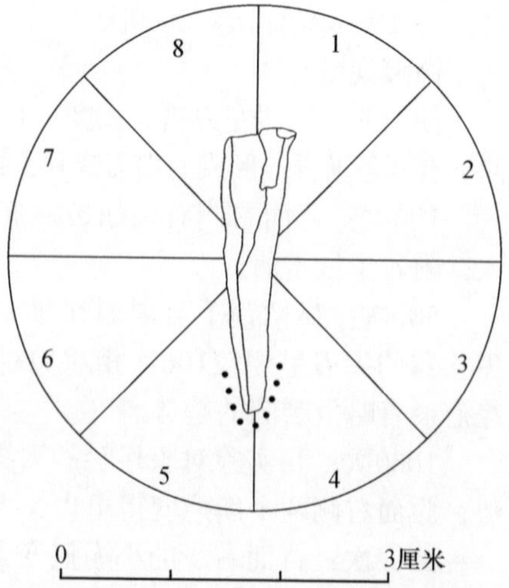

图3.55　细石叶SYZ8使用部位示意图

微痕观察：

使用前：背面观器身中部有一条纵脊，刃缘左侧有一折断式疤痕，腹面观刃缘的左侧边缘有一条微小的崩疤，刃缘并非尖刃，为斜向的平刃。临近近端有连续的细小崩疤，刃缘近端有两个折断式的大崩疤。

100次：背面左侧出现较大崩疤，尖刃处也出现较大崩疤，刃部仍为斜刃。背面观刃缘新增两个大的折断式疤痕，尖刃的左侧出现两个折断式崩疤，疤痕较深且连续，腹面观刃缘处新增一处大的折断式崩疤。

320次[15]：尖刃出现断裂，背面左侧出现较大疤痕，尖刃出现三角形平面。

405次[16]：尖刃出现断裂，背面左侧变钝，尖部出现断面，腹面左侧出现长条形疤痕。

456次[17]：尖刃出现断裂，断面从背面看偏右，为长三角形。背面左侧出现层叠的小崩疤。

500次：背面左侧崩疤变长变大，右侧出现小崩疤，腹面出现尖峰，其上有小疤痕。刃缘右侧有两个连续的的折断式崩疤，刃缘右侧变锋利。腹面观刃缘磨耗严重，变得锋利，有两处折断式崩疤。

799次[18]：出现断裂，停止使用。

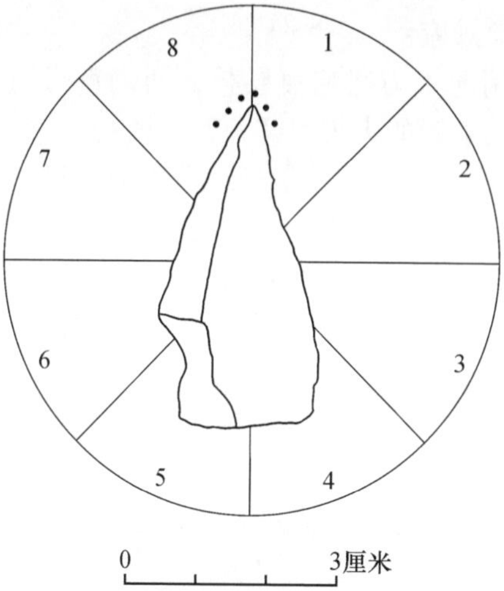

图3.56　尖状器SYZ3使用部位示意图

尖状器SYZ3，操作人：魏屹。长44.83毫米，宽23.12毫米，厚9.99毫米，重6.27克，使用部位为P.C.8-1（图3.56），刃缘为尖刃，刃角为40度3分。

使用效率：效率较高。

动作记录：单次动作顺时针旋转180度，动作频率为75次/分钟，动作耗时30分钟，一共完成动作次数2000次。

微痕观察：

使用前：该器左刃略有弧度，右刃平直，刃缘疤痕较大且连续。左侧背面由上而下有一条纵脊。形成的尖刃锋利，角度小。

100次：背面右侧有一崩裂疤痕，腹面有三个崩裂的疤痕，其中一个疤痕较大，附着少量木屑。

500次：显微镜下可观测到与实验对象相接触处的两侧边略有凹陷，导致该尖状器的尖刃呈相较100次相对尖锐的情况。但该尖刃的边缘变得较为圆钝，边缘疤痕有略呈磨圆的趋势。

1000次：与实验对象接触的刃缘磨耗严重，尖峰变得细小尖锐且有变长的趋势，腹面右侧两个崩疤变得更大，大疤上有新增的细小疤痕。

2000次：背面右缘的小崩疤变大，左缘更加平滑，刃口的角度变锐，腹面左缘变得平滑，右缘疤痕变大。

尖状器SYZ4，操作人：方启。长53.92毫米，宽34.05毫米，厚8.58毫米，重10.31克，使用部位为P.C.8-1（图3.57），刃缘为尖刃，刃角为45度30分。

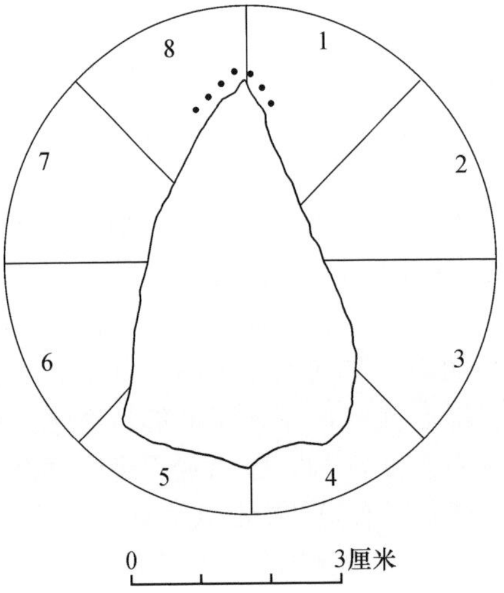

图3.57　尖状器SYZ4使用部位示意图

使用效率：使用至100次结束，尖刃头部破裂变得略圆钝，2000次后仍具备钻的功能，本次实验结果为钻出一个深1厘米的洞。

动作记录：单次运动顺时针旋转180度，动作频率为 40次/分钟，动作耗时50分钟，一共完成动作次数2000次。

微痕观察：

使用前：刃缘疤痕层叠，两侧直刃组成一锋利尖锐的尖刃。

100次：腹面尖部磨耗，背面亦可见一个崩裂疤痕。

500次：尖刃变化不明显，在尖部两侧的修理边处形成磨损造成的微疤，把柄处也有破损疤产生。

1000次：尖部明显变长，整体呈“锥化”趋势，腹面右侧有连续的羽翼式疤痕，大疤上亦有小疤，背面右侧亦同。

2000次：腹面的右侧大疤内有小疤形成，尖刃部磨亮显著，背面右侧亦同。刃部的尖刃完全磨圆钝，光泽增加，整个刃部呈现“锥化”。腹面的右侧从尖部至修边形成连续的羽翼式疤痕，其中大的疤痕中又形成小的微疤，整体又呈阶梯状，背面右侧亦然。

雕刻器SYZ1，操作人：戴玲玲。长33.64毫米，宽20.57毫米，厚6.49毫米，重6.03克，使用部位为P.C.8（图3.58），刃缘为凿子形刃口，刃角为61度28分。

使用效率：效率一般，最后1000次时效率极低。

动作记录：单次运动顺时针旋转180度，动作频率为 50次/分钟，动作耗时40分钟，一共完成动作次数2000次。

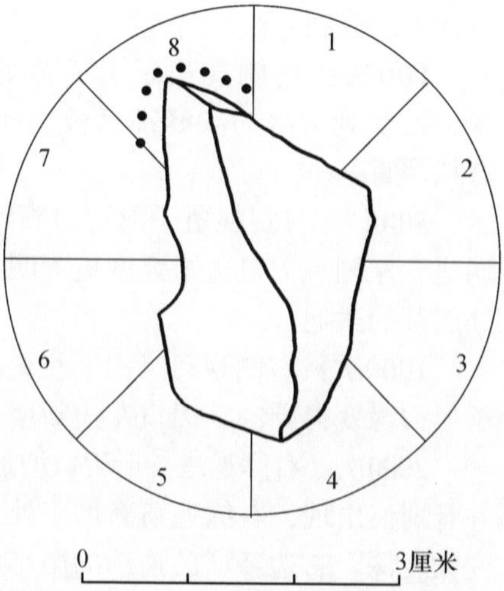

图3.58　雕刻器SYZ1使用部位示意图

微痕观察：

使用前：左侧压制修理，疤痕细密且较小，右侧向下有三次打片，形成一凿子形刃口。右刃缘疤痕层叠，有凹凸的刃缘起伏，右边可见较锋利的边缘，顶部有一处小尖峰。

100次：右刃缘未见新的疤痕出现，左缘使用处新增一处大的崩疤，疤痕明显。

500次：左侧新增很多疤痕，损耗严重，右侧疤痕更多，尤其是近背面处疤痕层叠连续。

1000次：右侧观疤痕明显增多，层叠状分布，疤痕较500次增大，边缘显得圆钝，左侧观刃缘圆钝，之前形成的崩疤明显增大。

2000次：刃部损耗大，近刃缘疤痕变得更多，疤痕间的尖峰几乎不可见。

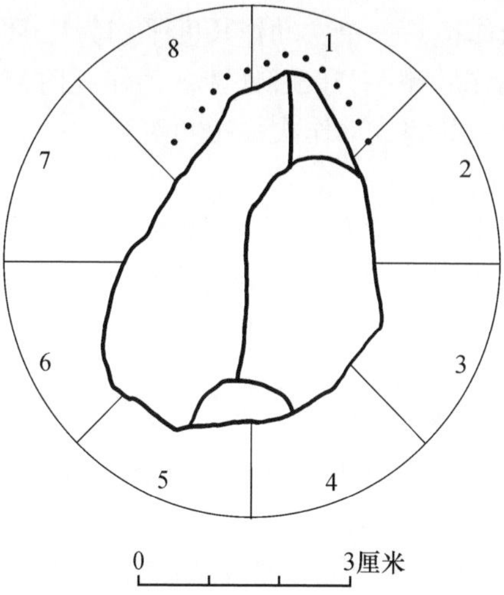

图3.59　雕刻器SYZ2使用部位示意图

雕刻器SYZ2，操作人：魏屹。长49.91毫米，宽40.43毫米，厚16.96毫米，重32.23克，使用部位为P.C.8-1（图3.59），刃缘为凿子形刃口，刃角为96度4分。

使用效率：始终使用效率不高。

动作记录：单次运动顺时针旋转180度，动作频率为 60次/分钟，动作耗时35分钟，一共完成动作次数2000次。

微痕观察：

使用前：左侧修理出一条直刃，疤痕层叠连续，压制疤痕细小，右侧由近段有三次层叠连续的剥片，形成一凿子形刃口，刃缘锋利。

100次：右侧观凿子形刃口处的凹缺已被磨得消失不见，现刃缘呈平直状，左侧观刃缘的尖峰都已被磨耗得圆钝，新增一处较大的崩疤，凿子形刃口磨耗严重。

500次：右侧观凿子形刃口新增两处细小的崩疤，刃缘右侧亦增加一处新的崩疤，左侧观刃口边缘弧度更为明显，呈流线形，刃口角度变锐，刃缘处新增多处连续的微疤。

1000次：右侧观刃缘由平直变得略凹，棱脊处新增两处细小崩疤，左侧观凿子形刃缘变得圆钝，刃口左边新增一处崩疤。

2000次：右侧观凿子形刃口增加四个细小的崩疤，之前形成的崩疤明显增大，并有划痕出现，右缘疤痕新增多处且层叠，左侧观凿子形刃口的右端的崩疤明显变大变深，右边新增的连续的微小崩疤，应是钻的过程中拉动运动所形成的。

（4）刻。

在实验中使用到的石器为细石叶SYK2、细石叶SYK5、尖状器SYK1、尖状器SYK2、雕刻器SYK1、雕刻器SYK3、雕刻器SYK6，共计7件（图版四）。

细石叶SYK2，操作人：魏屹。长17.67毫米，宽5.55毫米，厚1.46毫米，重0.13克，使用部位为P.C.4-5（图3.60），刃缘为尖刃，刃角为16度10分。

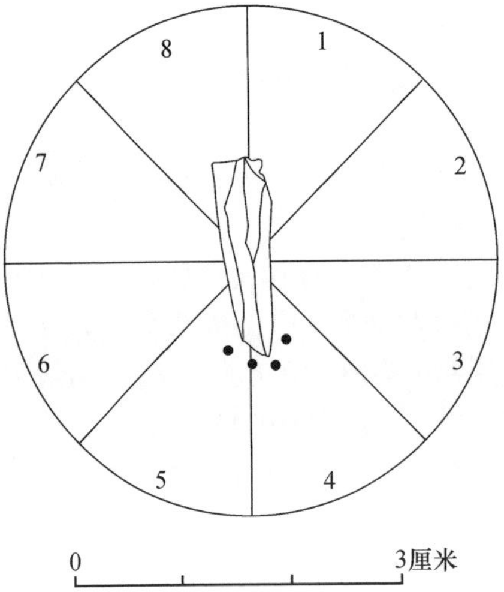

图3.60　细石叶SYK2使用部位示意图

捆绑方式：用两双方便筷的大头夹住细石叶近端，用玻璃绳缠绕7～8圈。

运动情况：与被加工物体呈60度角运动。

使用效率：效率较高。

动作记录：单次动作长度平均为1.5厘米，动作频率为 70次/分钟，动作耗时35分钟，一共完成动作次数2000次。

微痕观察：

使用前：背面有长条形疤痕，有一纵脊，尖刃偏右侧，两边缘近平行，腹面有细密的放射线，整体较薄。

100次：背面观刃缘磨耗严重，形成一处锋利的小尖峰，刃缘左侧有一处折断式崩疤，疤痕较浅。腹面观刃缘左侧有一处浅平的折断式崩疤，刃缘右侧有一处大的折断式崩疤。

500次：背面观刃缘变得更加圆钝，小尖峰磨耗不见，腹面观刃缘更加平滑，刃缘中部有一处较大的折断式崩疤。

1000次：刃缘左侧有一窄平的崩疤，刃缘右侧有一串连续的微小崩疤，腹面观刃缘中部有三个连续的折断式崩疤。

2000次：背面观刃缘变得更加圆钝，腹面观刃缘变得更加平滑，1000次时形成的崩疤增大。

细石叶SYK5，操作人：卢悦。长45.67毫米，宽17.03毫米，厚6.26毫米，重2.69克，使用部位为P.C.4-5（图3.61），刃缘为尖刃，刃角为32度40分。

捆绑方式：以方便筷的尾端作为捆绑基点，以缠绕的方式对细石叶近端进行捆绑，捆绑7～8圈。

运动情况：与被加工物体呈60度角运动。

使用效率：效率尚可。

动作记录：单次动作长度平均为13厘米，动作频率为60次/分钟，动作耗时35分钟，一共完成动作次数2000次。

微痕观察：

使用前：整体呈三角形，背面有一纵脊，近端有剥片形成的层叠疤痕，右侧远端有一折断式疤痕，形成一凹缺，左侧中部有2个疤痕，远端稍残，在背面有一近三角形疤痕，腹面可见细密的放射线。

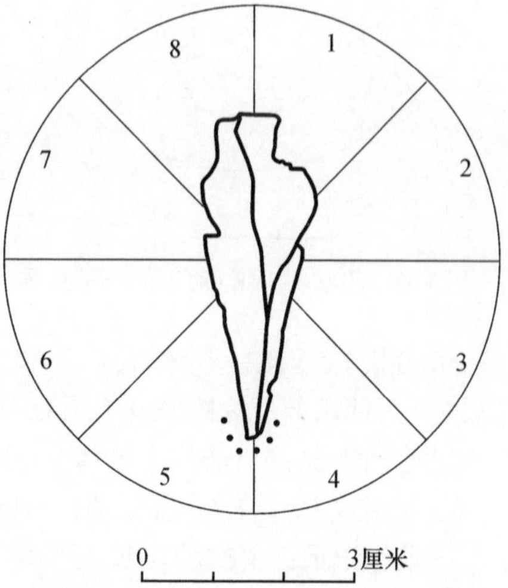

图3.61　细石叶SYK5使用部位示意图

100次：背面观尖刃左侧新增一处较小的崩疤，腹面观刃缘右侧出现小的折断式崩疤。

500次：背面观刃缘近端新增一处折断式崩疤，疤痕较深，腹面观出现磨痕，左侧有一处微小崩疤，折断式。

1000次：背面观刃缘变圆钝，刃缘右侧缘出现一处折断式崩疤，腹面观刃缘左侧新增一处折断式崩疤，棱脊清晰。

2000次：背面观刃缘更加圆钝，腹面观刃缘1000次时形成的崩疤变大。

尖状器SYK1，操作人：魏屹。长76.17毫米，宽43.47毫米，厚22.34毫米，重63.72克，使用部位为P.C.8-1（图3.62），尖刃，刃角为59度50分。

运动情况：与被加工物体呈60度角运动。

使用效率：效率较高，但是100次后迅速变钝。

动作记录：单次动作长度平均为6～7厘米，动作频率为 70次/分钟，动作耗时30分钟，一共完成动作次数2000次。

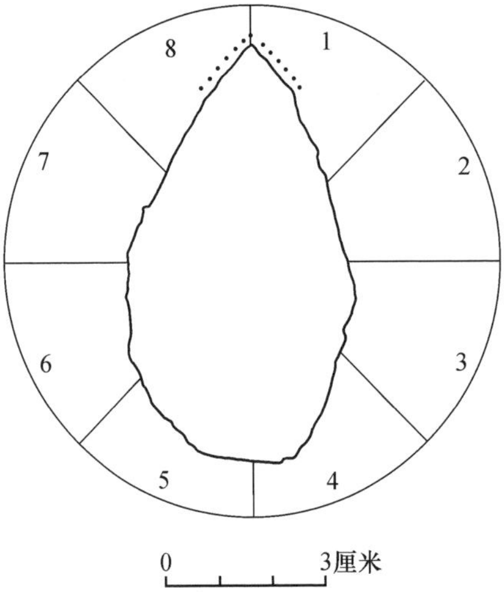

图3.62　尖状器SYK1使用部位示意图

微痕观察：

使用前：形成锐尖的两个直刃。疤痕连续密布，多层修疤，疤痕先打制后经压制。

100次：背面明显可见尖部角度变大。尖锐度减小。左侧边缘可见明显磨耗痕迹。腹面左侧有一个较大的崩裂疤痕。凸出的尖峰略显平缓。

500次：背面崩疤增大，磨耗明显。腹面在镜下可见曾经锋利的尖刃变得圆钝。

1000次：背面变化不大，腹面可观察到尖刃明显变钝。疤痕间尖峰不明显。

2000次：背面可见边缘变短，刃尖角度变小。腹面观测尖刃有磨圆迹象。

尖状器SYK2，操作人：王欣。长27.65毫米，宽16.29毫米，厚8.3毫米，重3.27克，使用部位为P.C.8-1（图3.63），刃缘为尖刃，刃角为63度18分。

运动情况：与被加工物体呈60度角运动。

使用效率：效率较高，但是100次后迅速变钝。

动作记录：单次动作长度平均为4.5厘米，动作频率为 70次/分钟，动作耗时30分钟，一共完成动作次数2000次。

微痕观察：

使用前：背面疤痕连续层叠，先经锤击修理，再经压制，腹面有四个崩裂的疤痕，位于右缘。

100次：尖刃左侧稍有崩裂，腹面出现三处疤痕，尖刃角度稍大。

500次：尖刃变得圆钝，有一个短宽的细小疤痕，腹面崩裂的疤痕稍大。

1000次：刃缘可见明显的崩疤，形成的疤痕较连续，腹面崩裂的疤痕增多，使尖刃的边缘变短。

2000次：背面可见边缘角度变小，腹面可见尖刃变得更加圆钝，亦可见明显的崩裂疤痕（图版五）。

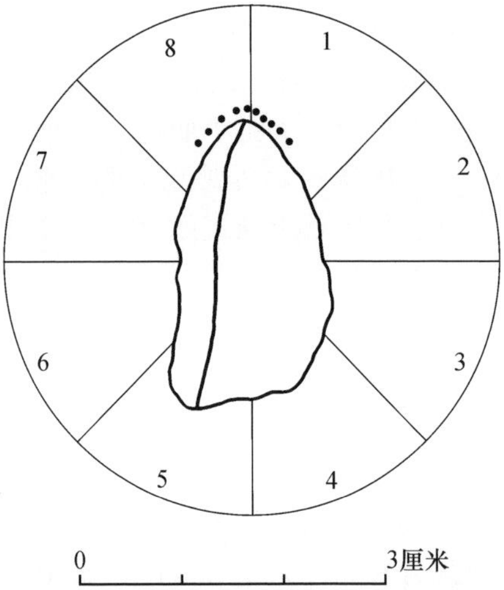

图3.63　尖状器SYK2使用部位示意图

雕刻器SYK1，操作人：王欢。长

101.62毫米，宽41.17毫米，厚21.83毫米，重84.5克，使用部位为P.C.8-1（图3.64），刃缘为凿子形刃口，刃角为64度42分。

运动情况：与被加工物体呈60度角运动。

使用效率：效率较高，始终较为锋利，能够在2000次以后继续使用。

动作记录：单次动作长度平均为7厘米，动作频率为 70次/分钟，动作耗时30分钟，一共完成动作2000次。

微痕观察：

使用前：刃缘有四处长条形疤痕，背面经多次修理，刃缘平齐较锋利。

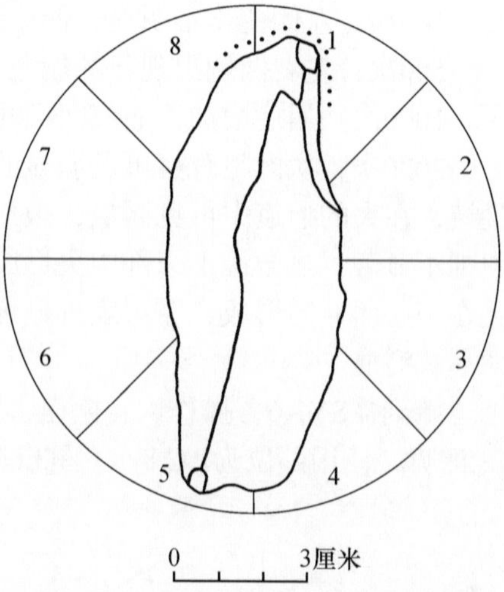

图3.64　雕刻器SYK1使用部位示意图

100次：右侧变化不明显，左侧有细小的且不连续的疤痕，刃缘变平齐，附着少量木屑。

500次：左侧崩疤增多、变大，右侧崩疤变大，刃缘变得更平齐。

1000次：肉眼可见左侧有较大较多的崩疤，右侧只有两片较小分散疤痕，显微镜下左侧仍可见较多羽翼式疤痕，右侧则有成组折断疤痕。

2000次：肉眼可见刃部呈缺口状，左刃可见若干折断式微疤，右刃则可明显观测到连续的折断式微疤。

雕刻器SYK3[19]，操作人：魏屹。长59.27毫米，宽26.12毫米，厚16.1毫米，重16.39克，使用部位为P.C.8-1（图3.65），刃缘为凿子形刃口，刃角为50度2分。

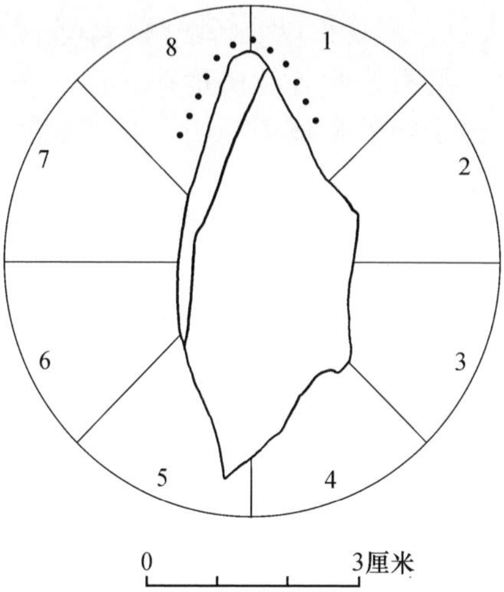

图3.65　雕刻器SYK3使用部位示意图

运动情况：与被加工物体呈60度角运动。

使用效率：效率较高，始终较为锋利地刮取树皮及枝干，2000次后刃部变钝，但仍能够继续使用。

动作记录：单次动作长度平均为8～10厘米，动作频率为 70次/分钟，动作耗时30分钟，一共完成动作次数2000次。

微痕观察：

使用前：左侧向近端打下一剥片，右侧向近端打下剥片后与之形成一屋脊形刃口，刃缘有打片崩裂的细小疤痕，在刃缘零星分布，刃缘薄锐，疤痕间尖峰明显。

100次：左侧变化不明显，偶见细小的崩疤，右侧小崩疤连续层叠。

500次：左右两侧出现新的崩疤，右侧疤痕更加多，疤痕间棱脊明显。

1000次：崩疤增加，疤痕间尖峰明显。

2000次：从肉眼观察可见明显的大型疤痕，疤与疤之间能够夹成一个显著的尖棱，在大的疤痕中可见微疤，微疤为中型羽翼式，这在左刃中观察明显，右刃中则不显著。显微镜下刃部中央形成一个肉眼可见的尖峰，系由两个较大的疤痕夹在一起而共同形成，左刃表现显著，右刃微疤不显，左刃形成较为连续的中型羽翼式疤痕。

雕刻器SYK6，操作人：陶莹。长49.09毫米，宽30.21毫米，厚10.8毫米，重13.89克，使用部位为P.C.8-1（图3.66），刃缘为凿子形刃口，刃角为75度20分。

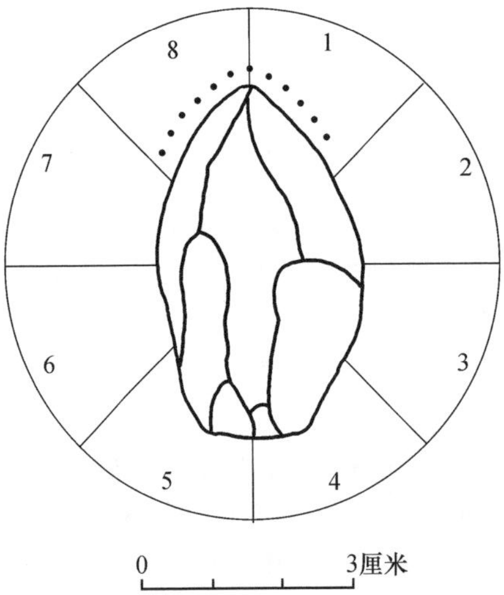


图3.66　雕刻器SYK6使用部位示意图

运动情况：与被加工物体呈60度角运动。

使用效率：效率较高。

动作记录：单次动作长度平均为4～6厘米，动作频率为60次/分钟，动作耗时35分钟，一共完成动作次数2000次。

微痕观察：

使用前：右侧向近端打下一剥片，与左侧向近端打下的长条形疤痕形成一凿子形刃口。右侧近背面处有因打片留下的集中的小疤痕，近腹面处有一条疤痕；左侧近腹面处有两个疤痕。近背面处与右侧相应部位处也有同样疤痕。

100次：左侧观刃口处新增两个不连续的大崩疤。且有密集连续的崩疤。崩疤多层分布，由于疤的形成刃缘由平直变成凹缺状。右侧观刃缘原来的两个小尖峰被磨得圆钝。

500次：右侧观刃缘被磨得平直，刃缘左侧新增一处微小的崩疤，刃缘处疤痕变大。左侧观，之前形成的疤痕变大，刃缘形状未有明显变化。

1000次：左侧观刃缘右侧新增一处崩疤，刃缘中间的疤痕连续密集，刃缘右侧被磨得圆钝。

2000次：疤痕层次增多，刃缘变得圆钝。左侧观疤痕变大（图版一〇）。

## （二）对皮革的加工与观察

作为实验对象的皮革分为干与新鲜两种，干皮革为赠送获得的干牛皮，新鲜皮革则为购买所得的新鲜猪皮。下面先介绍对于干皮革的加工与观察。

1. 对干皮革的加工与观察

实验所采用的干皮革为赠送获得的干牛皮。较为干燥，质地较软。

（1）切。

在实验中使用到的石器为石片SYQ10、石片SYQ12、石叶SYQ9、石叶SYQ13、细石叶SYQ5、细石叶SYQ16、刮削器SYQ7、刮削器SYQ10、尖状器SYQ10、尖状器SYQ11，共计10件。

石片SYQ10，操作人：卢悦。长30.77毫米，宽34.25毫米，厚7.48毫米，重3.84克，使用部位为P.C.6-7（图3.67），刃缘平直，刃角为24度42分。

使用效率：使用效率一般。

动作记录：单次动作长度平均为6.2厘米，动作频率为 70次/分钟，动作耗时30分钟，一共完成动作次数2000次。

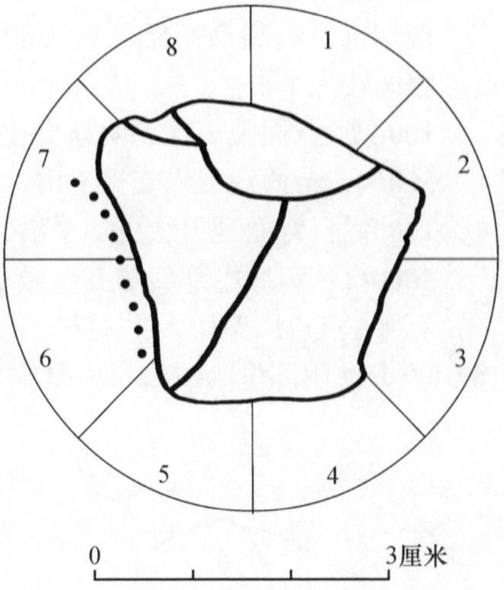

图3.67　石片SYQ10使用部位示意图

微痕观察：

使用前：刃缘极为锋利，近台面处有一处因打片而形成的陡坎，刃缘处可见一小的崩疤，腹面观可见两个连续微疤，为折断式，背面的陡坎在腹面观为一处大的凹缺。

100次：背面、腹面观刃缘均无明显变化。

500次：腹面观刃缘左侧新增三处微小的崩疤，显微镜下观察难以分辨形状，背面观刃缘左侧新增一处小的崩疤，刃缘中部原有疤痕略有增大。

1000次：刃缘变平滑，无明显新增疤痕。

2000次：刃缘变得十分平滑，无明显疤痕产生。

石片SYQ12，操作人：魏屹。长48.78毫米，宽31.09毫米，厚13.2毫米，重14.04克，使用部位为P.C.6-8（图3.68），刃缘

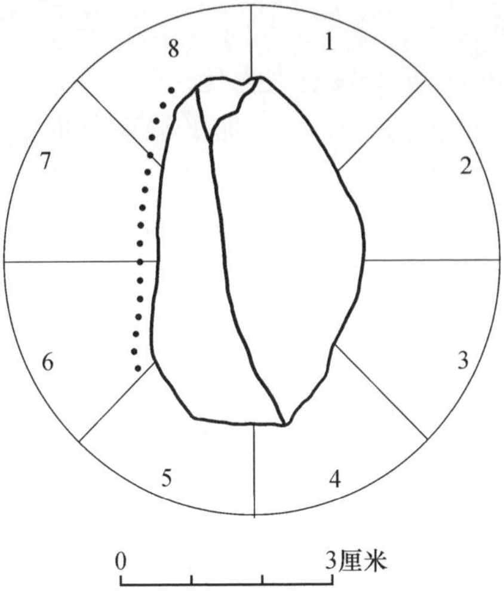

图3.68　石片SYQ12使用部位示意图

平直，刃角为53度24分。

使用效率：效果不很明显。

动作记录：单次动作长度平均为5.8厘米，动作频率为 75次/分钟，动作耗时30分钟，一共完成动作次数2000次。

微痕观察：

使用前：石料质感细腻，刃缘薄锐锋利，背面观仅近台面处有四个细小疤痕，腹面较为平滑。

100次：背面观刃缘无明显变化，腹面观刃缘原有的疤痕已被磨平不见。

500次：背面观刃缘变得平滑，腹面观无明显变化。

1000次：背面观刃缘更加平滑，无新增疤痕，腹面亦无明显变化。

2000次：刃缘中部新增五个微小的疤痕，腹面观无明显变化。

石叶SYQ9，操作人：王欣。长49.34毫米，宽38.39毫米，厚10.68毫米，重16.01克，使用部位为P.C.2-3（图3.69），刃缘平直，刃角为31度30分。

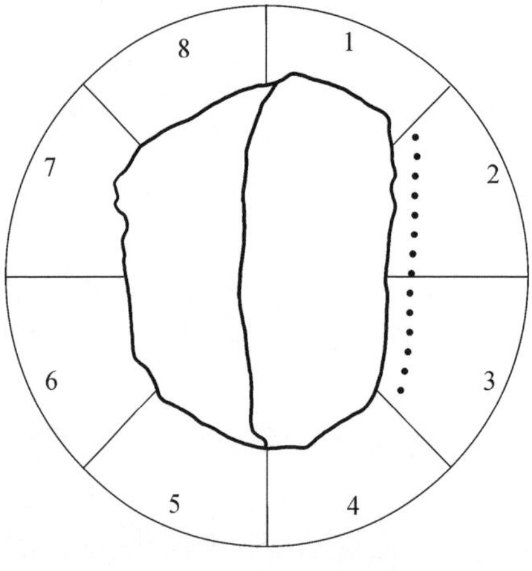


图3.69　石叶SYQ9使用部位示意图

使用效率：效果尚可。

动作记录：单次动作长度平均为8.2厘米，动作频率为 70次/分钟，动作耗时30分钟，一共完成动作次数2000次。

微痕观察：

使用前：背面左侧为一剥片，右侧为砾石面。左侧近端为剥片前连续的崩疤，刃缘接近近端有一段崩疤及一较大折断式崩疤，远端薄锐，有零星的崩疤，腹面可见放射线。

100次：刃缘没有太大变化。

500次：刃缘变得更加平滑，背面没有产生明显疤痕。

1000次：刃缘更加平滑，有极小的新疤，均为折断式。

2000次：刃缘更平滑，疤痕变浅，变化一直不大，效率也没有太大变化。

石叶SYQ13，操作人：王欣。长46.25毫米，宽25.3毫米，厚7.42毫米，重9.33克，使用部位为P.C.5-8（图3.70），刃缘平直，刃角为23度40分。

使用效率：效果一般，500次后略变钝。

动作记录：单次动作长度平均为13厘米，动作频率为 70次/分钟，动作耗时30分钟，一共完成动作次数2000次。

微痕观察：

使用前：两侧近平行，右侧为自然面，左侧为一直刃，刃缘薄锐，近端有一凸出的薄尖。刃缘中间因质地原因有一陡坎，有疤台面，台面远缘有打片前的修疤，腹面可见清晰的放射线。

100次：刃缘变得稍平滑，有极细微的疤痕产生，不连续，尖峰变钝。

500次：有连续的细小的疤痕，多为折断式。刃缘更平滑。

1000次：刃缘更平滑，原先细小的疤痕被磨平。

2000次：刃缘十分平滑，个别崩裂的疤痕产生。

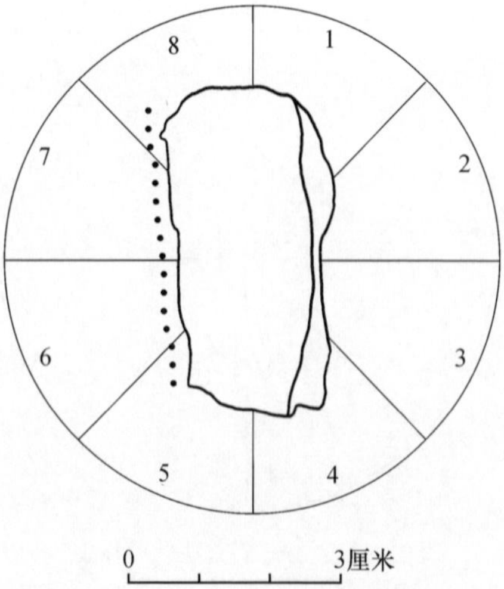

图3.70　石叶SYQ13使用部位示意图

细石叶SYQ5，操作人：侯哲。长28.89毫米，宽10.07毫米，厚4.54毫米，重0.78克，使用部位为P.C.1-4（图3.71），刃缘平直，刃角为21度20分。

捆绑方式：用两双方便筷的大头夹住细石叶远端，用玻璃绳缠绕7～8圈。

使用效率：使用效率一般。

动作记录：单次动作长度平均为4厘米，动作频率为 80次/分钟，动作耗时25分钟，一共完成动作次数2000次。

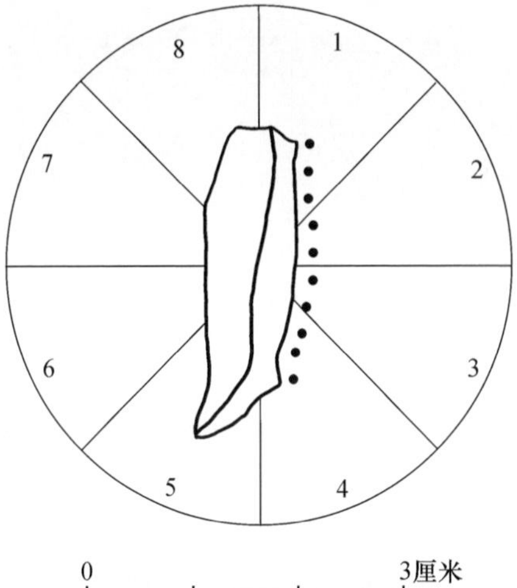

图3.71　细石叶SYQ5使用部位示意图

微痕观察：

使用前：背面有一纵脊，远端向左侧弯，石叶随脊剥片而下，素台面，右缘近端有一突尖上有小疤，远端有一微凹，中部有一小折断式崩疤，腹面有细密的放射线。

100次：背面观刃缘无明显变化，沾有少量皮屑，近端刃缘稍凸出处变得平滑，腹面无明显变化。

500次：刃缘无明显变化。

1000次：刃缘无明显变化，显得更加平滑，腹面无明显变化。

2000次：近端刃缘稍凸出处出现一折断式三角崩疤，背面刃缘有细小疤痕，刃缘变得圆钝。

细石叶SYQ16，操作人：王欢。长

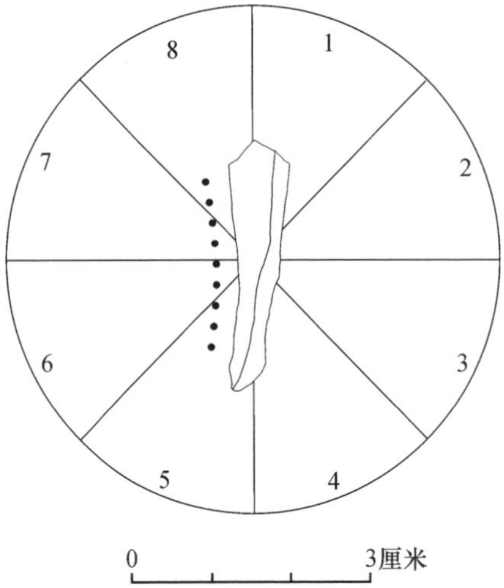


图3.72　细石叶SYQ16使用部位示意图

30.75毫米，宽7.93毫米，厚2.69毫米，重0.31克，使用部位为P.C.5-8（图3.72），刃缘平直略凹，刃角为25度20分。

捆绑方式：用两双方便筷大头夹住细石叶中段，用玻璃绳缠绕10圈左右。

使用效率：效率尚可，800次后使用效率下降。

动作记录：单次动作长度平均为3.5厘米，动作频率为70次/分钟，动作耗时25分钟，一共完成动作次数2000次。

微痕观察：

使用前：近端折断，远端细长。整体薄锐，左侧是平滑的波浪状。背面有一纵脊，细石叶沿脊剥片。远端有一薄锐的尖峰，腹面有因同心波形成的陡坎。在尖刃处背面有两个羽翼式疤痕。

100次：背面尖刃处有一个小的崩裂，出现一羽翼式疤痕，刃缘凹处出现较浅的小羽翼式疤痕。腹面无明显变化。

500次：接近尖刃处背面刃缘出现不连续的细小疤痕，均为折断式。腹面有小的崩疤。

1000次：上次产生的疤痕经磨耗，变得更小，尖刃处变得平滑，刃缘更加平滑。

2000次：在1081次时不慎从中部断裂。重新将远端捆绑，使用效率下降。尖刃处更加圆滑，刃缘出现一凹缺，其他部分有零星崩疤，腹面有不连续的疤痕。

刮削器SYQ7，操作人：任秀芬。长58.75毫米，宽47.34毫米，厚22.5毫米，重53.29克，使用部位为P.C.4-5（图3.73），刃缘平直，刃角为44度32分。

使用效率：较为锋利，1000次后效率明显下降。

动作记录：单次动作长度平均为6厘米，动作频率为70次/分钟，动作耗时30分钟，一共完成动作次数2000次。

微痕观察：

使用前：该器物经锤击与压制修理形成较直的刃缘，为多层修疤，疤痕连续密

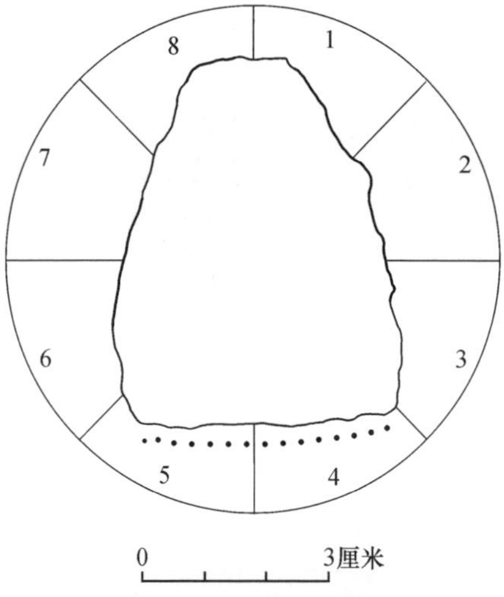


图3.73　刮削器SYQ7使用部位示意图

集，层层叠压，器身经修理形制，方便把握，腹面可见明显的放射式疤痕，刃缘处未见剥片时形成的疤痕。

100次：背面未见明显变化，腹面中间偏左侧有两个小的羽翼式疤痕。

500次：背面刃缘疤痕增多，腹面变化不明显。

1000次：刃缘新增密集连续的微小的折断式崩疤，此次形成的微小崩疤遍布整个刃缘，腹面观刃缘变得更加平直，刃缘处有一些极微小的崩疤。

2000次：由于细小疤痕使刃缘形成一些细小的尖峰，1000次时形成的微疤多已变大。腹面观刃缘最远端形成一处凹缺，偶见连续的小崩疤。

刮削器SYQ10，操作人：魏屹。长20.65毫米，宽24.48毫米，厚7.69毫米，重3.92克，使用部位为P.C.7-2（图3.74），刃部为凸刃，刃角为78度36分。

使用效率：效率不高。

动作记录：单次动作长度平均为4厘米，动作频率为70次/分钟，动作耗时30分钟，一共完成动作次数2000次。

微痕观察：

使用前：石片远端因多层密集的修疤形成圆润的刃口，刃缘角度较为陡直，疤痕大小不一，器身左右两侧经修理，形制适宜使用时把握，腹面半椎体凸出，锥疤明显，未见疤痕。

100次：背面、腹面未见明显变化。

500次：背面观刃缘中部新增一处大的羽翼式疤痕，刃缘右侧的小尖峰被磨耗不见，疤痕间的棱脊变得不明显，腹面观察未见明显变化。

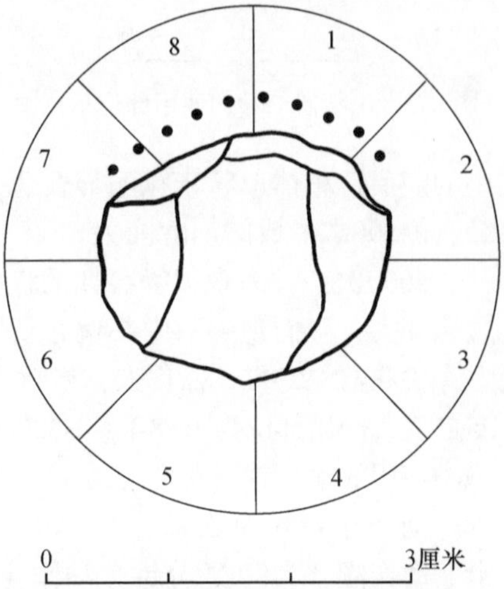

图3.74　刮削器SYQ10使用部位示意图

1000次：刃缘新增多处连续的细小疤痕，疤痕为羽翼式，刃缘右侧新增一处大的羽翼式疤痕，使得刃缘处生成一个细小的尖峰，腹面观刃缘中部的小尖峰磨耗不见。

2000次：刃缘磨圆钝严重，腹面观刃缘变化始终不明显，未见崩疤的出现。

尖状器SYQ10，操作人：卢悦。长27.48毫米，宽17.48毫米，厚7.63毫米，重2.78克，使用部位为P.C.8-1（图3.75），刃缘为尖刃，刃角为52度20分。

使用效率：效率一直不是很高，感觉刃部不是很锋利。

动作记录：单次动作长度平均为4厘米，动作频率为70次/分钟，动作耗时30分钟，一共完成动作次数2000次。

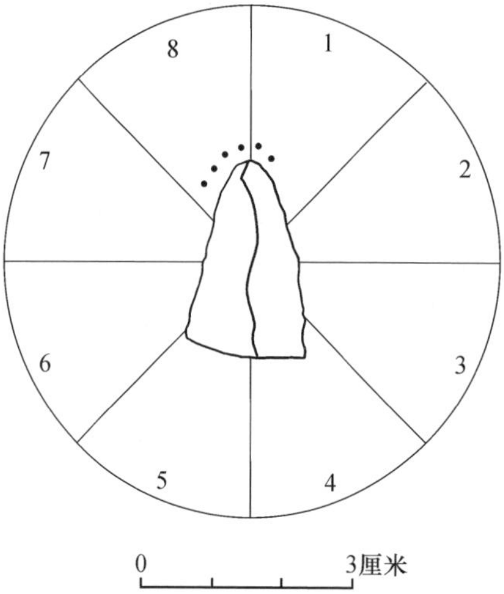

图3.75 尖状器SYQ10使用部位示意图

微痕观察：

使用前：两侧凸刃组成一稍成圆弧形的尖刃，疤痕排列紧密，层叠连续，背面中央有一纵脊。

100次：背面观刃缘使用处变得异常平滑，尖刃的小尖峰被磨耗不见，腹面观刃缘变圆钝，刃缘中部新增两处微小的折断式疤痕。

500次：背面观尖刃右侧略高于右刃的地方已被磨耗的与右缘对称平行，尖刃右侧新增一处折断式疤痕，腹面观刃缘变得更加圆钝，尖刃右侧新增两处不连续的折断式疤痕。

1000次：背面观刃缘右侧新增一处微小的疤痕，整体形状未见明显变化，腹面观刃缘变得更加平滑，弧度变圆钝，刃缘右侧500次形成的崩疤变大。

2000次：背面观刃缘磨耗的程度增加，由于磨耗与使用的缘故，刃缘厚钝的边缘变大，腹面观尖刃中部偏右新增一处微小的折断式疤痕，疤痕较浅。

尖状器SYQ11，操作人：侯哲。长61.92毫米，宽31.76毫米，厚16.19毫米，重25.27克，使用部位为P.C.8-1（图3.76），刃缘为尖刃，刃角为35度。

使用效率：效率尚可。

动作记录：单次动作长度平均为5厘米，动作频率为80次/分钟，动作耗时25分钟，一共完成动作次数2000次。

微痕观察：

使用前：两侧凸刃组成一尖刃，疤痕层叠连续，排列密集，疤痕间尖峰明显，腹面尖刃处有一崩裂的小疤。

100次：尖刃缘右侧的小尖峰被磨耗不见，整个刃缘变圆钝，使用前的尖刃已被磨耗的圆滑，尖刃左缘新增一处微小的折断式疤痕。

500次：形成尖刃的左侧缘新增三个不连续的折断式小疤，刃缘更加平滑，尖刃处的微小尖峰磨耗的更加圆钝，新增两

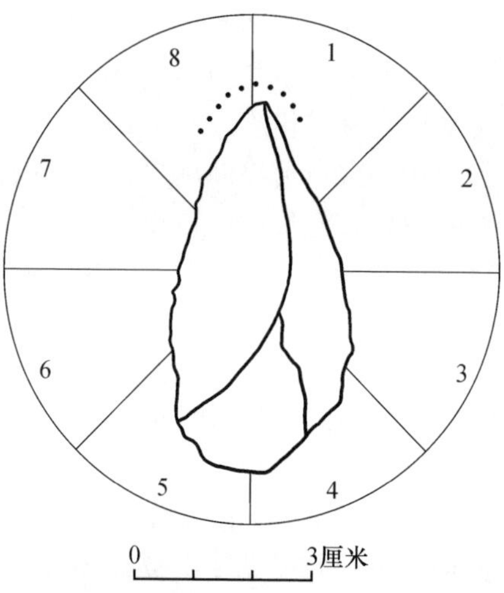

图3.76 尖状器SYQ11使用部位示意图

处微小的折断式崩疤。

1000次：形成尖刃的左侧刃缘500次形成的崩疤变大，腹面观刃缘更加平滑。

2000次：尖刃缘变得更加圆钝，疤痕间的棱脊变得不甚明显，刃缘磨耗严重，尖刃右侧的小尖峰已不见，刃缘非常圆滑。

（2）钻。

在实验中使用到的石器为细石叶SYZ4、细石叶SYZ7、尖状器SYZ7、尖状器SYZ8、雕刻器SYZ7、雕刻器SYZ8，共计6件。

细石叶SYZ4，操作人：任秀芬。长29.57毫米，宽4.77毫米，厚3.03毫米，重0.35克，使用部位为P.C.4-5（图3.77），刃缘为尖刃，刃角为26度。

捆绑方式：用两双方便筷大头夹住细石叶远端，用玻璃绳缠绕7～8圈。

使用效率：该细石叶较脆，完成到846次即断裂。

动作记录：单次运动顺时针旋转180度，动作频率为 50次/分钟，动作耗时20分钟，一共完成动作次数846次。

微痕观察：

使用前：石器细长，尖刃薄透，尖锐。尖部有断裂。背部同心波明显。近端经修整，有一尖脊，腹部有同心波，较平缓。背面观刃缘临近远端的地方有一较深的凹缺，刃部翼状的突起有四个窄平的连续疤痕，疤痕为折断式，大小相近。刃缘近端有一个三层的疤痕且彼此连续。腹面观刃缘远端有四个连续的折断式疤痕，刃缘整体略有起伏，刃缘中部有个凹缺。

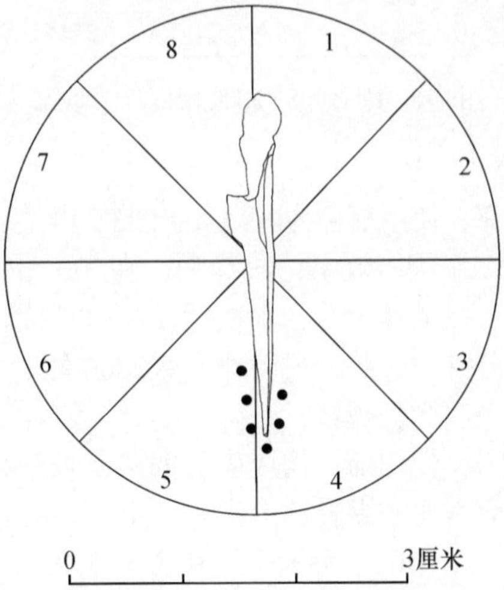

图3.77　细石叶SYZ4使用部位示意图

100次：背面观刃缘尖刃处新增两个微小的崩疤，疤痕为折断式。腹面观刃缘变化不大。

500次：背面观刃缘变得尖锐，由于两个大的崩疤形成于尖刃左侧所致。腹面观可见背面形成的崩疤。

846次：器物断裂。

细石叶SYZ7，操作人：戴玲玲。长20.6毫米，宽4.73毫米，厚1.67毫米，重0.66克，使用部位为P.C.4-5（图3.78），刃缘为尖刃，刃角为32度36分。

捆绑方式：用两双方便筷大头夹住细石叶近端，用玻璃绳缠绕7～8圈。

使用效率：尖刃部极易受损，完成到次数375次即断裂。

动作记录：单次运动顺时针旋转180度，动作频率为 50次/分钟，动作耗时近

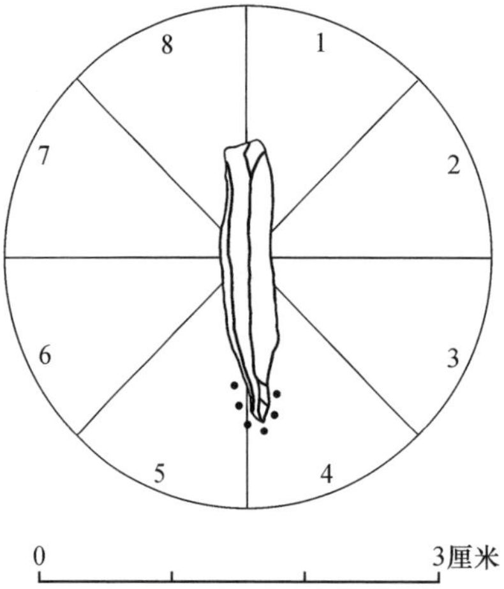

图3.78　细石叶SYZ7使用部位示意图

8分钟，一共完成动作次数375次。

微痕观察：

使用前：该器物极为薄锐，尖刃乃是由两条直边相交而成。背面观刃缘近端有一处扁平的崩疤，刃缘近端有一个较大的折断式崩疤。除此之外，未见崩裂疤痕，腹面观刃缘中部有一处较大的折断式疤痕，其他部分较平滑。

100次：尖刃右侧边缘新增两处折断式崩疤，右侧边缘新增一处折断式崩疤，尖刃磨耗的几乎不见。有多处细小崩疤出现。

375次：器物折断。

尖状器SYZ7，操作人：侯哲。长26.77毫米，宽22.25毫米，厚8.74毫米，重3.06克，使用部位为P.C.8-1（图3.79），刃缘为尖刃，刃角为61度38分。

使用效率：较锋利，在500次左右变钝。

动作记录：单次运动顺时针旋转180度，动作频率为 40次/分钟，动作耗时50分钟，一共完成动作次数2000次。

微痕观察：

使用前：构成尖刃的两缘较平直。其上疤痕密布，由多层修疤而成。器身背面有两条纵脊。刃尖有一定的厚度且略呈倾斜状。腹面同心波明显，未见疤痕。

100次：腹面尖刃处出现几个崩疤，尖刃略有磨损。

300次：使用前刃缘为左高右低的倾斜状直刃，300次时刃缘使用部分新增两个折断式崩疤，彼此连续，崩疤连续处形成一尖峰，使得刃缘变成略凸起状，刃缘腹面新增五层崩疤，疤痕层叠，为折断状，尖刃底层为细小疤痕。

500次：刃缘磨耗变化不明显，腹刃缘略有圆钝，边缘的小崩疤磨耗不显。

1000次：尖刃右侧新增一处折断式崩疤，腹面尖刃左缘新增一处微小的崩疤。

2000次：刃缘右侧新增多处微小崩疤。腹面观尖刃左缘新增崩疤明显变大。

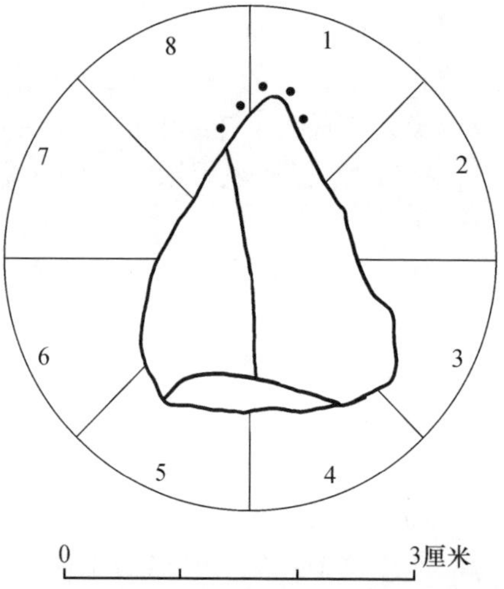

图3.79　尖状器SYZ7使用部位示意图

刃缘处疤痕层叠密集。

尖状器SYZ8，操作人：卢悦。长34.44毫米，宽20.07毫米，厚6.04毫米，重3.59克，使用部位为P.C.8-1（图3.80），刃缘为尖刃，刃角为36度50分。

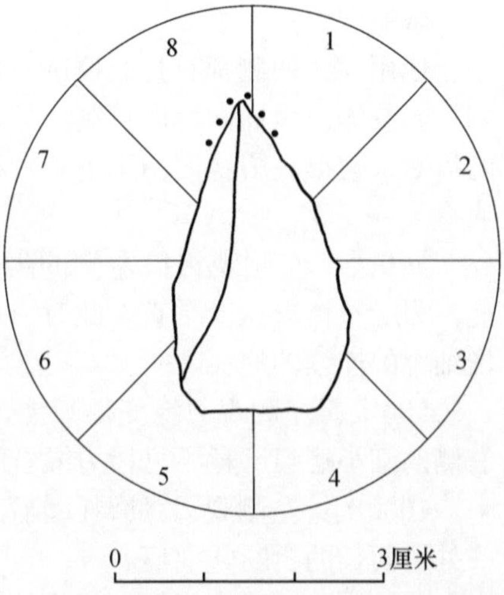

图3.80　尖状器SYZ8使用部位示意图

使用效率：效率一般。

动作记录：单次运动顺时针旋转180度，动作频率为 50次/分钟，动作耗时50分钟，一共完成动作次数2000次。

微痕观察：

使用前：尖刃薄锐锋利，透光性好，尖刃的棱脊处有一处崩裂的疤痕，左缘靠近刃缘处仅有两个微小的崩疤，未见大疤，右侧靠近尖刃的边缘疤痕较多且密集，腹面左侧近尖刃处有细小的疤痕，右缘平直锋利，未见疤痕。

100次：刃缘使用前锋利的刃口已磨耗不见，形成尖刃的两下边缘及刃尖部分新增多处连续的崩疤，其中尖刃中脊左侧的崩疤最大，疤痕均为羽翼式，腹面观刃缘的尖峰处崩裂，刃缘右侧新增一处大的折断式疤痕，并有六处微疤。

500次：背面观由于左右边缘的疤痕增大，使得使用部分形成一个两侧凹中间有一尖峰的山字形，使用部分新增两层崩疤。腹面观刃缘形成山字形尖缘，边缘较100次时圆钝许多。

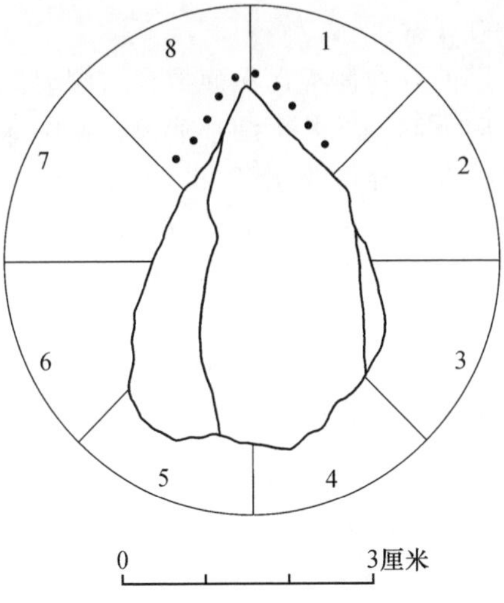

图3.81　雕刻器SYZ7使用部位示意图

1000次：尖刃右边新增一处崩疤，刃缘的小尖峰变平滑，两侧边缘的疤痕增大。

2000次：刃缘略有损耗，稍显圆钝。腹面观刃缘尖峰处新增一处小疤痕。

雕刻器SYZ7，操作人：卢悦。长42.32毫米，宽31.01毫米，厚10.06毫米，重12.83克，使用部位为P.C.8-1（图3.81），刃缘为凿子形刃口，刃角为42度6分。

使用效率：效率很低。

动作记录：单次运动顺时针旋转180度，动作频率为 40次/分钟，动作耗时50分钟，一共完成动作次数2000次。

微痕观察：

使用前：两侧都有打制痕迹，左侧由背面向腹面打制。靠近背部有一长条形剥片。右侧由腹面向背面打制。靠近背部有连续的压制痕迹。右面有打片时崩裂的折断式疤痕，刃缘凹凸不平。较近背面处刃缘薄锐，左面有三个较深的羽翼式疤痕。

100次：左侧观刃口左侧的尖峰磨耗不见，刃缘中部新增一处羽翼式的大疤。刃缘整体形状变平直。此时刃口变成左高右低的斜刃。由刃缘中部向左侧新增细小的连续的疤痕。

500次：左侧观刃缘变得圆钝，刃缘右侧的微小尖峰磨耗不见。背面观刃口右侧的细小疤痕磨耗不见，刃缘右侧变得更低，形成三阶段向下的刃口。

1000次：左侧观刃缘磨耗明显。右侧观刃缘中部的微小尖峰磨耗不见，新增一处短而长的折断式疤痕。

2000次：左侧观刃缘处疤痕的棱脊已变圆钝，刃缘右侧新增一处大的折断式疤痕。右侧观刃缘为平直的左高右低的斜刃。刃口右侧的疤痕新增一处大的折断式崩疤，右侧新增多处折断式的连续疤痕，疤痕多层且大。

雕刻器SYZ8，操作人：侯哲。长74.88毫米，宽36.95毫米，厚13.92毫米，重32.97克，使用部位为P.C.8-1（图3.82），刃缘为凿子形刃口，刃角为55度20分。

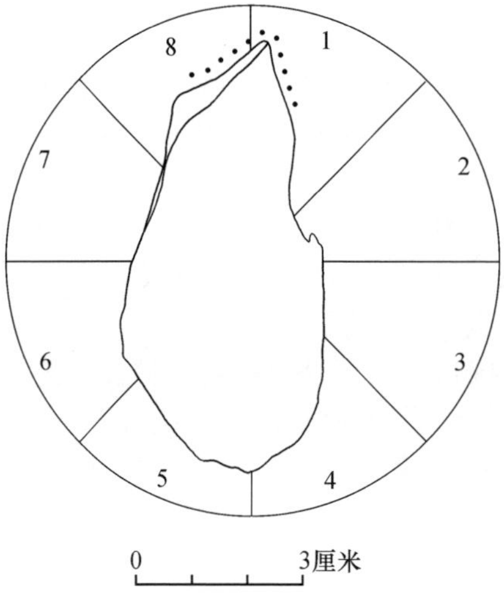

图3.82　雕刻器SYZ8使用部位示意图

使用效率：不适合使用，且刃部迅速变钝。

动作记录：单次运动顺时针旋转180度，动作频率为 40次/分钟，动作耗时50分钟，一共完成动作次数2000次。

微痕观察：

使用前：左侧刃部无疤痕，右侧刃部有从上向下修理的几个细小疤痕，且中部有一脊。左侧显微观察在刃口可见右侧的疤痕（透光），疤痕间尖峰较明显，中部形成一坎，右侧刃口有众多小疤痕，中部有一尖峰。

100次：左侧刃缘变得厚钝，刃缘左侧新三处三层的折断式疤痕。凿子形刃口右侧新增四个微小折断式崩疤及一个较大折断式崩疤，使用前刃口的右侧观平直薄锐。100次时刃缘右侧形成凹缺。凹缺由连续的疤痕造成，刃缘的尖峰变得明显。

500次：左侧观刃缘磨耗得较圆滑，尖峰磨耗的不明显。刃缘右侧磨耗严重，形成左侧边高、右侧边低平的刃缘形状，刃缘靠近右侧的疤痕变大。右侧观刃口尖刃处形成一个较大的折断式疤痕。

1000次：左侧观刃缘中部形成三层翼折断式的疤痕，疤痕连续且较大、刃口的尖峰由于使用向右侧偏移。临尖峰左侧新增两个较小的折断式疤痕。右侧观刃缘的尖峰处磨耗不见，取代的是三层连续的折断式崩疤，疤痕为多层。刃口右侧有六个较大的连续的折断式崩疤。刃口右侧的尖峰磨耗不见。

2000次：左侧观刃缘磨耗严重，刃口的尖峰均已不见，整个刃口遍布多层连续密集的崩疤。崩疤少则三层，多则六层，疤痕均为折断式。左侧观刃口的尖峰变明显。刃口右侧的疤痕层次增多。多为四层折断式崩疤。刃口右侧1000次时新增的微小崩疤变大。刃缘最右侧新增一处较深的折断式崩疤。

### 2. 对新鲜皮革的加工与观察

接下来介绍对新鲜皮革的加工与观察（图版一一；图版一二）。实验所采用的新鲜皮革均为购买所得到的新鲜猪皮。较为新鲜，质地很软。

（1）切。

在实验中使用到的石器为石片SYQ11、石片SYQ15、石叶SYQ6、石叶SYQ14、细石叶SYQ1、细石叶SYQ2、刮削器SYQ13、刮削器SYQ14、尖状器SYQ12、尖状器SYQ14，共计10件。

石片SYQ11，操作人：陈晓颖。长35.39毫米，宽16.65毫米，厚6.04毫米，重2.44克，使用部位为P.C.1-4（图3.83），刃缘为直刃微凹，刃角为51度18分。

使用效率：非常锋利，可以使用到最后。

动作记录：单次动作长度为3厘米。动作频率为 80次/分钟，动作耗时25分钟，一共完成动作次数2000次。

微痕观察：

使用前：刃缘薄锐锋利，背面未见崩疤。腹面观近台面处可见三个微小的崩疤，近尾端处有一处稍大的崩疤，崩疤为折断式。

100次：刃缘磨耗得更加平滑，腹面观未见刃缘有明显变化，只略磨耗。

500次：刃缘更加平滑，背面观未见明显变化。腹面观刃缘可见不连续的微小崩疤。

1000次：腹面观刃缘中部新增三处细

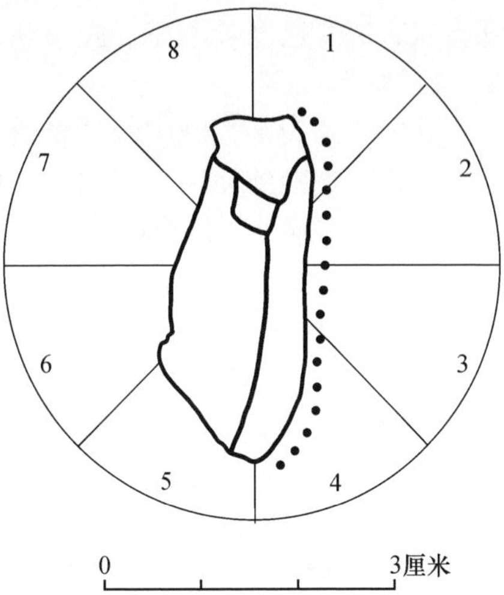


图3.83　石片SYQ11使用部位示意图

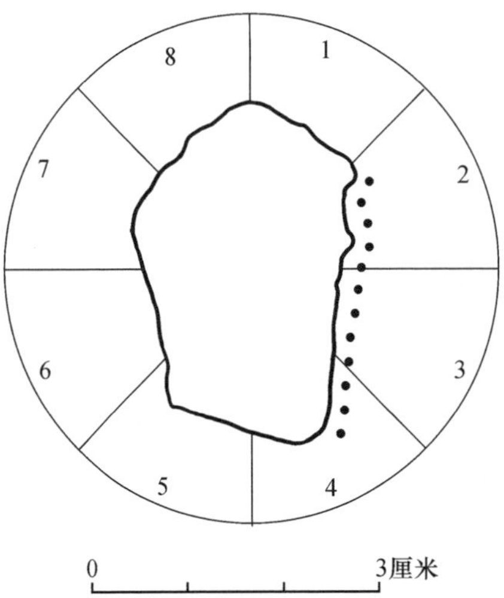


图3.84　石片SYQ15使用部位示意图

小崩疤，疤痕为连续的羽翼式。

2000次：刃缘中部新增一处细小崩疤，腹面观刃缘略有圆钝，刃缘中部有细小崩疤出现。

石片SYQ15，操作人：陈晓颖。长34.86毫米，宽23.77毫米，厚7.38毫米，重4.43克，使用部位为P.C.2-4（图3.84），刃缘平直，刃角为26度44分。

使用效率：较为锋利好用。

动作记录：单次动作长度为3.5厘米，动作频率为 70次/分钟，动作耗时30分钟，一共完成动作次数2000次。

微痕观察：

使用前：背面可见两次剥片时形成的崩疤，疤痕为连续的折断式，由于疤痕形成使得使用刃缘出现的尖锐的峰，刃缘用手触摸能感觉到凹凸起伏，似锯齿形。腹面观可见一处凹缺，是由于石料本身质地结构构成的。

100次：背面观刃缘整体变得平滑，刃缘远端的小尖峰被磨耗的几乎不见。腹面观刃缘远端的小尖峰被磨耗不见，刃缘厚，有的崩疤变大。

500次：刃缘变得更加平滑，100次时可见的小崩疤变大，腹面观刃缘远端新增一个微疤，刃缘的锯齿边缘变圆钝。

1000次：刃缘平滑厚钝，之前略有小锯齿状，边缘已磨耗不见。腹面观刃缘整体变圆钝。

2000次：刃缘远端尖峰处新增一处较大的崩疤，崩疤致使一个新的小尖峰的形成，腹面观刃缘处的疤痕增大。

石叶SYQ6，操作人：侯哲。长32.38毫米，宽17.49毫米，厚7.56毫米，重4.06克，使用部位为P.C.1-4（图3.85），刃缘为直刃微凸，刃角为31度30分。

使用效率：效率较高。

动作记录：单次动作长度平均为4.5厘米，动作频率为 70次/分钟，动作耗时30分钟，一共完成动作次数2000次。

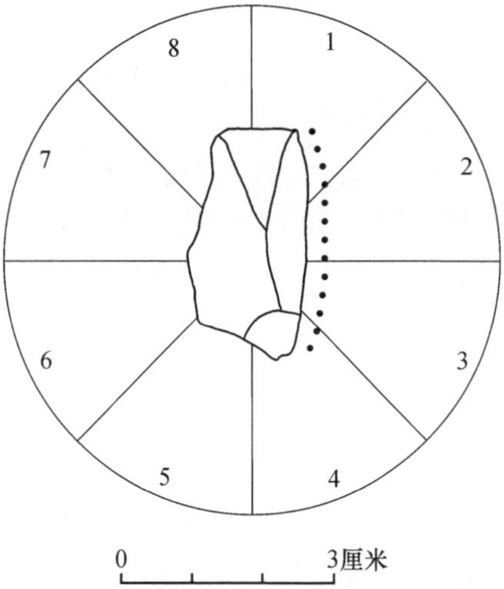


图3.85　石叶SYQ6使用部位示意图

微痕观察：

使用前：背面为全疤。自然台面，右侧边缘有崩疤，不连续，腹面近端有清晰的放射线。远端有一较大的崩疤。

100次：刃缘变化不明显，稍有磨耗。

500次：背面刃缘增加了许多非常细小的疤痕，刃缘变得更加平滑。

1000次：薄锐的刃缘有磨损，尤其是刃缘远端，磨耗较重。

2000次：背面刃缘分布细小折断式小疤。原先较大疤痕间棱脊变矮。腹面一直无明显疤痕产生。

石叶SYQ14，操作人：侯哲。长81.24毫米，宽11.6毫米，厚11.68毫米，重17.79克，使用部位为P.C.5-8（图3.86），刃缘平直，刃角为41度40分。

使用效率：效率较高。

动作记录：单次动作长度平均为5厘米，动作频率为 70次/分钟，动作耗时30分钟，一共完成动作次数2000次。

微痕观察：

使用前：背面为一“Y”字形脊，台面有修理的疤痕。自然台面，远端保留部分砾石面，左侧刃缘略有起伏，分布零星的崩疤，可见细小的放射线。

100次：背面产生细小的崩裂疤痕，零星分布。腹面分布零星的羽翼式疤痕，疤痕较深，较小。附着少量肉屑。

500次：背面无明显变化，有个别新增的、较浅的折断式疤痕。腹面远端有几处稍大的崩裂式疤痕。

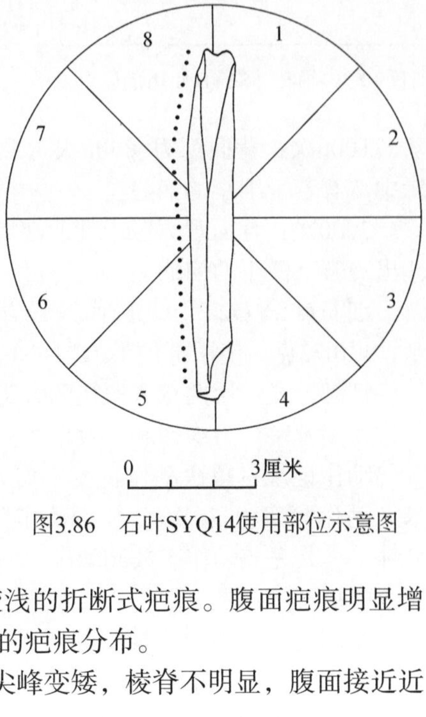

图3.86　石叶SYQ14使用部位示意图

1000次：刃缘远端背面出现连续的、较浅的折断式疤痕。腹面疤痕明显增加，远端有一处崩裂的双层疤痕，有极细小的疤痕分布。

2000次：疤痕变多，原先产生的疤痕间尖峰变矮，棱脊不明显，腹面接近近端处新增一较深崩疤，刃缘更加平滑。

细石叶SYQ1，操作人：卢悦。长16.38毫米，宽8.59毫米，厚2.18毫米，重0.29克，使用部位为P.C.1-4（图3.87），刃缘平直，刃角为16度30分。

捆绑方式：用两双方便筷大头夹住细石叶左侧，用玻璃绳缠绕7～8圈。

使用效率：刃缘锋利，效率较高。

动作记录：单次动作长度平均为12厘米，动作频率为 55次/分钟，动作耗时40分钟，一共完成动作次数2000次。

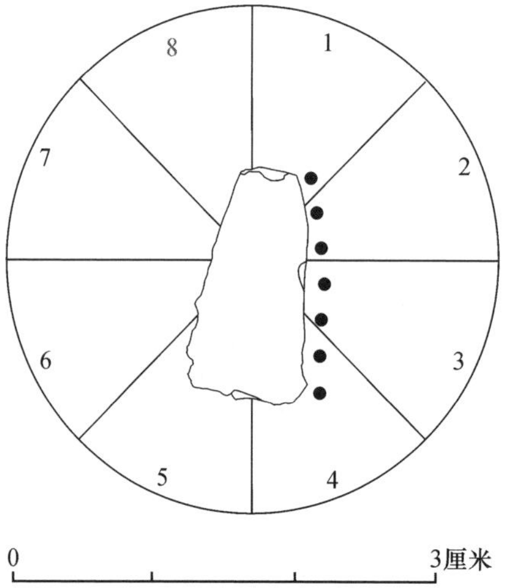

图3.87　细石叶SYQ1使用部位示意图

微痕观察：

使用前：背面布满疤痕，左侧疤痕层叠，大小不一，右侧为一个劈裂面的部分。远端右侧有一凸尖，整个右侧薄锐，为预备使用的刃缘，刃缘中部有一较深的小疤。

100次：刃缘新增细密连续的微小疤痕，疤痕层叠，刃缘变得平直，腹面观刃缘右侧新增一处折断式大疤，刃缘中部新增一系列连续的折断式微疤。

500次：背面观刃缘左侧新增一处大的折断式疤痕，刃缘右侧的小尖峰磨耗的几乎不可见。腹面观刃缘左侧的尖峰已被磨耗不见，尖峰右侧新增若干折断式疤痕。

1000次：背面观刃缘500次时形成的崩疤变大。腹面观，刃缘变得平直，刃缘中部有若干细小的崩疤。

2000次：背面观刃缘中部凹缺增大，刃缘右侧的尖峰变得明显，腹面刃缘左侧出现若干微小的崩疤。

细石叶SYQ2[20]，操作人：方启。长31.12毫米，宽12.12毫米，厚2.54毫米，重0.72克，使用部位为P.C.1-4（图3.88），刃缘平直，刃角为51度20分。

捆绑方式：用两双方便筷的大头夹住细石叶近端，用玻璃绳缠绕7～8圈。

使用效率：刃缘锋利，效率较高。

动作记录：单次动作长度平均为10厘米，动作频率为 70次/分钟，动作耗时30分钟，一共完成动作次数2000次。

微痕观察：

使用前：背面观刃缘中部凸起处有两个连续的疤痕，刃缘右缘侧有两个微小的凹疤，腹面刃缘远端有一个独立的折断式疤痕，刃缘中间有两个大的羽翼式疤痕。

100次：背面刃口变得平滑，使用前刃口处的微痕变大。

1000次：背面刃缘左侧的疤痕变大，刃口更加平滑，腹面刃缘左侧的尖峰被磨耗圆钝，刃缘下方新增一处折断式崩疤。

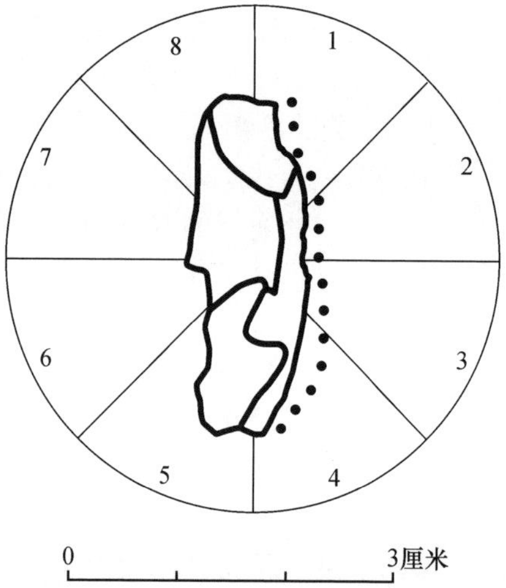

图3.88　细石叶SYQ2使用部位示意图

2000次：背面刃缘中部出现四个微小的尖峰。

刮削器SYQ13，操作人：陈晓颖。长20.41毫米，宽17.05毫米，厚5.35毫米，重1.56克，使用部位为P.C.8-1（图3.89），刃缘为凸刃，刃角为33度50分。

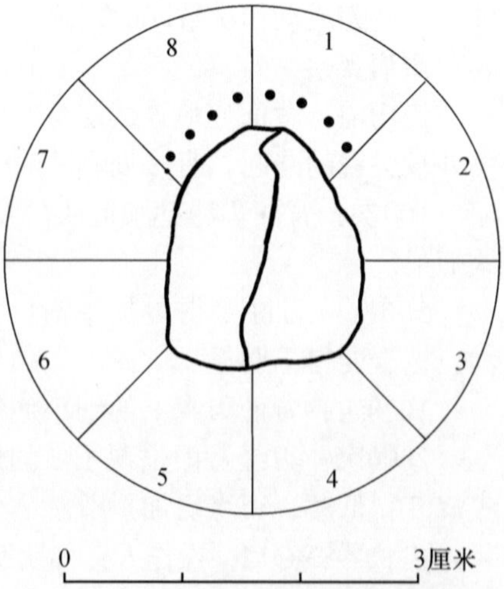

图3.89　刮削器SYQ13使用部位示意图

使用效率：500次后刃缘变得极钝。

动作记录：单次动作长度平均为5～6厘米，动作频率为 60次/分钟，动作耗时35分钟，一共完成动作次数2000次。

微痕观察：

使用前：背面疤痕间棱脊清晰，疤痕层叠密集，疤痕的同心波明显，左侧刃缘较为薄锐，透光性好。腹面可见层叠的疤痕，疤痕凹凸起伏，呈波浪形。

100次：刃缘左侧的尖峰被磨得平滑，腹面观刃缘右侧的尖峰被磨耗不见，右侧新增一些细小折断式微疤。

500次：刃缘处出现连续的细小微疤，靠近刃缘中部新增一处大的折断式疤痕。刃缘右侧的凸起被磨耗不见，变成平直状。刃缘100次新增的疤痕明显变大，刃缘最右端新增一处大的崩疤，刃缘左侧的小尖峰磨耗不见。

1000次：背面观刃缘500次时形成的疤痕，明显增大，腹面观刃缘右侧新增一个大的崩疤，刃缘磨耗严重。

2000次：刃缘的疤痕层叠，最底层最为细小，刃缘新增多处微小及较大的崩疤，刃缘处的疤痕均为多层，疤痕均为折断式，大小不一。

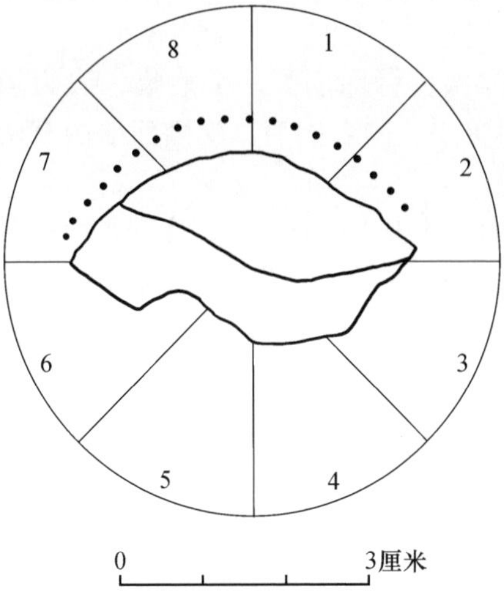

图3.90　刮削器SYQ14使用部位示意图

刮削器SYQ14，操作人：肖晓鸣。长22.82毫米，宽41.95毫米，厚8.59毫米，重4.76克，使用部位为P.C.7-2（图3.90），刃缘为凸刃，刃角为43度30分。

使用效率：效率较高。

动作记录：单次动作长度平均为6厘米，动作频率为 70次/分钟，动作耗时30分钟，一共完成动作次数2000次。

微痕观察：

使用前：背面疤痕连续层叠，大小疤痕交错存在，疤痕间棱脊明显，背面有一处较尖锐的凸起，有多处剥片时形成的崩疤，但崩疤不明显。

100次：背面刃缘疤痕间尖峰变矮，刃缘变得稍平滑。腹面出现崩裂的羽翼式疤痕。

500次：刃缘变得更加平滑。背面疤痕棱脊变低，刃缘中间凸出处疤痕变大，棱脊变得不明显。

1000次：背面刃缘上的细小疤痕几乎被磨掉，腹面疤痕变得不明显。

2000次：刃缘背面出现了新的细小的疤痕，又出现了小的尖峰。腹面疤痕间尖峰变得低矮，刃缘更加平滑。

尖状器SYQ12，操作人：孙明明。长41.39毫米，宽33.68毫米，厚9.7毫米，重11.14克，使用部位为P.C.8-1（图3.91），刃缘为尖刃，刃角为60度20分。

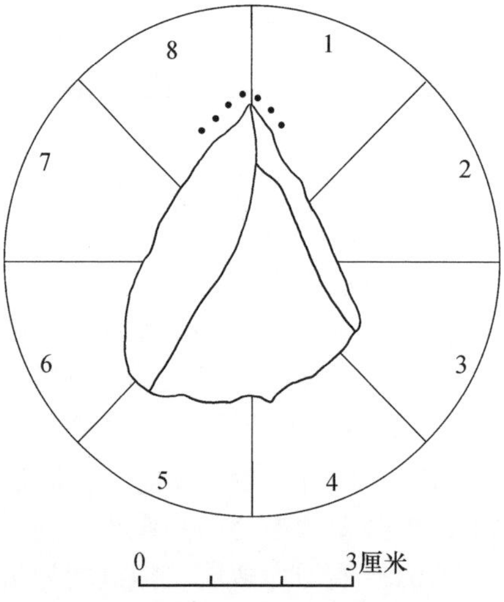

图3.91　尖状器SYQ12使用部位示意图

使用效率：刃缘不是很锋利，效率一般。

动作记录：单次动作长度平均为6厘米，动作频率为 70次/分钟，动作耗时30分钟，一共完成动作次数2000次。

微痕观察：

使用前：尖刃较厚，背面尖刃两侧有压制的疤痕，疤痕间棱脊尖峰明显。两侧近尖刃处稍向内凹，腹面右侧可见一较大羽翼式崩疤，左侧的一个崩疤较小。

100次：背面崩裂一个疤痕，尖刃刃角变得更小，附着肉屑。腹面疤痕内有两个小疤。

500次：尖刃处有磨损，变得平滑。背面尖刃处有小的崩疤，尖刃右侧疤痕增多。

1000次：尖刃变钝，原先较薄锐的尖刃被磨平，背面刃角处有新的崩疤。

2000次：尖刃变得更加圆钝，形成一个向左侧倾斜的面，背面尖刃处有较大、较深的崩疤，腹面尖刃处也有小的疤痕。

尖状器SYQ14，操作人：肖晓鸣。长40.76毫米，宽28.22毫米，厚9.8毫米，重7.86克，使用部位为P.C.8-1（图3.92），刃缘为尖刃，刃角为35度2分。

使用效率：较为锋利。

动作记录：单次动作长度平均为5厘米，动作频率为75次/分钟，动作耗时27

分钟，一共完成动作次数2000次。

微痕观察：

使用前：器身整体呈三角形，尖刃薄锐锋利，左刃的疤痕大小不一，多为折断式。右刃疤痕有两处较大的疤痕。

100次：尖刃最顶端崩裂，在背面形成一长条形疤痕，背面尖刃右侧也有一崩疤。腹面尖刃右侧出现一新的崩疤。

500次：尖刃薄锐处被磨耗，趋于平缓。尖刃背面新产生一个崩疤，原先产生的疤痕棱脊变得不明显。腹面尖刃处有两个层叠的浅平疤痕，左侧有细小疤痕。

1000次：尖刃左侧磨耗严重，产生新的崩疤，刃缘略向内凹，尖刃变短，变得更加平缓。腹面疤痕间棱脊变得不明显。

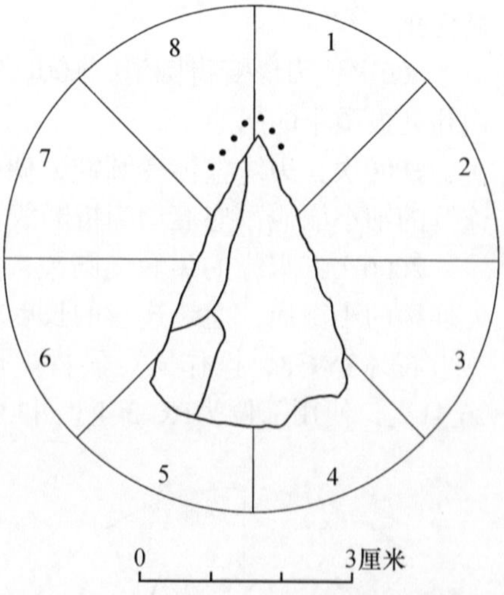

图3.92　尖状器SYQ14使用部位示意图

2000次：尖刃崩掉，形成一平面，从左侧向背面有一较大的折断式疤痕，尖刃右侧磨耗变得更平直。

（2）刮。

在实验中使用到的石器为石片SYG7、石片SYG8、石叶SYG7、石叶SYG8、细石叶SYG1、细石叶SYG2、刮削器SYG9、刮削器SYG10，共计8件。

石片SYG7，操作人：任秀芬。长40.44毫米，宽46.6毫米，厚5.72毫米，重6.89克，使用部位为P.C.6-8（图3.93），刃缘平直，刃角为38度40分。

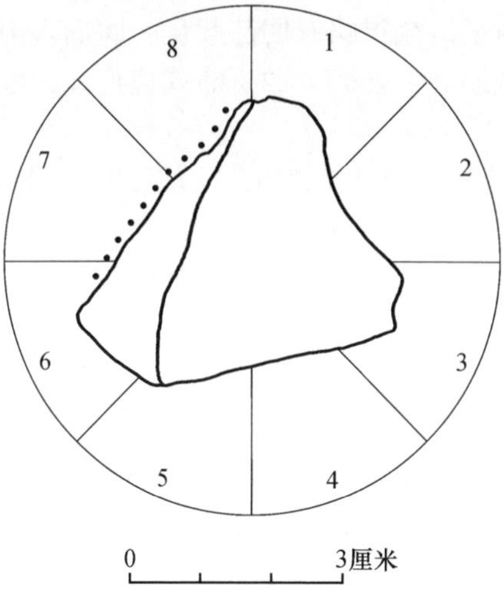

图3.93　石片SYG7使用部位示意图

运动情况：与被加工对象呈60度角。

使用效率：较为锋利，1000次后变钝。

动作记录：单次动作长度平均为5.5厘米，动作频率为 70次/分钟，动作耗时30分钟，一共完成动作次数2000次。

微痕观察：

使用前：刃缘薄锐锋利，背面未见崩疤，腹面观同心波明显，凹凸起伏，腹面使用刃缘靠近台面处三个疤痕层叠分布，疤痕形状为羽翼式。可见清晰的放射线。

100次：刃缘远端的小尖峰因崩疤的形成而断裂，刃缘变得圆钝，腹面未见明显变化。

500次：刃缘变得圆滑，100次时刃缘的崩疤增大，但疤痕连续。腹面刃缘新增几处极微小的崩疤。

1000次：刃缘整体变圆钝，偶有微小崩疤出现。腹面观刃缘近端新增三个不连续的细小崩疤，疤痕均为折断式。

2000次：刃缘的尖峰变圆钝，比1000次时平滑许多，腹面观刃缘中部新增几处连续的小微疤，疤痕连续的长度较短（图版一三）。

石片SYG8，操作人：侯哲。长52.67毫米，宽61.93毫米，厚11.67毫米，重26.41克，使用部位为P.C.3-4（图3.94），刃缘为直刃微凹，刃角为23度50分。

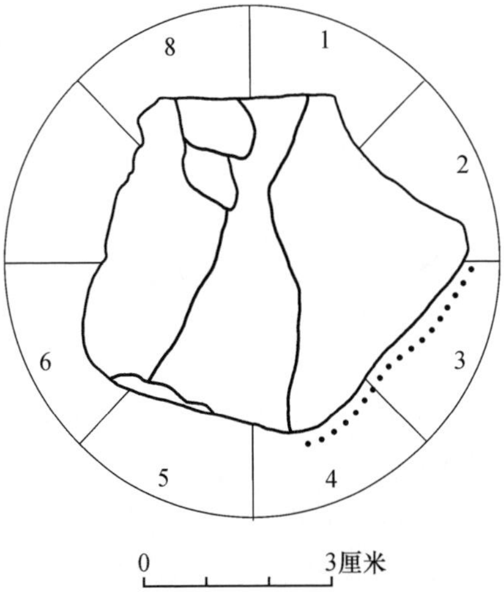

图3.94　石片SYG8使用部位示意图

运动情况：与被加工对象呈60度角。

使用效率：较为锋利。

动作记录：单次动作长度平均为4厘米，动作频率为 80次/分钟，动作耗时25分钟，一共完成动作次数2000次。

微痕观察：

使用前：刃缘薄锐锋利，观察刃缘可见两处细小的折断式疤痕，腹面同心波明显，刃缘右侧有两个小的弧形崩疤，崩疤间由微小的尖峰。

100次：刃缘尾端崩裂一处大的崩疤，刃缘产生细小的崩疤若干，连续崩疤与不连续崩疤交替存在，使得石片的使用刃缘由平滑变得略有凹凸起伏，腹面观刃缘远端崩裂一处较大的折断式疤痕，刃缘崩疤有多处大的折断式疤痕。

500次：较100次时疤痕明显增大，且数量增多，刃缘的凹凸起伏变得更加明显，由于新增的崩裂疤痕，崩裂间棱脊变得明显，形成新的小尖峰。

1000次：刃缘的疤痕增大，疤痕间的尖峰变得明显，腹面刃缘远端新增多处崩疤，崩疤已遍布整个刃缘，疤痕大小不一。

2000次：刃缘的疤痕变得密集，疤痕间的棱脊更加明显，腹面观疤痕棱脊被磨耗不见。

石叶SYG7，操作人：卢悦。长33毫米，宽15.03毫米，厚3.25毫米，重1.29克，使用部位为P.C.1-4（图3.95），刃缘平直略弯，刃角为23度。

运动情况：与被加工对象呈60度角。

使用效率：较为锋利。1000次后变钝。

动作记录：单次动作长度平均为5厘米，动作频率为 70次/分钟，动作耗时30分钟，一共完成动作次数2000次。

微痕观察：

使用前：背面为砾石面，有一微凸的纵脊，腹面打击点集中，可见清晰的放射线，右侧近端为预备使用的直刃，其他部位凹凸不平，石叶整体较薄。

100次：背面刃缘近端出现一折断式疤痕，远端有锯齿形疤痕，腹面增加了较大的羽翼式疤痕。

500次：刃缘变得平滑，远端的锯齿形疤痕已经被磨较平滑，腹面刃缘有细小疤痕。

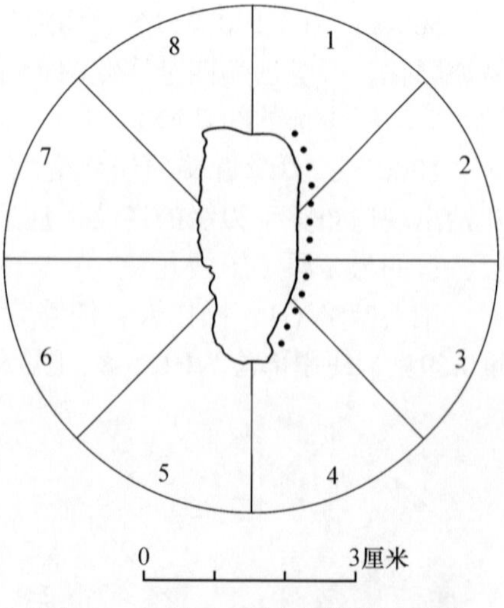


图3.95　石叶SYG7使用部位示意图

1000次：刃缘更加平滑，背面刃缘布满单层的细小疤痕，近端的崩裂疤痕被磨耗变得较小，腹面细小疤痕密布，刃缘被磨得较平滑。

2000次：背面近端疤痕变大，刃缘变钝、变平滑，原先背面刃缘上的细小疤痕被磨平，出现了零星较大的折断式疤痕，近端一较大疤痕崩裂更大，刃缘中部磨耗严重，微向内凹。

石叶SYG8，操作人：魏屹。长20.54毫米，宽15.85毫米，厚2.57毫米，重1.36克，使用部位为P.C.1-3（图3.96），刃缘为直刃微凸，刃角为13度40分。

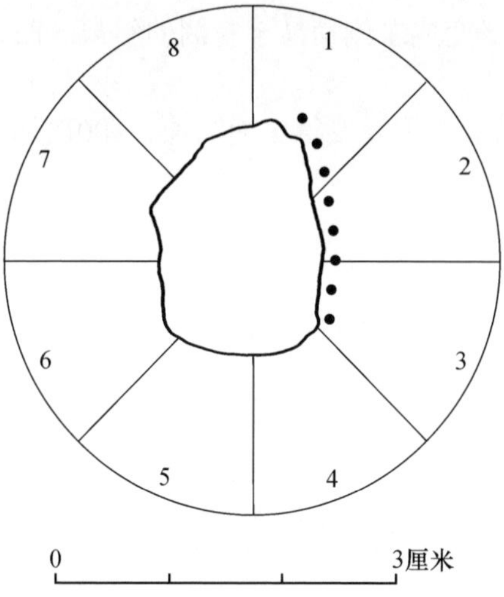


图3.96　石叶SYG8使用部位示意图

运动情况：与被加工对象呈90度角。

使用效率：较为锋利。

动作记录：单次动作长度平均为8厘米，动作频率为 70次/分钟，动作耗时14分钟，一共完成动作次数1000次[21]。

微痕观察：

使用前：有疤台面，近端背面有打片形成的细小疤痕，腹面一个崩疤稍大，背面为上次打片形成的同心波。右侧刃缘较长，上有零星的崩疤，石片较薄锐，两面都有清楚的放射线。

100次：背面观刃缘被磨耗圆钝，刃缘最突起处新增一个崩疤，腹面观刃缘远端的两处崩疤变大。

500次：由于100次刃缘大崩疤的形成，使得使用过程中崩疤两侧的边缘更容易被磨耗，刃缘远端四个连续的折断式疤痕，刃缘处的崩疤由彼此独立，变成连续状，刃缘中部的凹缺增大。

1000次：刃缘近端的崩疤变大，刃缘处的疤痕增大，刃缘磨耗严重，刃缘开始出现遍布整个刃缘的连续性疤痕，疤痕多为折断式，但大小不一，有的为单层，有的为多层（图版九）。

细石叶SYG1，操作人：任秀芬。长25.79毫米，宽10.07毫米，厚2.57毫米，重0.59克，使用部位为P.C.5-8（图3.97），刃缘平直微凸，刃角为34度30分。

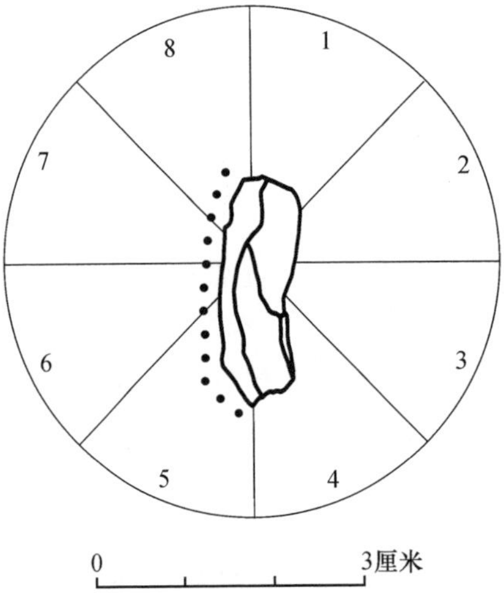

图3.97　细石叶SYG1使用部位示意图

捆绑方式：用两双方便筷大头夹住细石叶远端，用玻璃绳缠绕7～8圈。

运动情况：与加工对象呈90度角运动。

使用效率：刃缘薄锐锋利。

动作记录：单次动作长度平均为3厘米，动作频率为 70次/分钟，动作耗时30分钟，一共完成动作次数2000次。

微痕观察：

使用前：欲使用的刃缘薄锐锋利，刃缘处可见明显的打击点。刃缘中部有两个不连续的微小崩疤。刃缘近端有一处较大的凹缺。由于凹缺的存在使得凹缺左右两侧形成两个小尖峰。

100次：背面观刃缘右侧磨耗严重，使得刃缘变成左侧稍高于右侧的斜刃。腹面观刃缘新增两处较明显的崩疤。

500次：背面观刃缘100次时形成的崩疤增大，刃缘变得更加圆钝，100次崩疤形成的小尖峰已磨耗不见。

1000次：背面观刃缘变得更加圆滑，刃缘处原有的崩疤变大。腹面观刃缘100次形成的崩疤增多，为多层疤痕。

2000次：背面观由于右侧磨耗的较为严重，刃缘左侧的尖峰变的较为明显，刃缘变的平直，疤痕增大。

细石叶SYG2，操作人：戴玲玲。长18.87毫米，宽7.62毫米，厚2.14毫米，重0.22克，使用部位为P.C.5-8（图3.98），刃缘平直微凹，刃角为39度20分。

捆绑方式：用两双方便筷的大头夹住细石叶左侧，用玻璃绳缠绕7～8圈（图版一二）。

运动情况：与加工对象呈45度角运动。

使用效率：使用效率一直不高。

动作记录：单次动作长度平均为2.8厘米，动作频率为 80次/分钟，动作耗时25分钟，一共完成动作次数2000次。

微痕观察：

使用前：背面观刃缘近端有一个较大的羽翼式疤痕和三个连续的、微小的羽翼式疤痕。其余部分薄锐锋利。未有疤痕。表面平滑。腹面观刃缘上未有疤痕。仅有因同心波的凹缺而形成的陡坎状的表面。

100次：刃缘远端未见明显变化，刃缘中部新增若干细密连续的微小疤痕。腹面观未见明显变化。

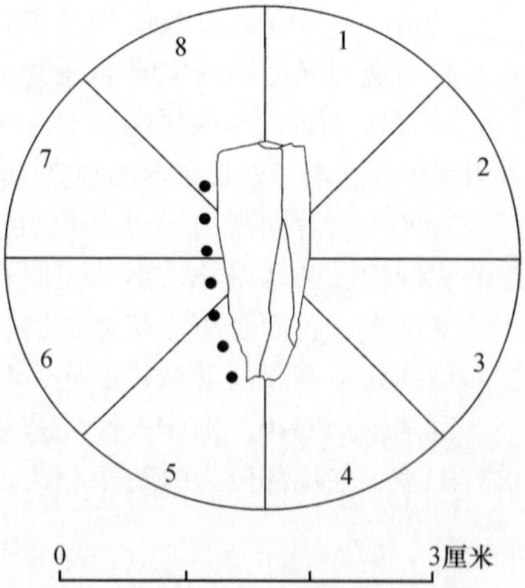


图3.98 细石叶SYG2使用部位示意图

500次：刃缘100次时形成的崩疤已变大，刃缘变得圆钝，腹面观刃缘左侧新增一处大的折断式崩疤，以及两个略小的连续崩疤。

1000次：刃缘中部新增若干连续的折断式疤痕，疤痕使得刃缘不再平直，而是略有凹凸起伏，腹面观刃缘右侧的崩疤增大。刃缘中部新增两处较大的崩疤。

2000次：刃缘使用处新增一处微小尖峰，刃缘1000次形成的崩疤多已增大，刃缘右侧新增一处大的折断式崩疤。腹面观刃缘的尖峰变得薄锐，刃缘1000次形成的崩疤变大。

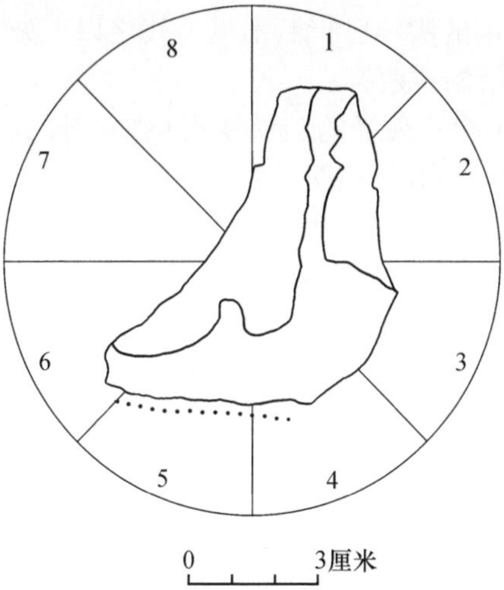


图3.99 刮削器SYG9使用部位示意图

刮削器SYG9，操作人：戴玲玲。长72.24毫米，宽68.11毫米，厚13.24毫米，重35.46克，使用部位为P.C.4-5（图3.99），刃缘平直，刃角为25度48分。

运动情况：与加工对象呈45度角运动。

使用效率：此器物一直较为好用。

动作记录：单次动作长度平均为6厘米，动作频率为 75次/分钟，动作耗时30分钟，一共完成动作次数2000次。

微痕观察：

使用前：刃缘锋利薄锐，刃缘在背面单向加工连续修整形成一排连续疤痕，左侧及中部较细小，右侧有三个大疤，相应于大疤在腹面仅见一小崩疤。

100次：背面观刃缘使用前的小尖峰多已磨耗得圆钝，但仍存在一点小尖峰，腹面观刃缘尾端的尖峰磨耗严重，刃缘中部新增五处连续的折断式疤痕。

500次：背面观刃缘尾端新增一处大的折断式疤痕，刃缘处的崩疤均变大，腹面观刃缘中部新增一处长条形的独立的崩疤，靠近该崩疤还有两处微小的崩疤出现。

1000次：背面观由于刃缘的崩疤变大，使得刃缘的尖峰变得明显，腹面观刃缘的尖峰均已磨耗得几乎不见，偶有极微小崩疤出现。

2000次：背面观刃缘整体被磨耗平直，刃缘处的疤痕均为折断式，腹面观刃缘新增几处不连续的羽翼式崩疤，与1000次时形成的崩疤相比变大。

刮削器SYG10，操作人：任秀芬。长55.47毫米，宽58.81毫米，厚12.2毫米，重37.11克，使用部位为P.C.8-1（图3.100），刃缘为直刃微凸，刃角为60度52分。

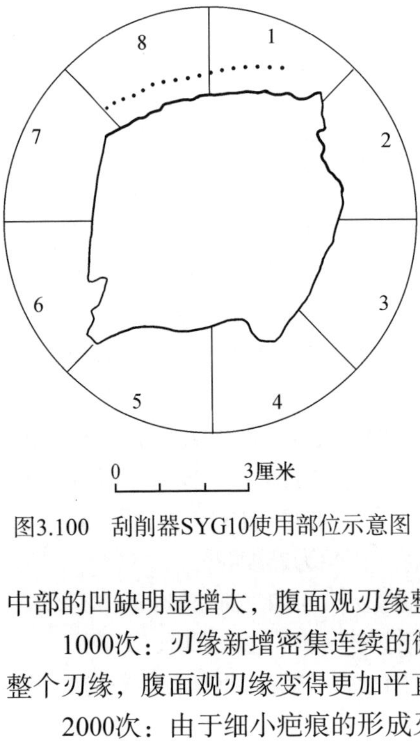

图3.100　刮削器SYG10使用部位示意图

运动情况：与加工对象呈60度角运动。

使用效率：该器不是很好用。

动作记录：单次动作长度平均为6厘米，动作频率为 60次/分钟，动作耗时35分钟，一共完成动作次数2000次。

微痕观察：

使用前：背面有较多连续疤痕，疤与疤之间形成较小的尖峰，且有多层疤痕叠压，远端形成一小尖峰，腹面反见零星微小的崩疤，中部和远端有两个较大崩疤。

100次：刃缘最远端的崩疤增大，刃缘疤痕间的细小尖峰磨耗得圆钝，腹面观刃缘尾端的尖峰已折断不见，代之以一处较大的折断式疤痕。

500次：刃缘的尖端变得更加圆钝，中部的凹缺明显增大，腹面观刃缘整体变平直，但并不很明显。

1000次：刃缘新增密集连续的微小的折断式崩疤，此次形成的微小崩疤遍布整个刃缘，腹面观刃缘变得更加平直，刃缘处有一些极微小的崩疤。

2000次：由于细小疤痕的形成刃缘形成一些细小的尖峰，1000次时形成的微疤多已变大。腹面观刃缘最远端形成一处凹缺，刃缘的小尖峰处凹缺，刃缘的小尖峰处偶见连续的小崩疤。

## （三）对鲜肉的加工与观察

作为实验对象的鲜肉均系购买所得到的新鲜猪肉。较为新鲜，质地极软。

对鲜肉的加工动作只有“切”一项（图版一一）。在实验中使用到的石器为石片SYQ13、石片SYQ14、石叶SYQ8、石叶SYQ10、细石叶SYQ13、细石叶SYQ14、刮削器SYQ4、刮削器SYQ12、尖状器SYQ13、尖状器SYQ15，共计10件。

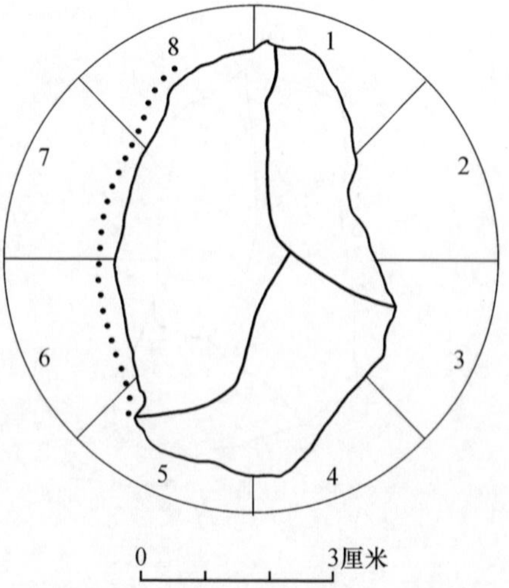

图3.101　石片SYQ13使用部位示意图

石片SYQ13，操作人：侯哲。长67.42毫米，宽44.96毫米，厚11.65毫米，重24.63克，使用部位为P.C.5-8（图3.101），刃缘为直刃微凸，刃角为15度50分。

使用效率：效率较高。

动作记录：单次动作长度平均为5厘米，动作频率为 80次/分钟，动作耗时25分钟，一共完成动作次数2000次。

微痕观察：

使用前：刃缘微凸，刃缘薄锐，刃缘中部有一处打制时形成的崩疤，还可见三个凹缺，其中靠近石片尾端的凹缺最大，由于凹缺使得石片尾端出现一个锋利的尖峰。腹面观刃缘处可见两个微小连续的折断式疤痕位于刃缘中部，此处还可见三个呈递进式增大的折断式疤痕，疤痕间不连续。

100次：刃缘中部最突起处新增连续的折断式微疤，刃缘近端的薄锐处被磨耗得出现锯齿状，疤痕间不连续。腹面观刃缘出现锯齿状疤痕。

500次：刃缘远端的疤痕变大，刃缘中部凸起处的崩疤也明显增大，且新增一些微小的折断式疤痕，疤痕为多层。刃缘近端的崩疤由不连续变得连续。腹面观刃缘变得连续。

1000次：刃缘中部的凹缺处形成一个大的折断式崩疤，崩疤的形成使得原凹缺边缘较直的刃现已有一个小的尖峰。刃缘中部亦新增一处折断式疤痕。腹面观刃缘变得平直，个别疤痕被磨耗变小。

2000次：腹面观刃缘中部的崩疤明显增多，疤痕较小，且多为折断式，疤痕最多处为三层。刃缘由平直变为明显的锯齿形。背面观刃缘中部新增四处大的、连续的折断式疤痕。刃缘整体上可见新增的微疤。

石片SYQ14，操作人：卢悦。长73.87毫米，宽47.45毫米，厚20.83毫米，重46.19克，使用部位为P.C.6-8（图3.102），刃缘为直刃微凹，刃角为30度34分。

使用效率：效率较高。

动作记录：单次动作长度平均为4厘米，动作频率为60次/分钟，动作耗时35

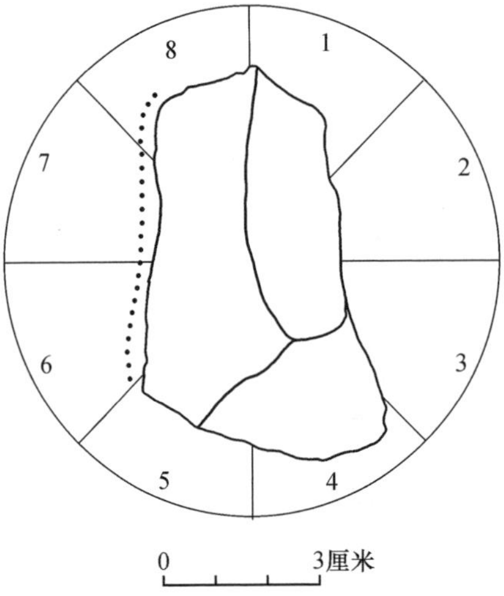

图3.102　石片SYQ14使用部位示意图

分钟，一共完成动作次数2000次。

微痕观察：

使用前：近端较厚，右侧刃角较小，刃缘薄锐，为预备使用刃缘，上有零星的崩疤，均较大。中间处稍向内凹。背面远端有深的放射线，腹面放射线较小，清晰。

100次：背面观刃缘未见明显变化，腹面观刃缘尾端新增一处独立的微小折断式疤痕。

500次：刃缘略显厚钝。刃缘的细小微疤增多。

1000次：刃缘近端新增一处细小的折断式疤痕，刃缘处的疤痕增多，凸起处的疤痕增大。

2000次：刃缘中部新增一处微小崩疤，腹面观整个刃缘遍布疤痕，疤痕间多为连续的折断式（图版九）。

石叶SYQ8，操作人：戴玲玲。长81.43毫米，宽24.36毫米，厚22.13毫米，重25.83克，使用部位为P.C.5-8（图3.103），刃缘为直刃微凹，刃角为44度44分。

使用效率：效率较高。

动作记录：单次动作长度平均为5厘米，动作频率为70次/分钟，动作耗时30分钟，一共完成动作次数2000次。

微痕观察：

使用前：远端较厚，两侧边近平行，左侧稍凸。近端有一个长条形小疤痕，边缘薄锐锋利。自然台面。可见放射线。

100次：背面观刃缘未见明显变化，腹面亦未见明显变化。

500次：刃缘未见新增疤痕，腹面观亦没有明显变化。

1000次：刃缘近端新增四处微疤，腹面未见明显变化。

2000次：刃缘远端出现一处羽翼式崩疤，腹面未见明显变化。

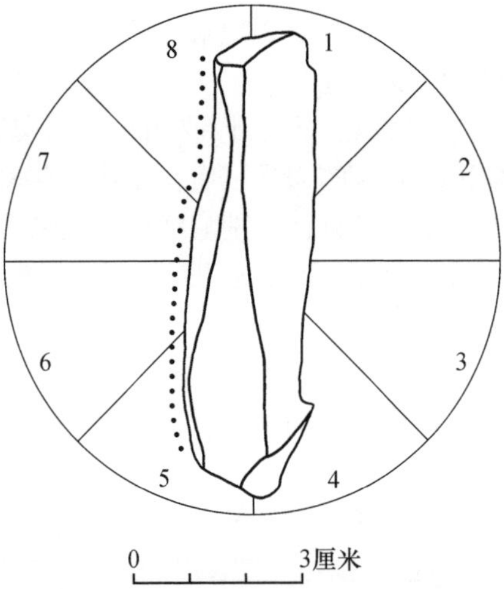

图3.103　石叶SYQ8使用部位示意图

石叶SYQ10，操作人：王欢。长

82.05毫米，宽26.99毫米，厚6.39毫米，重11.7克，使用部位为P.C.1-4（图3.104），刃缘为直刃，刃角为35度50分。

使用效率：较为锋利。

动作记录：单次动作长度平均为4厘米，动作频率为90次/分钟，动作耗时25分钟，一共完成动作次数2000次。

微痕观察：

使用前：右侧为两个片疤，左侧为砾石面，右侧刃缘薄锐，分布着零星的崩疤，背面远端有一大的崩疤，背腹两面都有清晰的放射线。背面有一条纵脊。

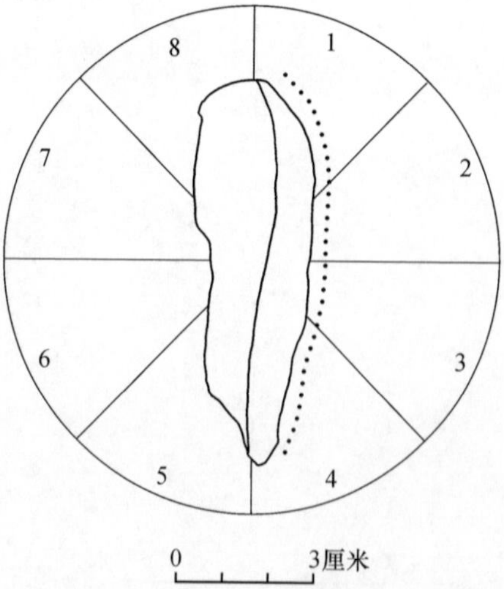


图3.104　石叶SYQ10使用部位示意图

100次：近端背面出现连续的一段折断式疤痕，刃缘中部凸出处稍有磨损，变得平滑。

500次：中部凸出处出现了一个折断式疤痕，近端疤痕间尖峰变得浅平，疤痕更大。

1000次：磨耗更大，刃缘变得更平滑。腹面刃缘有连续的疤痕。

2000次：整个刃缘分布连续的较小的崩疤，均为折断式，疤痕大小不一。

细石叶SYQ13，操作人：侯哲。长31.59毫米，宽11.67毫米，厚5.61毫米，重1.36克，使用部位为P.C.5-7（图3.105），刃缘为直刃，刃角为37度16分。

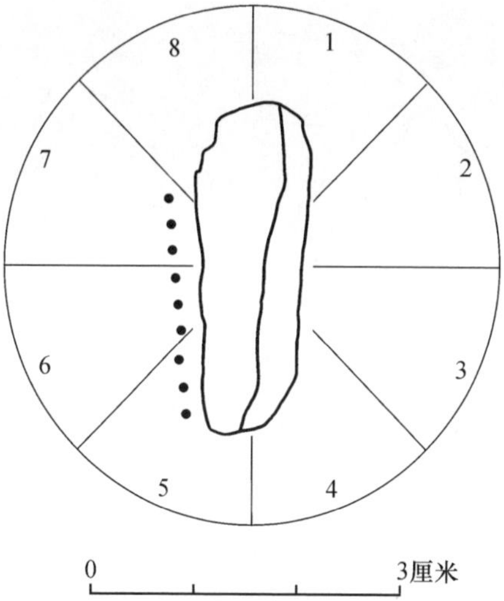


图3.105　细石叶SYQ13使用部位示意图

捆绑方式：用两双方便筷的大头夹住细石叶近端，用玻璃绳缠绕7～8圈。

使用效率：使用效率一直很高。

动作记录：单次动作长度平均为10厘米，动作频率为80次/分钟，动作耗时25分钟，一共完成动作次数2000次。

微痕观察：

使用前：背面观刃缘较锋利，刃缘中部有四个细小连续的崩疤，疤痕为折断式，腹面观刃缘平直，刃缘中部有三个细小折断式崩疤，临近刃缘近端有一处微小的崩疤。

100次：背面观刃缘变得平滑，未见

新增疤痕，刃缘处有两个较大的折断式崩疤，两疤连续且较深。

500次：背面观刃缘与100次时相比未见明显变化，腹面观刃缘出现凹凸起伏，是由于100次时的崩疤变大所导致。

1000次：背面观刃缘变得平滑，腹面观刃缘略有磨耗，变得平滑。

2000次：背面观刃缘变化不明显，腹面观刃缘更加平滑，未见新增疤痕。

细石叶SYQ14，操作人：魏屹。长27.71毫米，宽12.19毫米，厚4.64毫米，重1.09克，使用部位为P.C.1-4（图3.106），刃缘为直刃，刃角为40度10分。

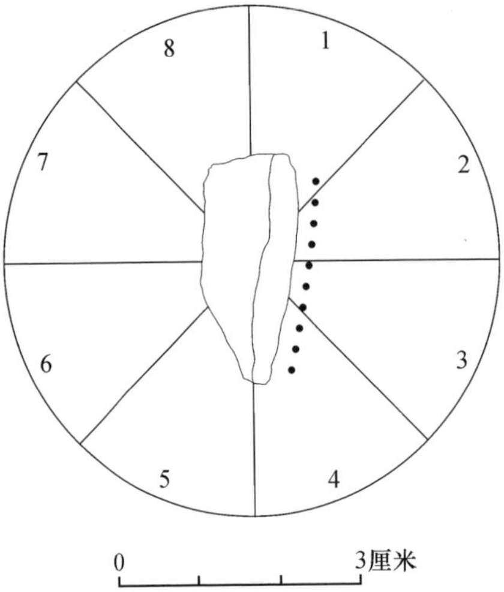

图3.106　细石叶SYQ14使用部位示意图

捆绑方式：用两双方便筷的大头夹住细石叶近端，用玻璃绳缠绕7～8圈。

使用效率：使用效率一直很高。

动作记录：单次动作长度平均为10厘米，动作频率为70次/分钟，动作耗时30分钟，一共完成动作次数2000次。

微痕观察：

使用前：腹面可见同心波，下部有一明显的大疤，背面下部有修理疤痕，背面脊上有一长条形深疤，右侧刃部较直，左侧有弯曲，两刃薄且锋锐。

100次：背面观刃缘变化不明显，腹面观刃缘略有圆钝之势，未见新增疤痕。

500次：背面观刃缘仍未有明显变化，腹面观刃缘圆钝程度增高，未见新增疤痕。

1000次：刃缘变得平滑，未见新增疤痕，腹面观刃缘略有磨，无疤痕出现。

2000次：背面观刃缘未见新增疤痕，刃缘圆滑，腹面观刃缘右侧新增两个微小疤痕，为折断式。

刮削器SYQ4，操作人：孙明明。长62.19毫米，宽35.6毫米，厚17.64毫米，重29.48克，使用部位为P.C.2-4（图3.107），刃缘为直刃，刃角为72度20分。

使用效率：效率较高。

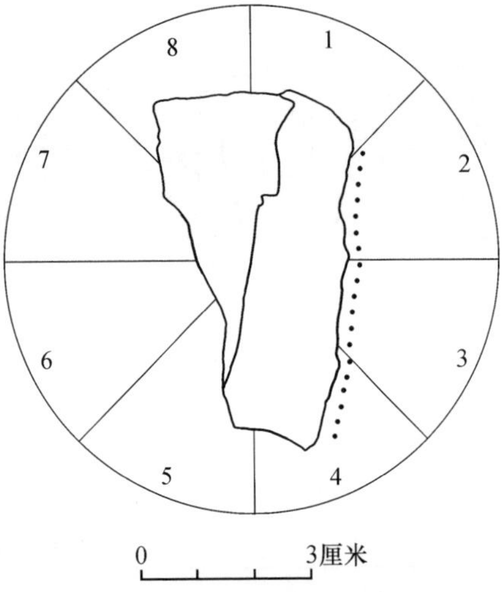

图3.107　刮削器SYQ4使用部位示意图

动作记录：单次动作长度平均为10厘米，动作频率为70次/分钟，动作耗时30分钟，一共完成动作次数2000次。

微痕观察：

使用前：石片右侧正向加工，多层修疤较大，近缘压制修疤连续细密。疤痕形态差异较大，刃缘不平齐。有较深的放射线。

100次：刃缘的尖峰被磨耗的圆钝，由近端到远端的尖峰均被磨耗圆钝，腹面观刃缘的尖峰变得圆钝，刃缘近端新增一个大的羽翼式崩疤及多处细小微疤。

500次：刃缘处的疤痕变大，刃缘变得平滑。刃缘的凹缺被磨耗不见。

1000次：刃缘近端的凹缺变大，刃缘处的疤痕变大，由于疤痕变大，疤痕间形成一些小的尖峰。

2000次：刃缘上凸起处新增三处连续的羽翼式微疤，1000次时的崩疤，明显变大。腹面观刃缘薄锐的小凸起被磨耗不见。

刮削器SYQ12，操作人：卢悦。长38.12毫米，宽29.97毫米，厚10.3毫米，重11.96克，使用部位为P.C.6-8（图3.108），刃缘为直刃，刃角为81度18分。

使用效率：效率尚可。

动作记录：单次动作长度平均为4～6厘米，动作频率为60次/分钟，动作耗时34分钟，一共完成动作次数2000次。

微痕观察：

使用前：刃缘由背面向腹面有连续多层修疤，疤痕大小不一，疤痕间有形状细小的锋尖。刃缘较为厚钝，腹面较为凹凸，背面有一条纵脊，右缘经锤击与压制，形制方便把握。

100次：背面刃缘未有明显变化，刃缘右侧新增一处崩疤，刃缘变磨耗平滑。

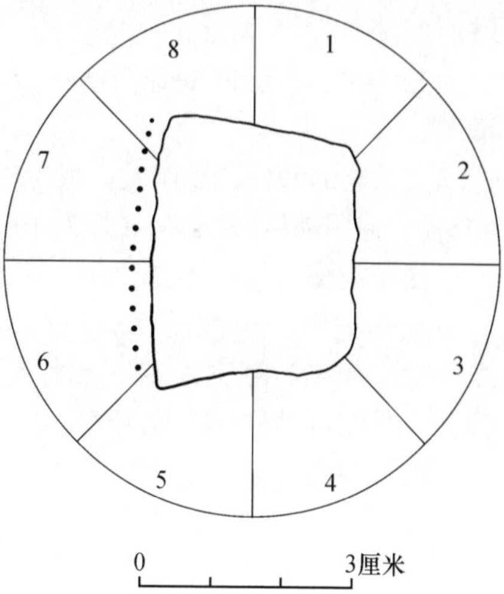

图3.108　刮削器SYQ12使用部位示意图

500次：刃缘凹缺处的疤痕变大，腹面圆钝程度增加。

1000次：刃缘中部新增一处疤痕，刃缘处新增一系列细小的崩疤。

2000次：刃缘被磨耗得圆钝，刃缘平滑，厚钝程度增加。

尖状器SYQ13，操作人：侯哲。长47.6毫米，宽31.19毫米，厚10.98毫米，重12.04克，使用部位为P.C.8-1（图3.109），刃缘为尖刃，刃角为41度20分。

使用效率：效率不是很高。

动作记录：单次动作长度平均为5厘米，动作频率为80次/分钟，动作耗时25

分钟，一共完成动作次数2000次。

微痕观察：

使用前：刃缘尖锋利，侧缘疤痕先经锤击修理，后经压制修理，左刃疤痕较大，右刃疤痕较好，腹面观刃缘锋利。背面有压制修理的小疤，腹面左侧可见纤细的放射线。

100次：背面观尖刃处形成一处细小疤痕，尖刃被磨耗圆钝，使用前左侧缘远端的凹缺变得不明显，尖刃被磨耗不见，尖刃左侧新增一处折断式崩疤。

500次：尖刃缘磨得更加圆钝，刃缘侧面不规则的凹起，被磨耗得圆滑平直，腹面观刃缘圆钝程度增加。

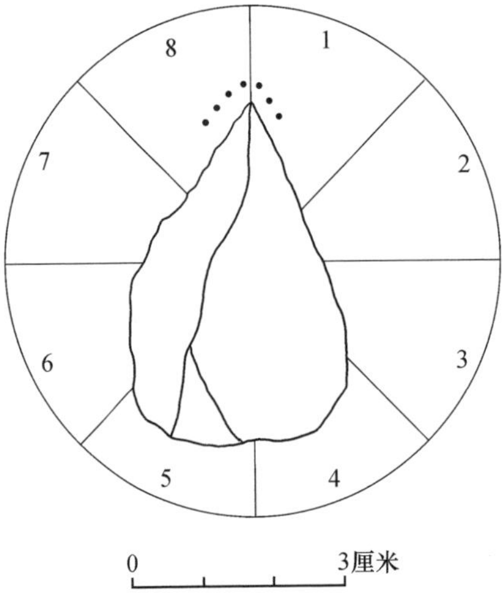

图3.109　尖状器SYQ13使用部位示意图

1000次：刃缘变得更加圆钝未见新增疤痕，腹面观刃缘整体变圆滑，未见新增疤痕。

2000次：刃缘凹缺处新增一个崩疤，凹缺变得更加明显，腹面观刃缘凹缺处增大。

尖状器SYQ15，操作人：戴玲玲。长44.87毫米，宽30.57毫米，厚7.52毫米，重9.15克，使用部位为P.C.8-1（图3.110），刃缘为尖刃，刃角为76度30分。

使用效率：效率不是很高。

动作记录：单次动作长度平均为7厘米，动作频率为85次/分钟，动作耗时25分钟，一共完成动作次数2000次。

微痕观察：

使用前：形成尖刃的两个边缘先经锤击修理，后经压制修理。两侧缘的疤痕层叠，密集连续，左边缘疤痕大小相似，形状较一致，右边缘疤痕多细小，偶有大疤，尖刃较锋利。腹面观半锥体凸出，尾端略向内凹，可见原料的节理发育。

100次：背面观尖刃使用处未见明显的变化，腹面观尖刃处的小尖峰磨耗变小，刃缘的两处小尖峰亦磨耗变小。

500次：左侧刃缘新崩疤有一处折断

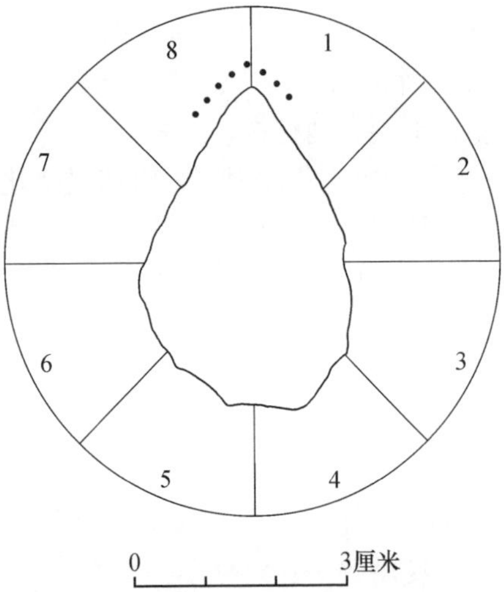

图3.110　尖状器SYQ15使用部位示意图

式疤痕，由于疤痕的产生使得刃缘处形成一小尖峰，尖处的小尖峰被磨耗不见，刃缘侧面新增一处小崩疤。

1000次：尖刃的中间部分发生一处小的崩疤，腹面观使用的尖刃及刃缘磨耗严重，形成了两处折断式的崩疤。

2000次：腹面观刃缘1000次时形成的崩疤增大，形成凹缺，背面观尖刃上使用的薄锐部分已被磨耗不见，尖刃棱脊处新增一处崩疤，崩疤同心波明显。

### （四）对蔬菜的加工与观察

作为实验对象的蔬菜均系购买的新鲜大白菜。较为新鲜，质地最软。与鲜肉一样，对于蔬菜的加工也只有“切”一项（图版一四）。在实验中使用到的石器为石片SYQ5、石片SYQ6、石叶SYQ3、石叶SYQ4、细石叶SYQ9、细石叶SYQ11、刮削器SYQ3、刮削器SYQ9、尖状器SYQ3、尖状器SYQ5，共计10件。

石片SYQ5，操作人：陶莹。长33.5毫米，宽23.44毫米，厚8.58毫米，重6.31克，使用部位为P.C.1-4（图3.111），刃缘略有弧度，刃角为23度38分。

使用效率：效率很高。

动作记录：单次动作长度平均为3厘米，动作频率为 100次/分钟，动作耗时20分钟，一共完成动作次数2000次。

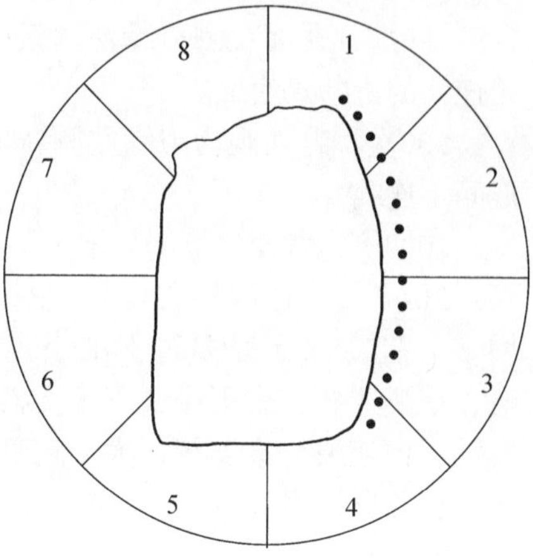

图3.111　石片SYQ5使用部位示意图

微痕观察：

使用前：使用该石片的右缘，该缘为石片最为薄锐的一缘，该缘略有弧度，肉眼观有一较小的疤痕，系打制石片时所致，显微镜下可见平滑刃缘及同心波。

100次：刃缘可见若干小型微疤，为折断式。

500次：背面明显见到羽翼式疤痕，腹面不显著。

1000次：腹面刃缘远端的疤痕变大变深，在刃缘中部新增一处大的长条形疤痕，500次时形成的疤痕现已变大，并为多层，疤痕背面新增多处连续的小疤痕，刃缘中部的疤痕明显增大。由于新的大的崩疤的形成使得刃缘由较平直变得呈凹凸起伏之势。

2000次： 1000次时形成的崩疤明显增大。背面观刃缘新增四处较大的崩疤，崩疤形态为折断式，现刃缘处的疤痕多为双层。刃缘右端有两处微小的崩

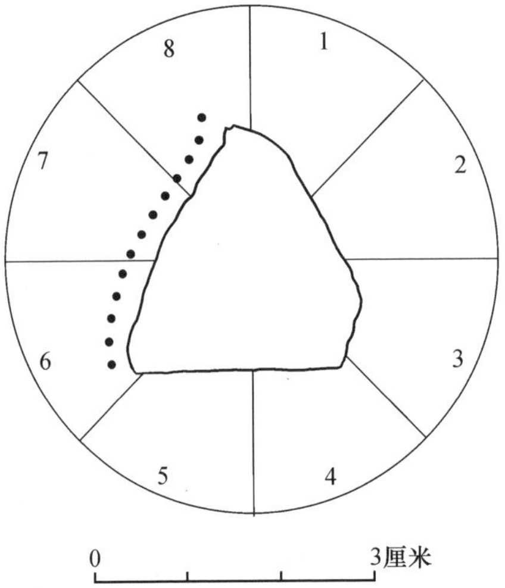

图3.112　石片SYQ6使用部位示意图

疤，应是使用时未能每次都与实验对象接触所致。腹面刃口处的疤痕明显增大，疤痕为连续的折断式。

石片SYQ6，操作人：侯哲。长25.97毫米，宽25.36毫米，厚9.78毫米，重2.49克，使用部位为P.C.6-8（图3.112），刃缘平直，刃角为29度26分。

使用效率：效率较高。

动作记录：单次动作长度平均为2～4厘米，动作频率为90次/分钟，动作耗时25分钟，一共完成动作次数2000次。

微痕观察：

使用前：该器使用刃缘为器物左缘，为该石片最为薄锐锋利的一缘，肉眼观测可见一处打制石片时所形成的较大崩裂口，细小崩疤两处，石片左缘临近台面处有一凸尖，镜下观测可见连续的锯齿状边缘。

100次：背面观测刃缘左侧新增一处折断式的疤痕，腹面观刃缘中部新增两处连续的折断式疤痕。

500次：背面观为刃缘左侧新增一处崩疤，刃缘中部出现羽翼式疤痕，但疤痕间不连续。

1000次：背面疤痕明显增多，疤痕为多层，少则两层，多则三四层。

2000次：背面观刃缘左侧疤痕明显增多，且变深，增多若干细小连续的疤痕，疤痕遍布整个刃缘，刃缘变得平直，厚钝，但疤痕密集连续，大小疤痕重叠分布，长条形疤痕较多。

石叶SYQ3，操作人：王欣。长54.51毫米，宽21.14毫米，厚6.79毫米，重6.94克，使用部位为P.C.5-8（图3.113），刃缘为直刃稍凹，刃角为35度20分。

使用效率：效率一般，200次后即变得圆钝。

动作记录：单次动作长度平均为3.5厘米，动作频率为 60次/分钟，动作耗时40分钟，一共完成动作次数2000次。

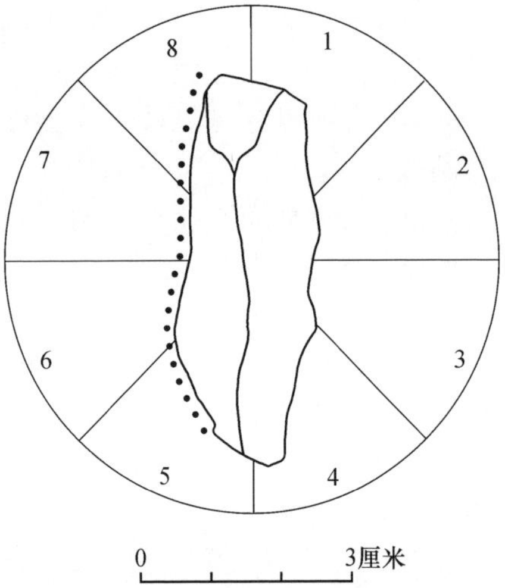

图3.113　石叶SYQ3使用部位示意图

微痕观察：

使用前：背面有一条纵向的脊，近端脊上有两次剥片，均不太成功，近端背面的连续的细小疤痕，左侧边缘较直平滑，为预备使用刃缘，接近远端处稍凸，其上有一个较小崩疤。腹面相应部位有两个崩疤，右侧边缘中部有一个较大疤痕，腹面可见清楚的放射线。

100次：腹面背面均未见明显变化。

500次：刃缘稍有磨耗，变得更平滑。

1000次：背面凹处出现了极浅的小疤，腹面疤痕明显，稍大，但仍不连续，在凹处均有分布，锋利的刃缘变得稍钝。

2000次：背面刃缘出现连续的细小疤痕，均为较浅的呈椭圆形的疤痕，腹面刃缘变钝，原先的疤痕变得不明显。

石叶SYQ4，操作人：魏屹。长42.01毫米，宽18.82毫米，厚8.05毫米，重5.33克，使用部位为P.C.1-4（图3.114），刃缘为直刃稍凹，刃角为30度30分。

使用效率：效率一般。

动作记录：单次动作长度平均为5厘米，动作频率为70次/分钟，动作耗时30分钟，一共完成动作次数2000次。

微痕观察：

使用前：背面右侧远端保留少量砾石面，素台面。台面远端有连续的多次修疤，右侧平滑，为预备使用刃缘。右侧近端有两个疤痕尖峰明显。腹面有一个锥疤，放射线清晰。

100次：腹面及背面未观测到明显变化。

500次：腹面刃缘远端新增一个细小的疤痕，刃缘凸起的地方新增一处大疤。

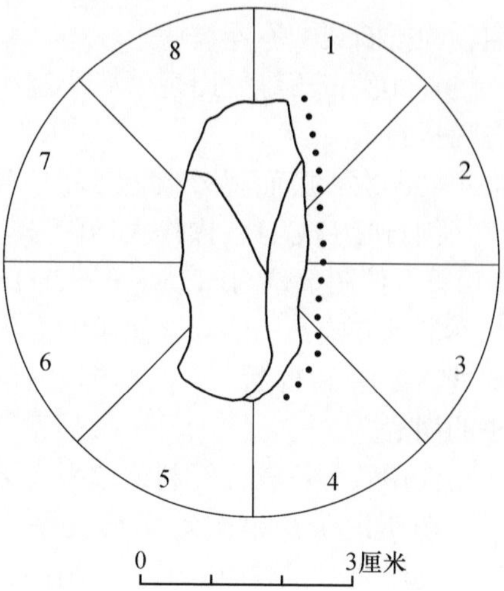

图3.114　石叶SYQ4使用部位示意图

1000次：背面尖峰粗的小疤变大，尖峰已变平，刃缘凸起的地方形成两个较大的崩疤，腹面新增一处小的崩疤。

2000次：腹面中部新增一个大的疤痕及一个小的疤痕，背面新增两个连续的疤痕。

细石叶SYQ9，操作人：任秀芬。长30.98毫米，宽12.38毫米，厚2.31毫米，重0.56克，使用部位为P.C.1-4（图3.115），刃缘平直，刃角为17度26分。

捆绑方式：用两双方便筷的大头夹住细石叶近端，用玻璃绳缠绕7～8圈。

使用效率：较为锋利，43次时器物的尾端的尖刃崩断。

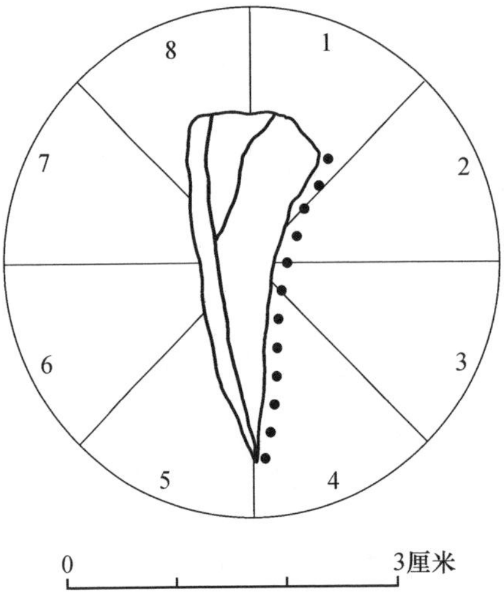

图3.115　细石叶SYQ9使用部位示意图

动作记录：单次动作长度平均为2.5厘米，动作频率为 75次/分钟，动作耗时30分钟，一共完成动作次数2000次。

微痕观察：

使用前：背面观临近刃缘近端有一处较大的凹缺，此外未有崩疤，腹面观刃缘中部偏右处有一处半圆形崩疤，临近刃缘远端有一处折断的崩疤，腹面打击点集中，有清楚的放射线。

100次：背面观刃缘崩断处可见一处明显的断面，刃缘未见新的崩疤，腹面观刃缘右侧新增一处微小的崩疤。

500次：背面观刃缘变得圆钝，腹面观刃缘临近近端的地方有两处微小的崩疤，为折断式，不连续。

1000次：刃缘处出现了微小连续的崩疤，腹面观刃缘中部有较大的崩疤，形态为折断式。

2000次：腹面观刃缘变圆钝，背面观刃缘未见新增疤痕，刃缘平滑。

细石叶SYQ11，操作人：陶莹。长15.24毫米，宽5.47毫米，厚1.29毫米，重0.14克，使用部位为P.C.5-8（图3.116），刃缘平直，刃角为28度40分。

捆绑方式：用两双方便筷的大头夹住细石叶近端，用玻璃绳缠绕7～8圈。捆绑处有断裂和折断[22]，捆绑处有两个微小的崩疤。

使用效率：较为锋利，效率尚可。

动作记录：单次动作长度平均为3厘米，动作频率为 60次/分钟，动作耗时35分钟，一共完成动作次数2000次。

微痕观察：

使用前：背面观临近刃缘远端有一处薄锐的小尖峰，刃缘中部有一处大的折断式崩疤，紧临该崩疤有三个较小的折断式崩疤，刃缘近端有三个连续的折断式崩疤，腹面观刃缘近端为细小连续的崩疤，中部有一处较大的凹缺。尾端有一微小的尖峰。

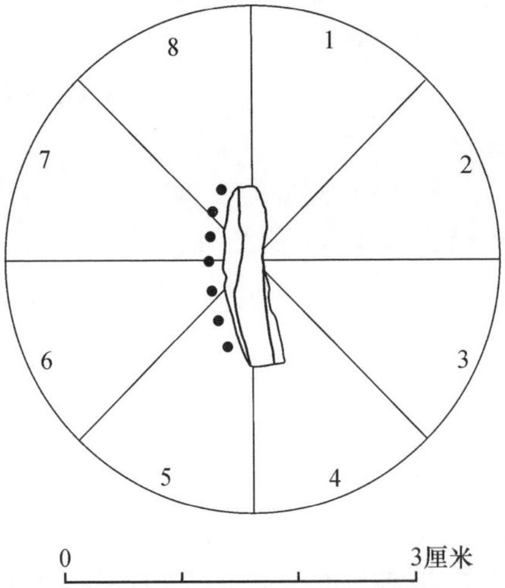

图3.116　细石叶SYQ11使用部位示意图

100次：背面观刃缘使用前的尖峰磨耗不见，腹面观刃缘略变圆钝，未见新增疤痕。

500次：背面观刃缘中部的小尖峰不见，代之以一处凹缺，凹缺由细宽的崩疤形成，腹面观刃缘突起的地方已不见，代之以一个大的折断式崩疤。

1000次：刃缘边侧的小尖峰磨耗得圆钝，临近边缘处新增一处较小的折断式崩疤。腹面观临近刃缘右侧的地方新增一处微小的崩疤。

2000次：背面观刃缘变得圆钝，未见新增的疤痕，腹面观刃缘中部新增一处独立的小崩疤。

刮削器SYQ3，操作人：王欢。长55.74毫米，宽26.92毫米，厚13.22毫米，重19.76克，使用部位为P.C.1-4（图3.117），刃缘平直，刃角为56度10分。

使用效率：较锋利，300次时使用效率稍下降，1200次时使用效率再次有所下降。

动作记录：单次动作长度平均为5厘米，动作频率为 70次/分钟，动作耗时30分钟，一共完成动作次数2000次。

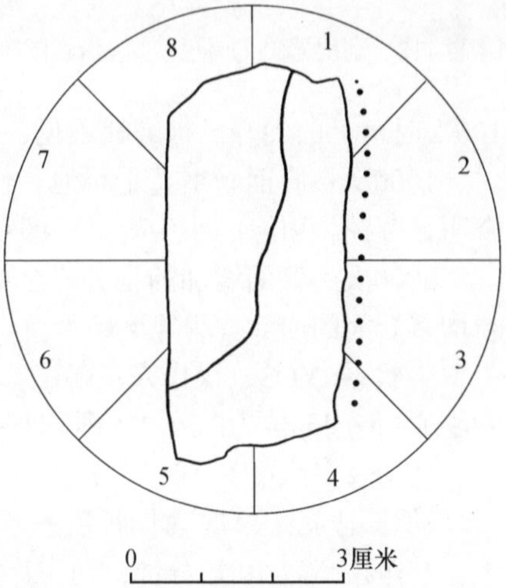

图3.117　刮削器SYQ3使用部位示意图

微痕观察：

使用前：刃缘平直，多层修疤，疤痕密集连续，疤痕大小不一，形态差距较大，腹面同心波放射线明显，刃缘处无可见疤痕。

100次：疤痕凸出的尖峰变得稍钝。背面刃缘有微小的崩疤。刃部远端的小尖有明显的磨耗。

500次：疤痕间凸出的尖峰变得更加圆钝。棱脊变得稍平，腹面变化不明显。

1000次：背面疤痕增加，薄锐的地方磨得更加圆钝，远端薄锐处磨耗稍重，腹面变化不明显。

2000次：刃缘变得圆钝，较薄锐的地方磨耗重，背面疤痕增加，腹面变化不明显。

刮削器SYQ9，操作人：陈晓颖。长51.42毫米，宽51.33毫米，厚19.74毫米，重35.3克，使用部位为P.C.7-2（图3.118），刃缘为凸刃，刃角为38度。

使用效率：1000次后即变钝。

动作记录：单次动作长度平均为4.5厘米，动作频率为 80次/分钟，动作耗时25分钟，一共完成动作次数2000次。

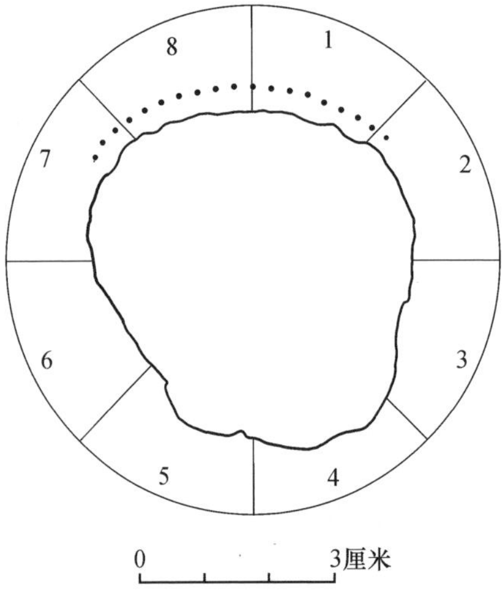

图3.118　刮削器SYQ9使用部位示意图

微痕观察：

使用前：刃缘经多层修疤，疤痕先经锤击修理，后经压制修理。疤痕大小不一，深浅差异较大。整体观察疤痕密集连续，两侧刃缘近台面处经修理形制。腹面半椎体凸出，有因原料质地影响而在打制时形成的大疤。腹面刃缘可见打制时崩裂形成的小崩疤。

100次：刃缘中部由两个崩痕形成两个小尖峰，其中靠近左缘的一个被磨得低矮圆钝。腹面有特别微小的崩疤，在显微镜下观，刃缘出现小的锯齿形。

500次：背面疤痕间棱脊变钝，刃缘的部分凹缺变大，腹面观刃缘变得平直。100次时可见的尖峰已被磨耗不见，新增若干连续细小的崩疤。

1000次：腹面新增若干小疤，使得腹面的疤痕变成多层崩疤，背面疤痕间棱脊明显圆钝，刃缘的小尖峰已被磨耗得几乎不见。

2000次：背面增加的小尖峰全部不见，刃缘变得平直，疤痕略有增加。腹面新增多处大的崩疤。刃缘磨耗严重。

尖状器SYQ3，操作人：陶莹。长40.87毫米，宽14.67毫米，厚6.57毫米，重3.65克，使用部位为P.C.8-1（图3.119），刃缘为尖刃，刃角为53度50分。

使用效率：效率一般。

动作记录：单次动作长度平均为5厘米，动作频率为 70次/分钟，动作耗时30分钟，一共完成动作次数2000次。

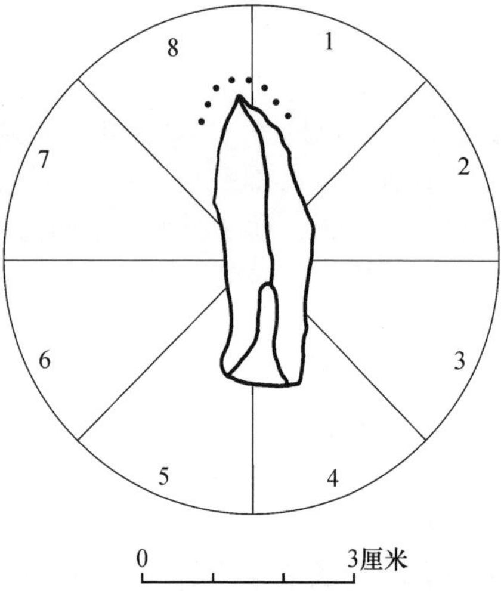

图3.119　尖状器SYQ3使用部位示意图

微痕观察：

使用前：左缘修疤细长连续，右侧疤痕较大且平，尖刃处薄锐，尖刃中间有一纵脊，由修疤形成。腹面观尖刃明显，角度小，刃缘未见崩疤。

100次：无明显变化。

500次：背面变化不明显，腹面左侧新出现一处疤痕。

1000次：背面变化不明显，尖部两侧边微磨损。

2000次：变化不明显。

尖状器SYQ5，操作人：陈晓颖。长108.78毫米，宽56.32毫米，厚18.04毫米，重96.46克，使用部位为P.C.8-1（图3.120），刃缘为尖刃，刃角为65度36分。

使用效率：1200次以后尖刃变钝。

动作记录：单次动作长度平均为6厘米，动作频率为80次/分钟，动作耗时27分钟，一共完成动作次数2000次。

微痕观察：

使用前：由两直刃相夹形成尖刃，两侧边经连续细密修理，先经锤击修理，再经压制修理。尖刃处最为薄锐，手持部分经修理形制。腹面同心波明显，未见疤痕。

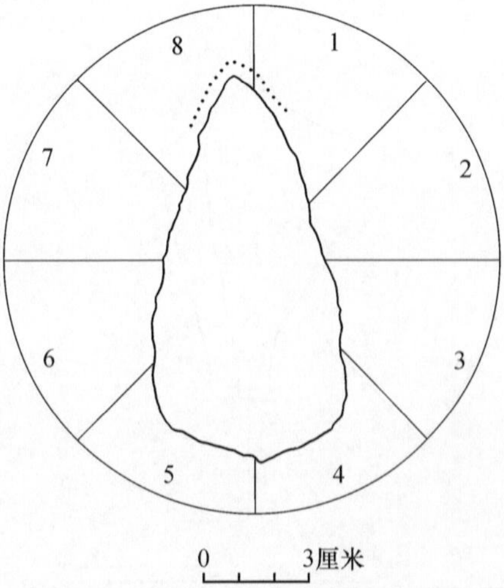

图3.120　尖状器SYQ5使用部位示意图

100次：腹面尖刃处显得有磨损，刃尖右侧出现两个大的疤，背面右侧刃部也有细小疤痕。

500次：腹面较100次变化不大，背面尖刃处略有磨损。

1000次：背面右侧有磨损，尖刃处也有磨损，腹面尖刃处有磨损，右刃远端也有磨损，变平。

2000次：背面尖刃处出现新疤，腹面尖刃处有明显磨损，右刃远端出现新疤叠压于旧疤上。

## （五）对骨骼的加工与观察

作为实验对象的骨骼分为牛骨与猪骨两类，均为购买所得的新鲜猪、牛肱骨。较为新鲜，质地坚硬。

### 1. 切

在实验中使用到的石器为石片SYQ7、石片SYQ9、石叶SYQ1、石叶SYQ2、细石叶SYQ6、细石叶SYQ8、刮削器SYQ1、刮削器SYQ2、尖状器SYQ7、尖状器SYQ8，共计10件（图版一二）。

石片SYQ7，操作人：郑钧夫。长35.76毫米，宽25.48毫米，厚7.43毫米，重1.94克，使用部位为P.C.2-4（图3.121），刃缘平直，刃角为39度48分。

使用效率：100次时效果明显，效率较高。500次后，效果变化不明显，效率不高，2000次后切痕不深。

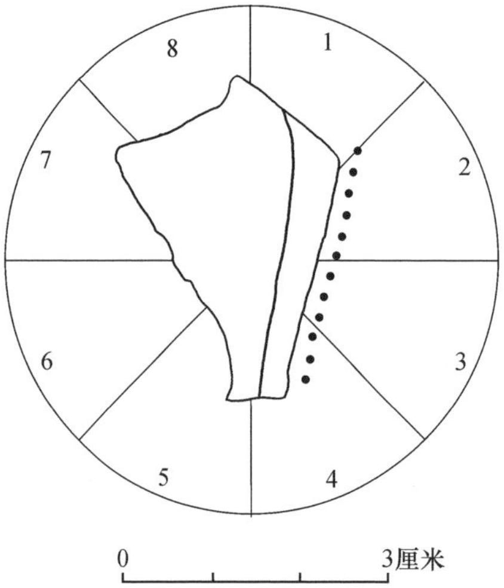


图3.121　石片SYQ7使用部位示意图

动作记录：单次动作长度平均为5厘米，动作频率为 40次/分钟，动作耗时60分钟，一共完成动作次数2000次。

微痕观察：

使用前：使用该石片的右缘。该边缘平直，肉眼观测下右缘尾端有一小的崩裂。其余部分锋利平直。该石片背面有一处剥片留下来的阴痕，恰好适于把握。显微镜下可见不光滑表面及刃缘的起伏。

100次：显微镜下观察两面均可见不连续的微小折断疤痕，肉眼观察下可见3 ~ 4个不连续的折断疤痕。

500次：肉眼观察下刃缘明显的凹凸不平，腹面可见成组但不连续的疤痕。显微镜观察下腹面可见连续较大的疤痕，刃缘凹凸不平；背面可见基本连续的微小疤痕。

1000次：肉眼观察下腹面可见疤痕基本连续，背面可见不连续疤痕。在显微镜观察下，背面可见成组的疤痕，但不连续；腹面疤痕出现层次，刃缘凹凸更明显。

2000次：肉眼可见腹面出现较大疤痕，层次明显。背面折断式疤痕明显，基本连续。显微镜下两面皆可见连续微小疤痕，腹面疤痕有层次。腹面疤痕数量层次，都比背侧明显，手握处因石片边缘较薄，有按压崩痕。

石片SYQ9，操作人：陈晓颖。长24.14毫米，宽34.44毫米，厚7.43毫米，重5.11克，使用部位为P.C.7-2（图3.122），刃缘平直，刃角为40度14分。

使用效率：500次后明显变钝。

动作记录：单次动作长度平均为3厘米，动作频率为 60次/分钟，动作耗时40分钟，一共完成动作次数2000次。

微痕观察：

使用前：选择使用石片的底缘，该缘较平直且特别薄锐，肉眼观测下刃缘处有一大的剥片时形成的疤痕，背面近底缘处有凸起形的凹槽，显微镜下可见放射线及崩裂的刃缘。

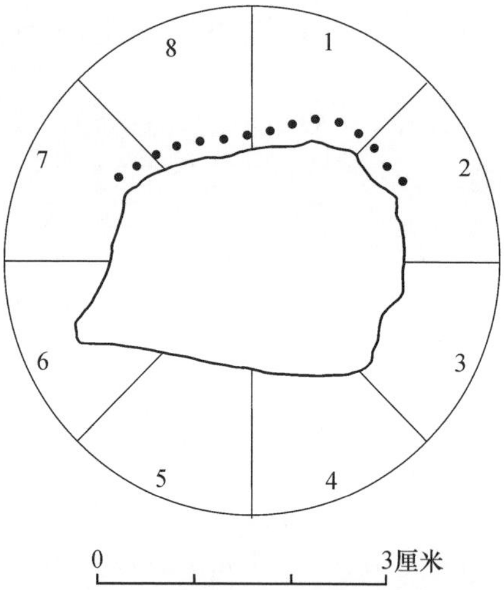


图3.122　石片SYQ9使用部位示意图

100次：肉眼可见细小而连续的疤痕，刃缘依旧平直，显微镜下有部位形成两层疤痕，疤痕连续，腹面疤痕偶有不连续情况，疤痕略深于背面疤痕。

500次：刃缘薄锐的部分几乎全部磨光，肉眼可见疤痕明显变大，刃缘由平直变为凹凸不平，背面可见大而连续的崩裂疤痕。显微镜下，腹面见较为连续的大疤，边缘表面出现小的锯齿，疤痕连续起伏，刃缘不平。背面可见刃缘已被磨得较厚钝。背面疤痕连续，较100次明显变大，由于刃缘薄锐，一些100次时的小疤被磨平消失。

1000次：肉眼可观测到明显的连续的疤痕，刃缘磨损严重，出现的疤痕连续但大小不一，在底缘边缘出现两个较大的崩裂的疤痕，显微镜下观察边缘已形成连续的羽翼式疤痕，但疤痕大小不一，形态差距较大，背面疤痕略呈长条状，腹面疤痕多不连续，大小不一。

2000次：肉眼观测下疤痕清晰可见，且相当连续，可明显看到刃的凹凸变化，腹面疤痕相对于背面疤痕，现腹面疤痕多浅平，连续性亦不如背面，有一处大的使用过程中前裂的疤痕，显微镜下观察可见背面形成多层的疤痕且很连续，刃缘的透光性明显下降，腹面疤痕相对浅平，与背面相比，疤痕相对扁平，腹面疤痕明显小于1000次时形成的疤痕，推测应为使用时的磨耗所致。

石叶SYQ1，操作人：方启。长51.46毫米，宽25.43毫米，厚7.85毫米，重10.13克，使用部位为P.C.5-8（图3.123），刃缘平直，刃角为47度35分。

使用效率：效果并不十分明显。

动作记录：单次动作长度平均为2.5厘米，动作频率为 50次/分钟，动作耗时40分钟，一共完成动作次数2000次。

微痕观察：

使用前：背面左侧保留一条砾石面，有疤台面，右侧刃缘较薄锐，接近远端稍凹，保留了一个小尖，远端薄锐，腹面近端有两个崩疤，左侧刃缘刃角稍大，但平直，为预备使用刃缘。

100次：背面刃缘形成两个较大折断式疤痕，腹面形成连续的羽翼式微疤。

500次：背面刃缘形成若干段连续的折断式微疤，腹面则又在原有疤痕上形成新的折断式层疤。

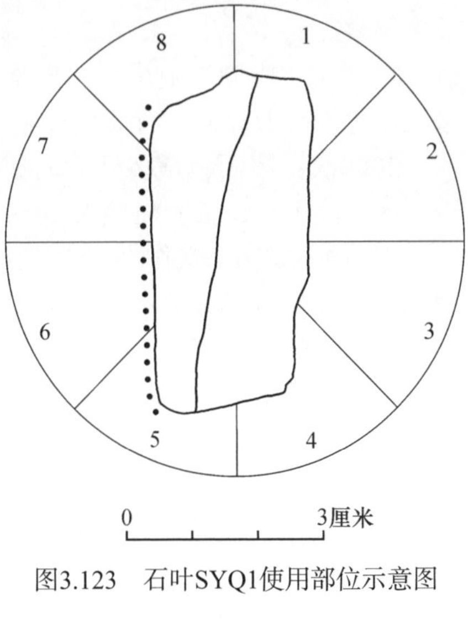

图3.123　石叶SYQ1使用部位示意图

1000次：背面刃缘形成若干折断式疤痕，腹面形成连续折断式与羽翼式结合的微疤多处，有的达到三层。

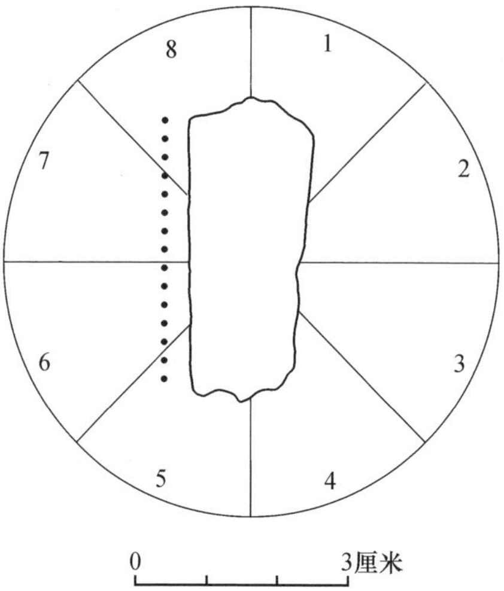

图3.124　石叶SYQ2使用部位示意图

2000次：腹面疤痕明显，形成大小不同的微疤，三四层者很多。折断式与羽翼式并存（图版一五）。

石叶SYQ2，操作人：王欢。长42.31毫米，宽18.25毫米，厚8.65毫米，重6.34克，使用部位为P.C.5-8（图3.124），刃缘平直，刃角为48度14分。

使用效率：800次时刃缘变钝，使用效率变低。

动作记录：单次动作长度平均为3厘米，动作频率为 60次/分钟，动作耗时35分钟，一共完成动作次数2000次。

微痕观察：

使用前：背面保留大量砾石面，近端较厚，远端薄锐，自然台面，腹面可见清楚的放射线。刃缘有细小疤痕，稍有起伏，腹面也仅有非常小的疤痕。

100次：背面新增细小连续的疤痕，但不明显，腹面新增的疤痕遍布刃缘，疤痕连续、密集。

500次：背面刃缘的中心三个大的崩疤，腹面疤痕变多，大疤明显增多，疤痕多层叠。

1000次：腹面疤痕增大，层次增多，是由小疤密集形成的。背面疤痕变大。

2000次：腹面新增多处大的疤痕，使得刃缘凹凸不平，背面疤痕为多层。

细石叶SYQ6，操作人：卢悦。长39.8毫米，宽8.84毫米，厚6.4毫米，重1.55克，使用部位为P.C.5-8（图3.125），刃缘平直略弧，刃角为20度40分。

捆绑方式：用两双方便筷大头夹住细石叶近端，用玻璃绳缠绕10圈左右。

使用效率：使用效率较高，500次后使用效率降低。

动作记录：单次动作长度平均为2厘米，动作频率为100次/分钟，动作耗时20

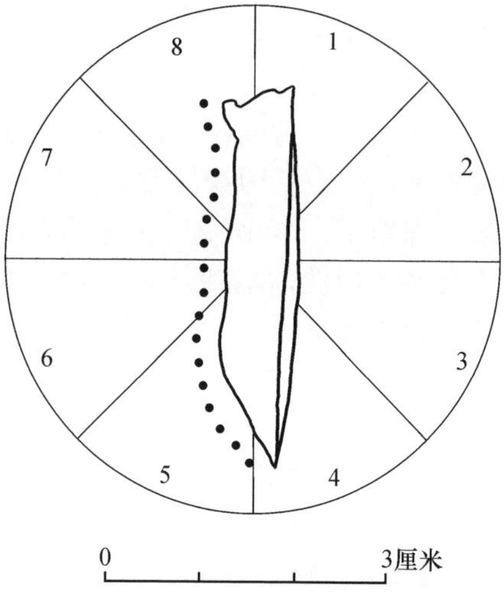

图3.125　细石叶SYQ6使用部位示意图

分钟，一共完成动作次数2000次。

微痕观察：

使用前：截面近三角形，较厚。背面纵脊较高，中部及远端经细密的修理。背面近端右侧有较深的放射线，有细小的疤痕。右侧中部因质地原因有一小凹缺。远端有一凸出的小尖，有崩落的疤痕，腹面中部稍向内凹。有较浅的放射线。

100次：背面观刃缘使用处新增两处折断式的小疤，腹面观刃缘尖峰处新增一处折断式崩疤。

500次：背面观刃缘的尖峰处新增两处较小的崩疤，使其呈锯齿状。刃缘的一部分小疤被磨耗不见。腹面观刃缘尖峰前端新增连续的折断式疤痕，刃缘磨耗严重。

1000次：背面观刃缘近端的小尖峰磨耗不见，刃缘前端磨耗严重。新增多处细密连续的小崩疤。

2000次：背面观刃缘呈锯齿状，连续的折断式疤痕所致，尖刃处可见一处折断式崩疤。

细石叶SYQ8，操作人：方启。长33.43毫米，宽10.64毫米，厚6.11毫米，重1.34克，使用部位为P.C.5-8（图3.126），刃缘平直，刃角为24度10分。

捆绑方式：用两双方便筷大头夹住细石叶远端，用玻璃绳缠绕7～8圈。

使用效率：使用效率较高，500次后使用效率降低。

动作记录：单次动作长度平均为1.2厘米，动作频率为100次/分钟，动作耗时20分钟，一共完成动作次数2000次。

微痕观察：

使用前：背面观刃缘远端有处小尖峰，临近刃缘远端的地方有一处较大的折断式崩疤，刃缘近端疤痕层叠连续。腹面观刃缘近端有一处细小尖峰，刃缘中部有五个微小独立的崩疤。

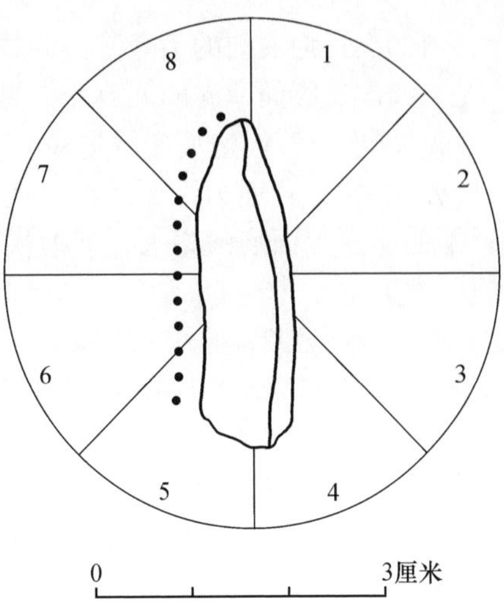

图3.126 细石叶SYQ8使用部位示意图

100次：背面观刃缘使用处新增两处大的崩疤，刃缘右侧由平滑变得凹凸不平。腹面观使用处的尖峰磨耗不见，代之以一处凹缺，由一处折断式疤痕形成。

500次：背面观刃缘右侧新增细密连续的细小崩疤，右侧中部有一处大的凹缺。腹面刃缘处的崩疤增大。

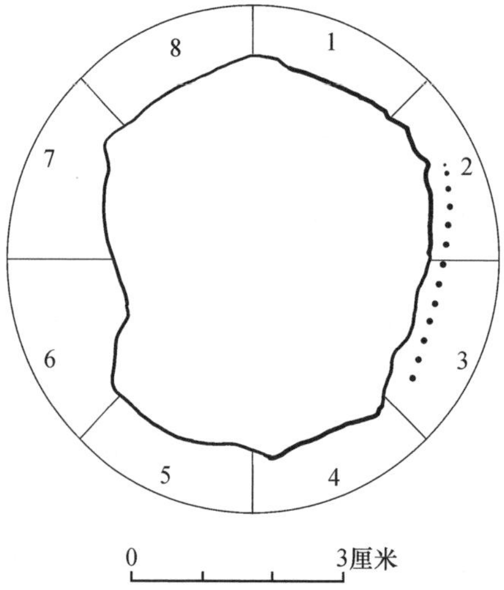


图3.127　刮削器SYQ1使用部位示意图

1000次：背面观刃缘崩疤层数增多，刃缘右侧的凹凸起伏更加明显。腹面观刃缘新增两处折断式疤痕，较深。

2000次：背面观疤痕增深，疤痕为折断式，刃缘疤痕间棱脊明显。腹面观刃缘变得更加平滑。刃缘右侧新增一处小崩疤。疤痕为半圆式。

刮削器SYQ1，操作人：谭觅。长56.43毫米，宽47.41毫米，厚26.73毫米，重58.45克，使用部位为P.C.2-3（图3.127），刃缘为凸刃，刃角为65度30分。

使用效率：500次后使用效率降低。

动作记录：单次动作长度平均为3厘米，动作频率为70次/分钟，动作耗时30分钟，一共完成动作次数2000次。

微痕观察：

使用前：背面刃缘有压制的连续的细小疤痕，腹面刃缘有零星的小疤痕，刃缘有较深的放射线。

100次：疤痕间的尖峰变得低矮圆钝。腹面刃缘出现连续的细小疤痕。

500次：腹面原先的疤痕变得更多，背面尖峰变得低矮圆钝。

1000次：背面疤痕变得更多，腹面疤痕增加。

2000次：背面刃缘更平滑，疤痕间棱脊不明显，腹面疤痕很大，疤痕层叠（图版一六）。

刮削器SYQ2，操作人：陶莹。长62.28毫米，宽33.44毫米，厚10.4毫米，重16.22克，使用部位为P.C.1-4（图3.128），刃缘为凸刃，刃角为43度20分。

使用效率：使用效率低，尤其是使用至300次后。

动作记录：单次动作长度平均为5厘米，动作频率为60次/分钟，动作耗时35分钟，一共完成动作次数2000次。

微痕观察：

使用前：背面疤痕层叠连续，排列紧

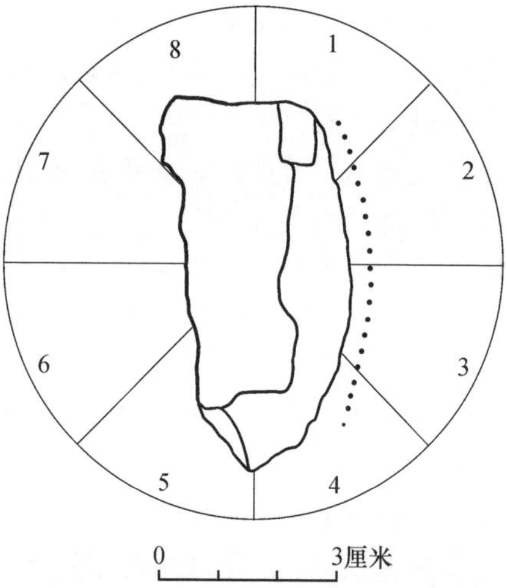


图3.128　刮削器SYQ2使用部位示意图

密，近缘布满压制产生的小疤，刃缘较平齐，腹面有零星崩裂的小疤。

100次：刃缘变得稍显平滑，腹面刃缘偏左侧一处出现了集中的多层疤痕，刃缘其他部分也出现了连续的单层疤痕，附着少量骨屑。

500次：背面细小疤痕变得更多，腹面刃缘已布满疤痕，原先产生的疤痕变得更大。

1000次：背面刃缘圆钝，腹面细小崩疤变得更大、更多。

2000次：中部疤痕变得更多、更大，腹面出现非常细小的疤痕，背面变化不明显。

尖状器SYQ7，操作人：戴玲玲。长39.81毫米，宽15.85毫米，厚7.02毫米，重3.66克，使用部位为P.C.8-1（图3.129），刃缘为尖刃，刃角为46度。

使用效率：磨损较为严重。

动作记录：单次动作长度平均为3.6厘米，动作频率为70次/分钟，动作耗时30分钟，一共完成动作次数2000次。

微痕观察：

使用前：左右两侧先经锤击修理，再经压制，锤击修理较大且连续，压制疤痕连续细密，背面有一凸出的棱脊，共同组成一三棱锥状的尖刃，腹面无明显疤痕。

100次：背面尖刃左侧出现大疤痕两处，尖刃处出现较多紧密疤痕，腹面刃尖左侧出现几个连续小疤，刃尖处出现几层连续疤痕。

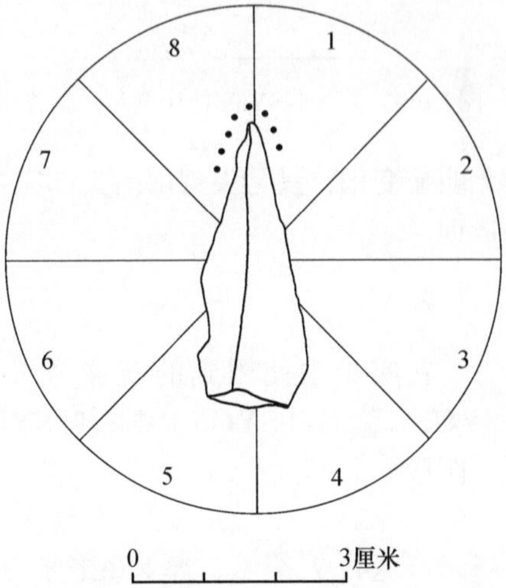

图3.129　尖状器SYQ7使用部位示意图

500次：背面尖刃处已磨成一斜平面，且有一小疤位于尖刃处，腹面尖刃左侧出现连续新疤，尖刃上出现一大疤，右侧也出现划痕。

1000次：背面尖刃处磨损严重，平面中部凹陷，前侧小尖圆钝，右侧出现边缘磨损严重，腹面出现较多新疤在尖刃处，有两大疤，疤内填满骨粉。

2000次：腹面左侧出现较多疤痕，顶部磨平变圆钝，背面尖刃边缘有众多小疤，尖刃处已磨损严重。

尖状器SYQ8，操作人：方启。长74.56毫米，宽23.43毫米，厚13.7毫米，重14.72克，使用部位为P.C.8-1（图3.130），刃缘为尖刃，刃角为50度。

使用效率：500次前使用无问题，其后变钝，开始能够在骨面形成深凹槽，500次后则很费力。

动作记录：单次动作长度平均为10厘米，动作频率为 90次/分钟，动作耗时

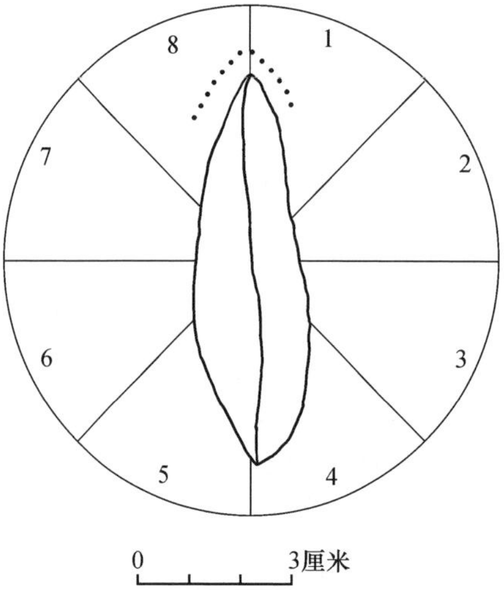


图3.130　尖状器SYQ8使用部位示意图

25分钟，一共完成动作次数2000次。

微痕观察：

使用前：该器左缘疤痕较大且多为两层，右缘疤痕密集且为多层，尖刃部分锋利薄锐，右缘的修疤达到中脊处，腹面观左缘可见背面的疤痕，乃是由于该器较为薄锐且透光性好，腹面向同心波明显，未见崩疤。

100次：尖刃磨圆钝，在腹面可见一个较大疤痕。

500次：腹面可以见到原先大疤痕中形成了一个微疤。

1000次：尖刃部的微疤边缘愈加圆钝。

2000次：尖刃的腹面的两个坑状微疤无明显变化，只是尖刃部的尖部完全圆钝，又形成了一个尖部，在腹面偏右，但极钝。

2. 刮

在实验中使用到的石器为石片SYG5、石片SYG6、石叶SYG1、石叶SYG2、细石叶SYG5、细石叶SYG6、刮削器SYG5、刮削器SYG7，共计8件（图版一七）。

石片SYG5，操作人：方启。长41.34毫米，宽42.76毫米，厚4.86毫米，重4.52克，使用部位为P.C.2-4（图3.131），刃缘为凹刃，刃角为12度22分。

运动情况：与实验对象呈45度角作刮运动。

使用效率：初期效率高，极为锋利；后期随使用的深入而愈钝。

动作记录：单次动作长度平均为5厘米，动作频率为 60次/分钟，动作耗时40分钟，一共完成动作次数2000次。

微痕观察：

使用前：使用该石片的左缘下端，整个石片相对薄锐，肉眼观测下有一细小的

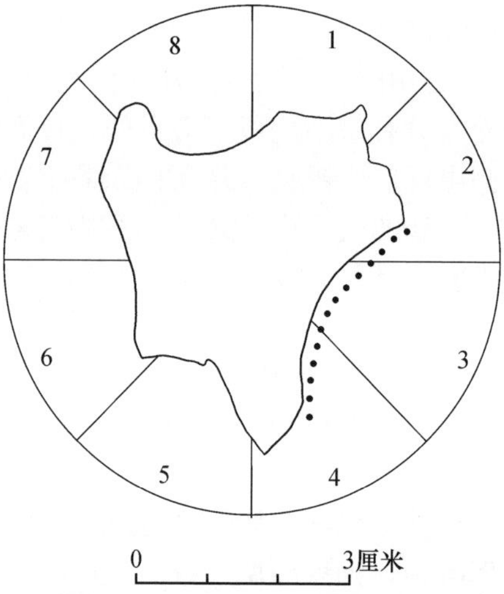


图3.131　石片SYG5使用部位示意图

崩裂，显微镜下可观测到锯齿状的边缘。

100次：形成了若干明显的微疤。

500次：形成更多、更大的微疤，其中有些疤痕重叠在以前的微疤之上，疤痕形状为羽翼式与折断式混杂。背面的疤痕不如腹面明显。刃缘中央崩裂一较大碎屑，形成一大型疤痕。

1000次：很多疤痕形成的凹痕被磨平，疤痕中附着很多骨屑，刃部损伤非常严重，肉眼观察可见形成的几个大的疤痕，小的微疤全部被磨平。

2000次：显微镜下可见原来的疤痕，这时均已磨平，刃缘上分布的均为肉眼即可分辨出来的若干大型疤痕，疤痕为折断式。

石片使用的过程是一个磨圆钝刃缘的过程，疤痕由小到大，最后在大的疤痕上还分布着微小的新疤痕，其均为折断式，握处也有新的疤痕产生。

石片SYG6，操作人：方启。长27.35毫米，宽42.51毫米，厚7.32毫米，重5.18克，使用部位为P.C.2-3（图3.132），刃缘为直刃，刃角为40度。

运动情况：与实验对象呈45度角作刮运动。

使用效率：初期效率高，而后很快变钝。

动作记录：单次动作长度平均为5厘米，动作频率为 60次/分钟，动作耗时40分钟，一共完成动作次数2000次。

微痕观察：

使用前：使用部位为石片右缘，该石片半锥体凸出刃缘薄锐，使用前刃缘处未见疤痕，显微镜下可见凹凸不平的刃缘。

100次：使用部位有不连续细小疤痕，背面较腹面疤痕大，上附少量肉屑。

500次：疤痕连续大小不一，背面疤痕较腹面稍大，上附少量肉屑，疤痕为折断式。

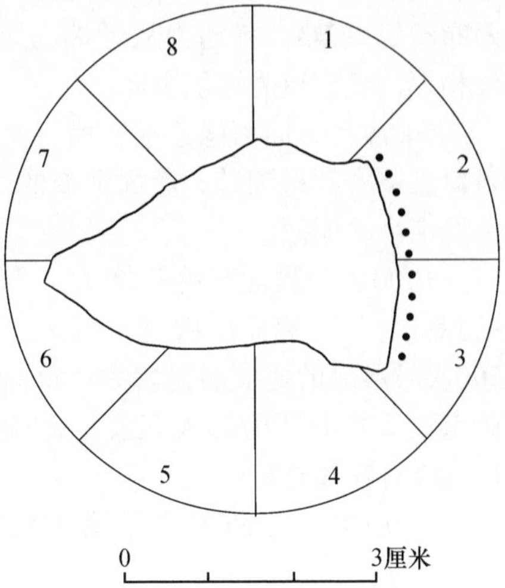

图3.132　石片SYG6使用部位示意图

1000次：腹面出现不连续羽翼式疤痕，上有连续细小的疤痕，背面疤痕较小，疤痕均较浅平，刃缘弧起处疤痕细密。

2000次：背面疤痕连续，较小，疤痕间过渡不明显，腹面有层叠的疤痕，细密连续，较大，附着较多骨屑。

石叶SYG1，操作人：魏屹。长52.46毫米，宽23.74毫米，厚7.69毫米，重7.46克，使用部位为P.C.5-8（图3.133），刃缘为直刃微凸，刃角为32度40分。

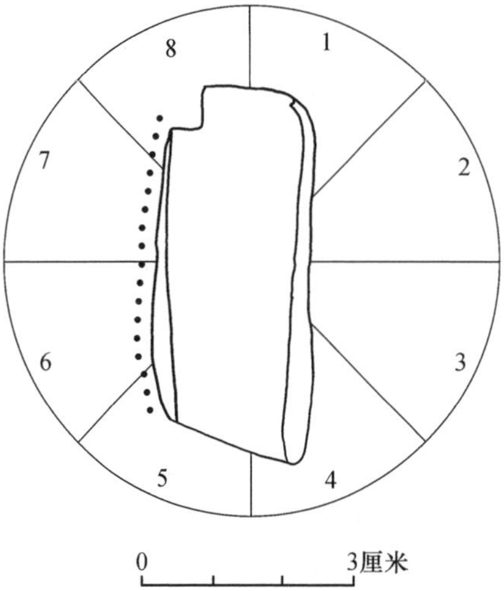

图3.133　石叶SYG1使用部位示意图

运动情况：与实验对象呈90度角作刮运动。

使用效率：500次后变钝。

动作记录：单次动作长度平均为4厘米，动作频率为80次/分钟，动作耗时25分钟，一共完成动作次数2000次。

微痕观察：

使用前：背面为一长条形剥片阴疤，两侧保留少量砾石面，左侧近端有一崩裂的凹缺，近端背面未修理疤痕。自然台面，左侧刃缘较薄，稍向外凹。

100次：背面可见细小密集的疤痕，小疤之间夹杂着三个不连续的大疤，使用前背面凹缺的一处大疤被磨得几乎不可见。疤痕的形成使得刃缘的薄锐程度及锋利程度下降。腹面形成的细小密集疤痕遍布刃缘的2/3，方向为从近端向尾端，仅远端部分未见新增疤痕，疤痕大小比较相近，且疤痕为多层分布。

500次：背面刃缘近端新增一些细小的崩疤，100次时崩裂的疤痕形成的细小碴口已被磨耗得圆钝，腹面形成的崩疤明显增大，偶有大的崩疤出现，尾端新增一处细小的崩疤。

1000次：腹面观疤痕增大，刃缘略呈圆钝之势，疤痕层次有所增多，远端500次时形成的疤痕明显增大，背面磨耗严重，近端有新增的大疤痕，远端的崩疤变大有连续之势。

2000次：背面刃缘新增大崩疤，刃缘的疤痕都明显增大。刃缘的平直程度及锋利程度下降。腹面刃缘的疤痕明显增大、变深，且有许多新增的疤痕，尾端形成的疤痕已与刃缘的疤痕连续，构成几乎遍布整个刃缘的连续的疤痕。

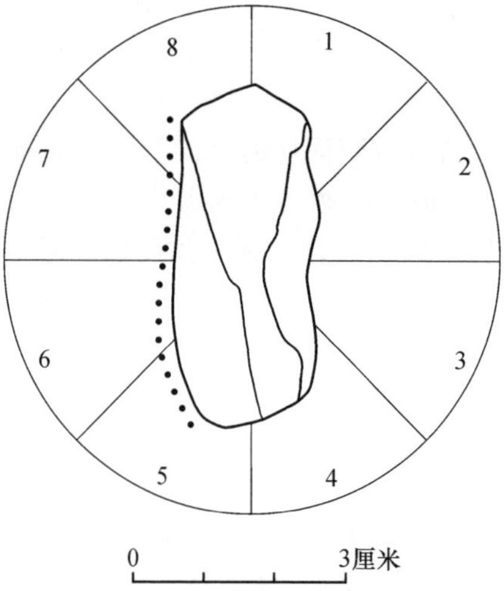

图3.134　石叶SYG2使用部位示意图

石叶SYG2，操作人：王欣。长47.8毫米，宽21.19毫米，厚6.6毫米，重6.17克，使用部位为P.C.5-8（图3.134），刃缘为直刃微凸，刃角为20度。

运动情况：与实验对象呈45度角作刮运动。

使用效率：1000次后使用效率变低。

动作记录：单次动作长度平均为9厘米，动作频率为 60次/分钟，动作耗时35分钟，一共完成动作次数2000次。

微痕观察：

使用前：背面为层叠的细长条疤痕，远端薄锐，近端为修理的疤痕，左刃缘远端有一个崩裂的大疤。刃缘放射线较深。腹面近端刃缘也有一段连续的疤痕。

100次：背面单层疤痕连续细小，腹面疤痕稍大，稍凹处出现层叠的疤痕，为主要使用部位。

500次：两面疤痕变得更大，腹面在较大疤痕下出现了连续的细小疤痕。

1000次：疤痕间尖峰及棱脊变得更大。

2000次：疤痕间尖峰变低，刃缘变得平齐，疤痕变大，细小疤痕变密集。

细石叶SYG5，操作人：戴玲玲。长47.38毫米，宽12.78毫米，厚4.96毫米，重2.05克，使用部位为P.C.5-8（图3.135），刃缘为凹刃，刃角为26度50分。

捆绑方式：用两双方便筷的大头夹住细石叶近端，用玻璃绳缠绕7～8圈。

运动情况：与实验对象呈90度角作刮运动。

使用效率：初期效率高，极为锋利；后期随使用的次数增加而愈钝。

动作记录：单次动作长度平均为4厘米，动作频率为 70次/分钟，动作耗时30分钟，一共完成动作次数2000次。

微痕观察：

使用前：背面观刃缘薄锐锋利，透光性好，未见疤痕。腹面观可见清晰的同心波，亦未见疤痕。

100次：刃缘背面分布零星的疤痕，不连续，远端尖部两个羽翼式疤痕较大，腹面出现不连续的疤痕。

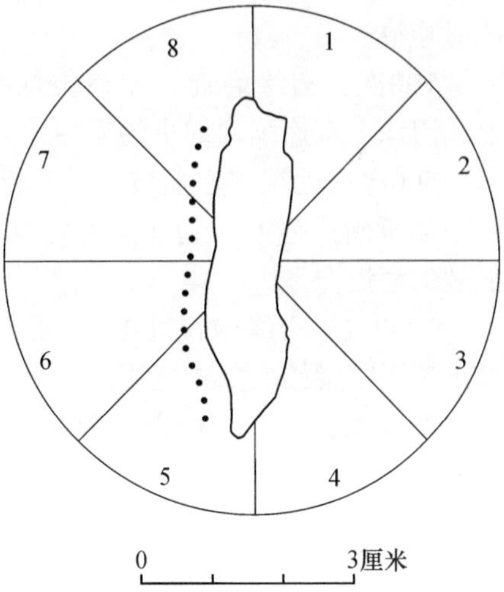


图3.135　细石叶SYG5使用部位示意图

500次：背面疤痕连续上有细小的疤痕，原先产生的疤痕棱脊变平滑，腹面尖刃处出现一较大的羽翼式疤痕。

1000次：刃缘变钝，背面刃缘上出现排列紧密的细小疤痕，尖刃处变平滑，疤痕间棱脊不明显，腹面有连续的较细小的深疤痕。

2000次：背面刃缘出现不规则的羽翼式疤痕，有零星的折断式疤痕，尖峰处

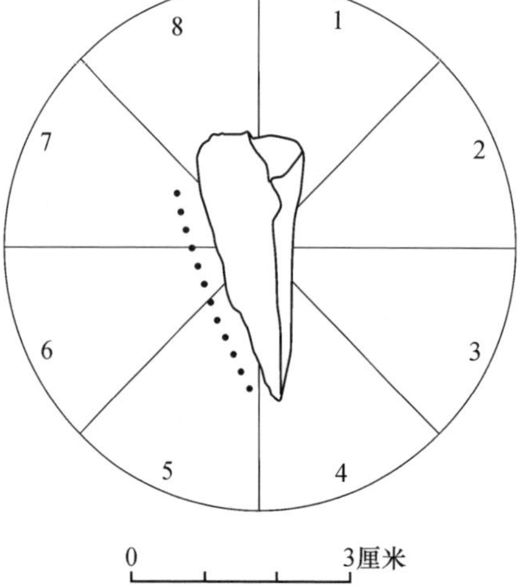


图3.136　细石叶SYG6使用部位示意图

有一个短宽的疤痕。腹面疤痕间棱脊变得不明显。

细石叶SYG6，操作人：任秀芬。长36.26毫米，宽15.27毫米，厚4.59毫米，重1.67克，使用部位为P.C.5-7（图3.136），刃缘为直刃微凸，刃角为24度36分。

捆绑方式：用两双方便筷的大头夹住细石叶近端，用玻璃绳缠绕7～8圈。

运动情况：与实验对象呈90度角作刮运动。

使用效率：效率高，1000次后稍钝。

动作记录：单次动作长度平均为2.9厘米，动作频率为 75次/分钟，动作耗时30分钟，一共完成动作次数2000次。

微痕观察：

使用前：背面观刃缘略有凹凸起伏，刃缘薄锐锋利，刃缘中部有一处凸起，刃缘远端有一条凹缺，腹面观刃缘中部偏左处有一处微小的崩疤，其余地方未见明显疤痕。

100次：刃缘磨耗，变得更加平滑，远端的疤痕变得更平，疤痕尖峰不明显，刃缘上有连续的细小的崩疤。

500次：远端的疤痕被磨平，近端与中部稍凸出，有较大的疤痕，刃缘上有细小的折断式疤痕，远端尖刃处也有几个崩裂的疤痕。

1000次：刃缘薄锐处被磨平，背面刃缘出现了零星的羽翼式疤痕。

2000次：刃缘变得更平滑，有几个凸出的尖峰，刃部稍凸出处有几个崩裂的疤痕，尖峰崩裂。

刮削器SYG5，操作人：卢悦。长77.02毫米，宽40.21毫米，厚17.11毫米，重50.98克，使用部位为P.C.8-1（图3.137），刃缘为凸刃，刃角为79度。

运动情况：与加工对象呈45度角作刮运动。

使用效率：500次之后石器的使用效

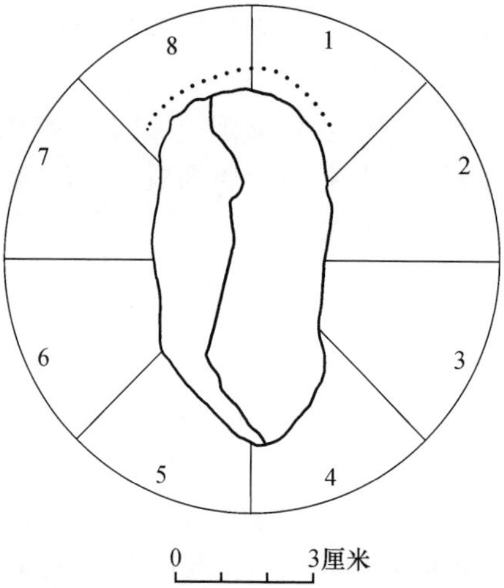


图3.137　刮削器SYG5使用部位示意图

率变低。

动作记录：单次动作长度平均为7～8厘米，动作频率为 60次/分钟，动作耗时40分钟，一共完成动作次数2000次。

微痕观察：

使用前：正向加工，背面长条形疤痕，排列紧密，层叠连续，刃缘处有压制产生的细小疤痕，疤痕间棱脊分明。腹面左侧边缘有两个大疤，中间一个大疤，右侧也有一疤，背面刃缘处有因压制时产生的不连续小疤。

100次：背面变化不大，腹面左侧的四个疤痕稍变大。

500次：原先疤痕间尖峰变得低矮，背面疤痕变多，腹面出现三个疤痕，有两个较大。

1000次：背面一处稍突处被磨平，腹面新增一处较大疤痕。

2000次：背面、腹面都出现了层叠的疤痕，刃缘变得圆钝。

刮削器SYG7，操作人：周敏。长58.7毫米，宽35.39毫米，厚9.96毫米，重22.71克，使用部位为P.C.8-1（图3.138），刃缘为凸刃，刃角为67度40分。

运动情况：与实验对象呈45度角作刮运动。

使用效率：100次后变钝。

动作记录：单次动作长度平均为6～8厘米，动作频率为 60次/分钟，动作耗时40分钟，一共完成动作次数2000次。

微痕观察：

使用前：刃缘经多层修疤，疤痕连续，疤痕间棱脊明显，刃缘呈圆弧形，腹面同心波明显，偶尔有因打制而产生的崩裂疤痕。

100次：背面疤痕间的棱脊变得不明显，刃缘不平的地方变得圆钝，腹面靠近刃缘处新增一处崩疤。

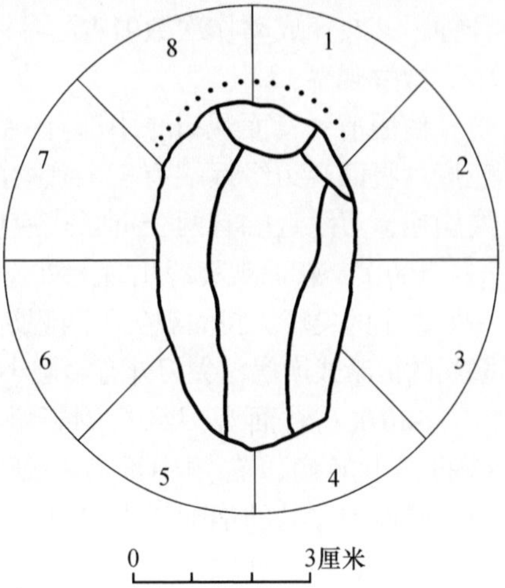

图3.138　刮削器SYG7使用部位示意图

500次：背面刃缘处崩疤变大，刃缘变得更加圆钝，腹面新增五个细小崩疤，疤痕连续。

1000次：背面刃缘变得圆钝，略有呈平直的趋势，刃缘周围的小尖峰被磨平，腹面边缘增加了一些细小的崩疤。疤痕形态非常小。

2000次：背面刃缘变得平直圆钝，疤痕被磨得圆钝，腹面崩疤增多，疤痕层叠。

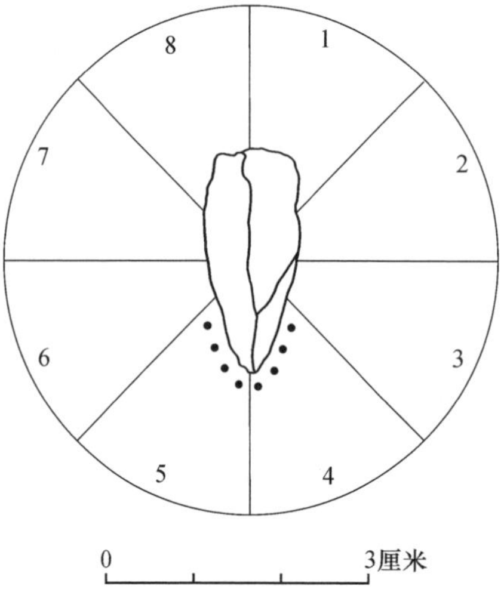

图3.139　细石叶SYZ3使用部位示意图

3. 钻

在实验中使用到的石器为细石叶SYZ3、细石叶SYZ5、尖状器SYZ5、尖状器SYZ6、雕刻器SYZ5、雕刻器SYZ6，共计6件（图版一七）。

细石叶SYZ3，操作人：侯哲。长24.88毫米，宽11.42毫米，厚7.98毫米，重1.68克，使用部位为P.C.4-5（图3.139），刃缘为尖刃，刃角为75度。

捆绑方式：用两双方便筷的大头夹住细石叶近端，用玻璃绳缠绕7～8圈。

使用效率：器物较不宜使用，919次时器物断裂。

动作记录：单次运动顺时针旋转180度，动作频率为 50次/分钟，动作耗时20分钟，一共完成动作次数919次。

微痕观察：

使用前：背面观刃缘中部有一处折断式疤痕，刃缘远端有两个连续的折断式疤痕。腹面观刃缘远端有三个独立的微小崩疤，此外，远端还有一处较大的折断式崩疤，刃缘近端有两个折断式疤痕，连续且大小相似。

100次：背面观刃缘出现七处连续的崩疤，尖刃整体已被磨耗得较平。仅残存一处微小的尖峰。腹面观尖刃两侧新增多处多层的折断式崩疤，尖刃处有多层小崩疤。

500次：背面观刃缘右侧新增细密连续的细小崩疤，右侧中部有一处大的凹缺。腹面刃缘处的崩疤增大。

919次：器物断裂。

细石叶SYZ5，操作人：方启。长20.99毫米，宽12.95毫米，厚3.44毫米，重0.62克，使用部位为P.C.4-5（图3.140），刃缘为尖刃[23]。

捆绑方式：用两双方便筷的大头夹住细石叶近端，用玻璃绳缠绕7～8圈。

使用效率：不适用，89次时崩裂，停止使用。

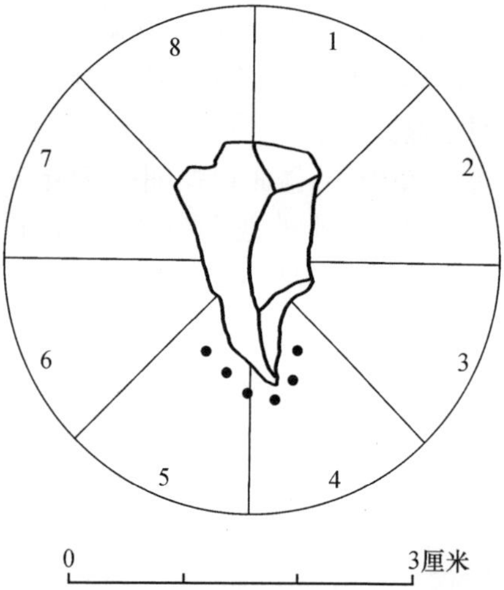

图3.140　细石叶SYZ5使用部位示意图

动作记录：单次运动顺时针旋转180度，动作频率为 40次/分钟，动作耗时近3分钟，一共完成动作次数89次。

微痕观察：

使用前：背面刃缘平直，刃缘背面观未见疤痕，腹面观刃缘远端有2个细小的崩疤，刃缘临近凸起处有一个较大的折断式崩疤。

89次：刃缘崩裂，崩裂处有三层连续的多层崩疤。

尖状器SYZ5[24]，操作人：任秀芬。长78.30毫米，宽64.16毫米，厚22.44毫米，重84.8克，使用部位为P.C.7-8（图3.141），刃缘为尖刃，刃角为58度56分。

使用效率：使用效率不高。

动作记录：单次运动顺时针旋转180度，动作频率为 50次/分钟，动作耗时45分钟，一共完成动作次数2000次。

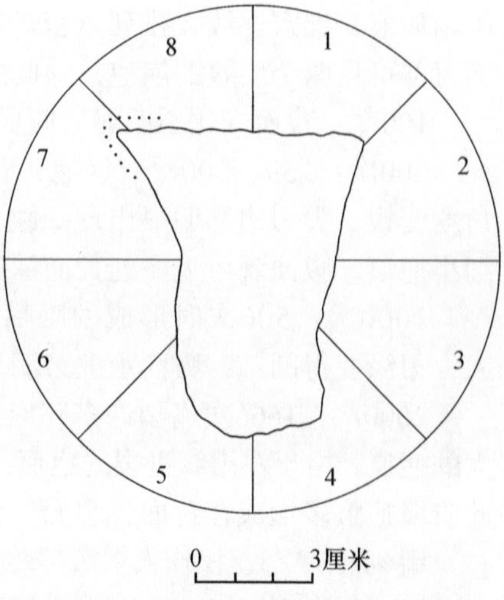

图3.141　尖状器SYZ5使用部位示意图

微痕观察：

使用前：远端为一直刃与右侧凹刃形成一喙嘴形尖刃，疤痕较大，后经压制疤痕较小，排列紧密，连续层叠，尖刃处较薄锐。

100次：在5、15、20、60次时尖部都有崩裂，从背面观察，打制的尖刃损耗至原始面，且可观察到明显疤痕，腹面损耗较明显，有较大的疤痕。

500次：背面的尖被使用掉，腹面尖亦掉，其余变化不明显。

1000次：刃缘变圆钝，刃缘两端有新疤产生。

2000次：刃两端只有微小新疤产生。

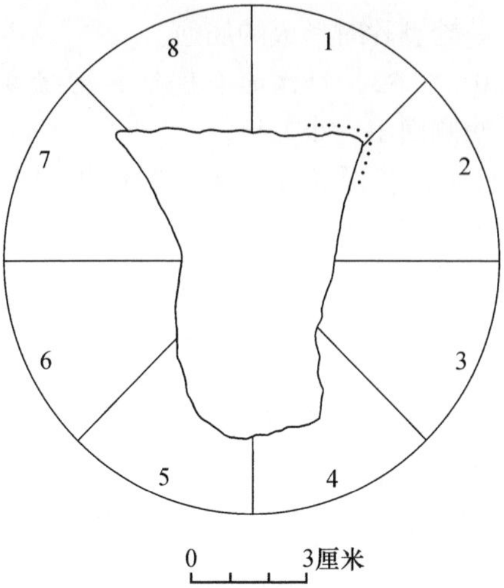

图3.142　尖状器SYZ6使用部位示意图

尖状器SYZ6[25]，操作人：任秀芬。长78.30毫米，宽64.16毫米，厚22.44毫米，重84.8克，使用部位为P.C.1-2（图3.142），刃缘为尖刃，刃角为74度50分。

使用效率：使用效率不高。

动作记录：单次运动顺时针旋转180度，动作频率为 50次/分钟，动作耗时40

分钟，一共完成动作次数2000次。

微痕观察：

使用前：远端直刃与左侧直刃形成一较圆钝的较厚的尖刃，锤击疤痕较大，压制疤痕，细密连续，排列紧密。形成尖刃的疤痕层叠，疤痕间棱脊清晰，腹面尖刃部可见两个层叠的崩疤，除此之外未见崩疤。

100次：背面变化不明显，腹面疤痕变得稍大。

500次：159、500次有崩疤，背面有细小崩疤出现，尖刃边缘变得圆钝，但角度变锐。尖刃边缘明显出现凹缺，致使刃口像小的喙嘴形，刃缘右侧新增若干细小疤痕，腹面观可见一处大而深的崩疤。

1000次：500次时形成的喙嘴状小尖磨得圆钝，背面观崩疤左侧的崩疤变大，刃缘变得圆钝，腹面观尖刃明显变得短小，新增细小的崩疤。

2000次：1666次崩裂许多碎疤，1714次崩裂一个大的崩疤，1942次崩裂一个大的疤痕，由于左刃缘迸裂的疤痕，该器左侧边缘和尖刃间形成一个小尖峰[26]，此阶段疤痕多形成在背面，腹面变化不明显，仅能观测到该器的尖缘略变圆钝。

雕刻器SYZ5，操作人：戴玲玲。长47.46毫米，宽29.51毫米，厚6.11毫米，重6.82克，使用部位为P.C.8-1（图3.143），刃缘为凿子形刃口，刃角为44度54分。

使用效率：效率不高。

动作记录：单次运动顺时针旋转180度，动作频率为 40次/分钟，动作耗时50分钟，一共完成动作次数2000次。

微痕观察：

使用前：右缘可见明显的压制修理疤痕，刃口锋利，疤痕较密集，从右侧观察可见一处剥片时形成的崩疤。腹面尖刃处可见一处剥片时形成的崩疤。

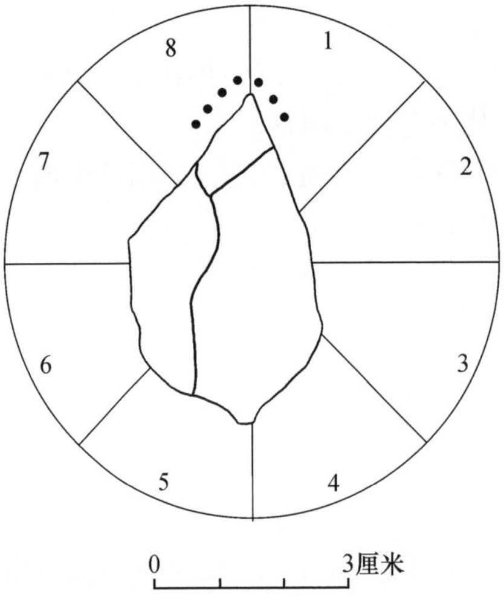

图3.143　雕刻器SYZ5使用部位示意图

100次：65、75次时有崩疤，刃缘变圆钝，两侧面出现小疤痕。

500次：背面磨耗严重，腹面尖刃两侧的较小的连续崩疤。

1000次：726次时背面右侧有一处较大的崩疤，两侧与加工对象接触处都产生了层叠连续的细小疤痕。

2000次：左侧观刃缘的崩疤变深，且有擦痕出现。右侧观厚钝处崩裂多层呈密集连续的疤痕。致使原来的尖峰断裂、尖刃变得圆钝。

雕刻器SYZ6，操作人：肖晓鸣。长

36.36毫米，宽20.22毫米，厚6.73毫米，重6.74克，使用部位为P.C.8-1（图3.144），刃缘为凿子形刃口，刃角为96度60分。

使用效率：效率不高，500次后尤钝。

动作记录：单次运动顺时针旋转180度，动作频率为 40次/分钟，动作耗时50分钟，一共完成动作次数2000次。

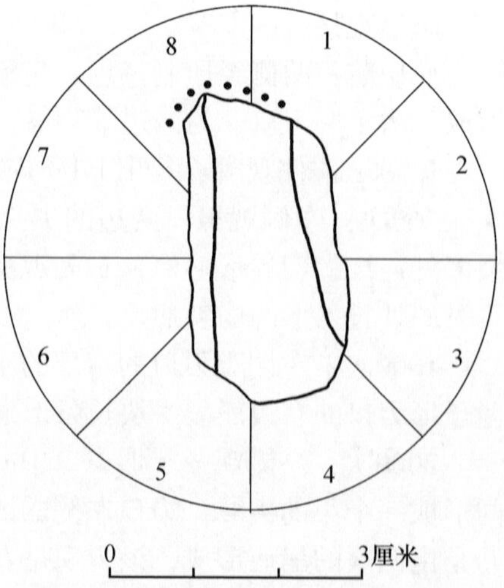

图3.144　雕刻器SYZ6使用部位示意图

微痕观察：

使用前：石片左侧经压制修理，疤痕细密连续，排列紧密，形态差异大，右侧疤痕稍大。远端由右侧向左侧斜向打下两个剥片。腹面有两个崩裂的疤痕。

100次：62次时有崩疤。刃缘左侧稍有磨耗，变得低平。凸出的小尖已被磨平。右侧刃缘近背面有两个较小的崩疤。

500次：左侧刃缘疤痕变得更多，右侧刃缘有连续的单层疤痕。

1000次：刃缘变得更平直，左侧增加许多疤痕。形成层叠连续的疤痕。右侧近背面有一处稍大的崩疤。

2000次：左侧近腹面处有一个较大的崩疤，右侧疤痕变得更多，棱脊变得不明显。

4. 刻

在实验中使用到的石器1件，为雕刻器SYK5（图版一四）。

雕刻器SYK5，操作人：陶莹。长83.72毫米，宽43.33毫米，厚14.52毫米，重48.5克，使用部位为P.C.5-8（图3.145），刃缘为凿子形刃口，刃角为26度46分。

运动情况：和实验对象呈60度角度作刻运动。

使用效率：约600次时变得圆钝，效率变低。

动作记录：单次运动顺时针旋转180度，动作频率为 60次/分钟，动作耗时35分钟，一共完成动作次数2000次。

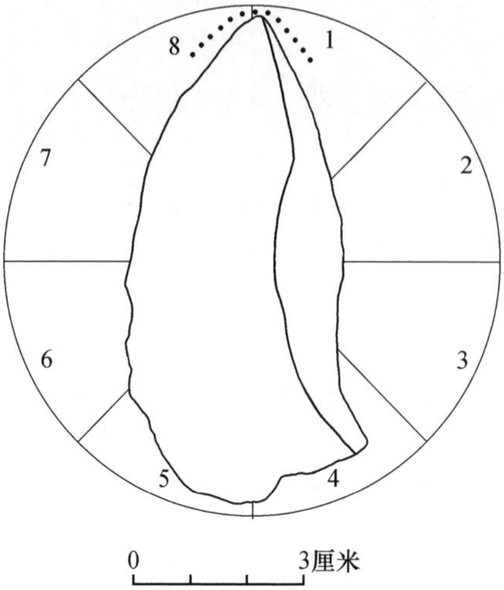

图3.145　雕刻器SYK5使用部位示意图

微痕观察：

使用前：两侧经压制修理，疤痕层叠连续，右侧向近端有两个长条形剥片，形成一凿子形刃口，为修边雕刻器，背面有砾石面。

100次：左侧观凿子形刃口处不规则的小尖峰被磨得圆钝，右侧观未见明显变化。

500次：左侧观刃口两边的尖峰被磨得圆钝，刃口变得平直，刃口边缘新崩裂多处连续的羽翼形疤痕，右侧观凿子形刃口左侧的尖峰被磨得圆钝，刃口边缘可见一处长条形的崩裂疤痕。

1000次：左侧观刃口的右部的小尖峰变得圆钝，刃口处的疤痕变大，右侧观凿子形刃口的右边崩裂一块长条形疤痕，刃口左缘的小尖峰被磨耗得圆钝。

2000次：左侧观凿子形刃口中间崩裂一块大的崩疤，该疤的形成致使刃口中间形成一个小的尖峰，刃口左侧的凹缺增大，右侧观刃口中间形成凹缺，该凹缺乃是由两次的崩疤形成，该刃现是左侧高、中间凹、右侧略高的形制。

# 四、小　结

通过实验中的观察结果，得到如下结论。

## （一）对坚硬物质的加工

实验对象中的最坚硬物质为骨骼。骨骼分为牛骨与猪骨两类。下面对不同的实验行为结果分别进行论述。

### 1. 切

在实验中使用到的石器为石片、石叶、细石叶、刮削器、尖状器五种，共计10件。

使用效率：使用效率大部分尚可或稍差，只有刮削器SYQ2的使用效率一直较低。使用过程中均表现为迅速变钝，这应与石器与坚硬物质表面接触后迅速形成大量疤痕有关。

微痕：石片、石叶与细石叶的刃部均为直刃，且微痕表现相类似：刃缘圆钝，腹面和背面多为连续的折断式疤痕，有的表现为羽翼式，刃缘呈锯齿状。两件刮削器均为凸刃，所以使用过程均集中在了凸刃的顶端，最后的结果表现为凸刃被磨平或圆钝，腹面和背面的使用疤痕呈层叠状。尖状器的尖刃部分则被磨圆钝甚至变平。

### 2. 刮

在实验中使用到的石器为石片、石叶、细石叶、刮削器四种，共计8件。

使用效率：除刮削器SYG7外，大部分石器在500～1000次时开始变钝并使用效率降低，在此之前，刃部都保持了较高的效率。

微痕：石片、石叶形成的疤痕较为类似（除了石片SYG5是凹刃外，其他三件均为直刃），刃缘圆钝，在刃缘侧的腹面或背面形成层叠状疤痕，凹凸不平[27]。两件细石叶为凹刃或近凹刃，表现为刃缘圆钝，刃缘腹侧或背侧具有不规则的羽翼式疤痕。两件刮削器均为凸刃，最后的使用结果为凸刃被磨平或圆钝，腹面或背面的疤痕呈层叠状。在本实验中，细石叶似乎不便于使用：一是使用时不称手，不舒适，虽经捆绑，但使用时还是有一种用不上力的感觉，当然不排除捆绑方式错误的因素；二是从整个过程来看，用细石叶刮骨似乎收效远不如其他器类。

3. 钻

在实验中使用到的石器为细石叶、尖状器、雕刻器三种，共计6件。

使用效率：细石叶在使用中被证明不适用；尖状器使用起来较为费力；雕刻器收效甚小，似乎也不太适宜使用。

微痕：细石叶不须论及。尖状器与雕刻器的微痕具有共性：刃缘顶端变圆钝，两侧端崩裂痕较多，整个刃部呈现一个不断“造尖”同时钝化尖顶部的过程（即原有的尖刃部被磨圆钝后，由于继续使用，使得刃部两侧端继续崩裂疤痕，从而又形成一个相对的尖刃，这一尖刃形成之初就较为圆钝，在使用的过程中还会继续磨圆钝，如是循环）。

4. 刻

在实验中使用到的石器1件，为雕刻器SYK5。

使用效率：约600次时变得圆钝，效率变低。

微痕：刃口持续被磨圆钝，并且刃部的一个侧面在使用过程中持续崩裂。

根据以上结论，黑曜岩石器对坚硬物质加工的石器微痕总结见表3.2。

**表3.2　黑曜岩石器对坚硬物质加工的石器微痕总结表**

<table>
<tr><th colspan="2"></th><th>切</th><th>刮</th><th>钻</th><th>刻</th></tr>
<tr><td rowspan="3">石片</td><td>凸</td><td></td><td></td><td></td><td></td></tr>
<tr><td>直</td><td>刃缘圆钝，腹面和背面多为连续的折断式疤痕，有的表现为羽翼式，刃缘呈锯齿状</td><td rowspan="2">刃缘圆钝，在刃缘侧的腹面或背面形成层叠状疤痕，凹凸不平</td><td></td><td></td></tr>
<tr><td>凹</td><td></td><td></td><td></td></tr>
</table>

续表

| | | 切 | 刮 | 钻 | 刻 |
|---|---|---|---|---|---|
| 石叶 | 凸 | | | | |
| | 直 | 刃缘圆钝，腹面和背面多为连续的折断式疤痕，有的表现为羽翼式，刃缘呈锯齿状 | 刃缘圆钝，在刃缘侧的腹面或背面形成层叠状状疤痕，凹凸不平 | | |
| | 凹 | | | | |
| 细石叶 | 凸 | | | | |
| | 直 | 刃缘圆钝，腹面和背面多为连续的折断式疤痕，有的表现为羽翼式，呈锯齿状 | | | |
| | 凹 | 刃缘圆钝，刃缘腹侧或背侧具有不规则的羽翼式疤痕 | | | |
| 刮削器 | 凸 | 刃被磨平或圆钝，腹面和背面的使用疤痕呈层叠状 | 刃被磨平或圆钝，腹面或背面的疤痕呈层叠状 | | |
| | 直 | | | | |
| | 凹 | | | | |
| 尖状器 | | 刃被磨圆钝甚至变平 | | 刃缘顶端变圆钝，两侧端崩裂痕较多，整个刃部呈现一个不断“造尖”同时钝化尖顶部的过程 | |
| 雕刻器 | | | | | 刃口持续被磨圆钝，并且刃部的一个侧面在使用过程中持续崩裂 |

## （二）对较硬物质的加工

实验对象中的较硬物质为干松木。下面对不同的实验行为结果分别进行论述。

1. 切

在实验中使用到的石器为石片、石叶、细石叶、刮削器、尖状器五种，共计11件。

使用效率：石片与石叶的使用效率相当，基本表现为很快从锋利变钝。细石叶使用效率较为一般。

微痕：石片、石叶与细石叶的刃部均为直刃，且微痕表现较为一致：刃缘圆钝，腹面和背面多为连续的折断式或羽翼式疤痕，刃缘略呈现“锯齿状”。两件刮削器一件为凸刃，一件为平直微凸，使用到最后凸刃被磨圆钝，二者的腹面和背面的使用疤痕形成的并不很多，应该是与二者较大的刃角度数有关。尖状器的微痕也相类似：尖刃部分则是被磨圆钝且出现一个小平面。

2. 刮

在实验中使用到的石器为石片、石叶、细石叶、刮削器四种，共计8件。

使用效率：除刮削器外，其他大部分石器在500～1000次后开始变钝且降低使用效率，两件刮削器的使用效率则一直不高。

微痕：两件凹刃石片形成的微痕表现为刃缘圆钝，刃缘侧的腹面或是背面形成连续的层叠状折断疤痕或羽翼式疤痕，刃缘呈现凹凸不平的现象。石叶与细石叶[28]均为近直刃，刃部的微痕与石片相类：刃缘圆钝，有凹凸不平的刃缘形成，腹面或背面布满层叠的折断式疤痕。两件刮削器均为凸刃刃缘，最后的使用结果为使用处的刃缘部分有明确的被磨圆钝的痕迹，但是疤痕产生不多，这似乎与刮削器刃角过大有关。在本实验中，笔者认为刮削器SYG3这种盘状刮削器不便于使用：手握持的感觉很不舒服。2000次后，拇、食二指感到疼痛。并且就刮干木这一行为来看，似乎没有收到很好的效果。

3. 钻

在实验中使用到的石器为细石叶、尖状器、雕刻器三种，共计6件。

使用效率：细石叶较为锋利，但是极易损坏，应该不适合钻这种行为。尖状器的效率相对较高，但是也较易变钝。雕刻器收效甚小，似乎并不太适宜使用。

微痕：细石叶就无须提及了。尖状器与雕刻器的微痕与钻骨骼得到的微痕近似：刃缘顶端变圆钝，两侧端崩裂痕较多，整个刃部呈现一个不断“造尖”同时钝化尖顶部的过程，只是程度上较钻骨骼稍轻。

4. 刻

在实验中使用到的石器为细石叶、尖状器、雕刻器三种，共计6件。

使用效率：效率均较高，大部分石器500～1000次使用后变钝，效率会有所下降。

微痕：细石叶与尖状器刃口均为尖刃，且使用后的痕迹相当：在使用过程中，尖刃部逐渐变圆钝并崩裂，在腹面和背面近刃部形成若干小崩疤，使用到后期，尖刃部会产生“偏移”，偏移的方向恰好与使用的方向相反，这种偏移其实并不是尖刃部真正的偏移，而是原有的尖刃在使用的过程中不断磨耗与崩裂，早已不复存在，现有的尖刃部正是在不断的磨耗与崩裂中被动形成的，且由于受力方向的影响，故会偏向一侧。雕刻器的微痕与刻骨骼的雕刻器微痕近似：凿子形刃口被磨圆钝，同时刃部的一个侧面崩裂出若干疤痕。

根据以上结论，黑曜岩石器对较硬物质加工的石器微痕总结见表3.3。

**表3.3　黑曜岩石器对较硬物质加工的石器微痕总结表**

| | | 切 | 刮 | 钻 | 刻 |
|---|---|---|---|---|---|
| 石片 | 凸 | | | | |
| | 直 | 刃缘圆钝，腹面和背面多为连续的折断式或羽翼式疤痕，刃缘略呈现“锯齿状” | | | |
| | 凹 | | 刃缘圆钝，刃缘侧的腹面或背面形成连续的层叠状折断疤痕或羽翼式疤痕，刃缘呈现凹凸不平的现象 | | |
| 石叶 | 凸 | | | | |
| | 直 | 刃缘圆钝，腹面和背面多为连续的折断式或羽翼式疤痕，刃缘略呈现“锯齿状” | 刃缘圆钝，有凹凸不平的刃缘形成，腹面或背面布满层叠的折断式疤痕 | | |
| | 凹 | | | | |
| 细石叶 | 凸 | | | | 刃缘圆钝，在使用过程中，尖刃部逐渐变圆钝并崩裂，在腹面和背面近刃部形成若干小崩疤，使用到后期，尖刃部会产生“偏移”，偏移的方向恰好与使用的方向相反 |

续表

| | | 切 | 刮 | 钻 | 刻 |
|---|---|---|---|---|---|
| 细石叶 | 直 | 刃缘圆钝，腹面和背面多为连续的折断式或羽翼式疤痕，刃缘略呈现“锯齿状” | 刃缘圆钝，有凹凸不平的刃缘形成，腹面或背面布满层叠的折断式疤痕 | | |
| | 凹 | | | | |
| 刮削器 | 凸 | 刃被磨圆钝，腹面和背面的使用疤痕并不很多（大刃角） | 刃缘部分有明确的被磨圆钝的痕迹，但是疤痕产生不多（大刃角） | | |
| | 直 | | | | |
| | 凹 | | | | |
| 尖状器 | | 刃被磨圆钝且出现一个小平面 | | 刃缘顶端变圆钝，两侧端崩裂痕较多，整个刃部呈现一个不断“造尖”同时钝化尖顶部的过程，只是程度上较钻骨骼稍轻 | 在使用过程中，尖刃部逐渐变圆钝并崩裂，在腹面和背面近刃部形成若干小崩疤，使用到后期，尖刃部会产生“偏移”，偏移的方向恰好与使用的方向相反 |
| 雕刻器 | | | | | 凿子形刃口被磨圆钝，同时刃部的一个侧面崩裂出若干疤痕 |

## （三）对较软物质的加工

实验对象中的较软物质为新鲜杨树枝干。下面对不同的实验行为结果分别进行论述。

1. 切

在实验中使用到的石器为石片、石叶、细石叶、刮削器、尖状器五种，共计11件。

使用效率：石片、石叶、细石叶、刮削器四类的使用效率取决于刃角，刃角大于45度的石器效率明显不如刃角小于45度的石器。尖状器的使用效率均较其他为佳。

微痕：石片和石叶的刃部均为直刃，且微痕表现较为一致：刃缘圆钝，刃缘的腹面和背面在实验结束后形成了一些不连续的羽翼式疤痕，有个别的折断式疤痕。石片SYQ4由于节理比较发育，所以其结果不作为总结共性的依据。细石叶也均为直刃，刃缘圆钝，在刃缘的背侧面与腹侧面，微痕为较为连续的羽翼式或折断式疤痕。刮削器SYQ5为凸刃，微痕观察结果为整个刃缘均变得圆钝，刃部最凸出部分被磨得较平，背面和腹面偶见层叠式崩疤。另一石器刮削器SYQ6刃部为直刃，刃部整体被磨耗得较为圆钝，偶有单个或不连续的小疤。尖状器中的尖状器SYQ9由于使用中途尖刃崩断，故不参与讨论。其他两件尖状器的微痕共同表现为尖部被磨圆钝。

2. 刮

在实验中使用到的石器分为石片、石叶、细石叶和刮削器四种，共计8件。

使用效率：石片使用效果好，但是很快就会变钝。而石叶与细石叶则效率非常高，一直到使用结束仍保持着较锋利的刃口。刮削器的使用效率较差。

微痕：石片SYG1的刃缘为凹形，在凹形刃口的背面最中侧，形成了两个层叠式的疤痕，偶有若干羽翼式及折断式微疤出现在背侧刃缘上。石片SYG4的刃部为凸刃，凸刃部顶端最后被磨得较为圆钝，在刃缘上散布着若干各式崩疤。两个刃缘都为直刃的石叶的微痕：刃缘变圆钝，腹面或背面上零星分布着羽翼式或折断式的疤痕。细石叶SYG7的刃缘微凹，微痕为：刃缘圆钝，在刃缘背面有零星折断式与羽翼式疤痕。细石叶SYG8的刃缘平直，微痕：刃缘磨得较为圆钝，背面分布连续的羽翼式疤痕。刮削器SYG1的刃部为凹刃，微痕：刃缘部被磨圆钝，腹面有层叠或羽翼式的疤痕。刮削器SYG2的刃部为凸刃，微痕：刃缘接触实验物体部被磨圆钝。而且这种小型凸刃刮削器在使用过程中不但使手指非常疲累，而且也得不到理想的效果，应该不适宜进行这种行为。

3. 钻

在实验中使用到的石器为细石叶、尖状器、雕刻器三种，共计6件。

使用效率：细石叶在使用时表现得异常脆弱，尖刃部磨耗严重，两件细石叶都没能完成2000次实验次数，应不适宜用于钻新鲜木。尖状器的使用效率较高。雕刻器的使用效率则一般。

微痕：细石叶的微痕无须探讨。尖状器的尖刃变钝，尖刃两侧有若干崩疤，“造尖”过程仍继续，只是程度较钻干木降低很多。雕刻器的凿子形刃口变圆钝，且分布零星疤痕，且刃部的两侧端从垂直磨耗至近弧形。

4. 刻

在实验中使用到的石器为细石叶、尖状器、雕刻器三种，共计7件。

使用效率：总体说来，效率均较高，细石叶与尖状器使用过程中很快变钝，雕刻器则持续使用性较好。

微痕：细石叶与尖状器刃口均为尖刃，且使用后的微痕相近：在使用过程中，尖刃部逐渐变圆钝并崩裂，在腹面和背面近刃部形成若干小崩疤，使用到后期，尖刃部会产生较轻微的"偏移"，偏移的方向恰好与使用的方向相反。雕刻器的微痕：凿子形刃口被磨圆钝，同时刃部的一个侧面崩裂零星疤痕，形状为折断式或羽翼式。

根据以上结论，黑曜岩石器对较软物质加工的石器微痕总结见表3.4。

## （四）对软物质的加工

实验对象中的软物质为干牛皮。下面对不同的实验行为结果分别进行论述。

1. 切

在实验中使用到的石器为石片、石叶、细石叶、刮削器、尖状器五种，共计10件。

使用效率：各石器的使用效率通常一般，使用的持续性尚可。

微痕：石片、石叶与细石叶的刃部均为直刃，且微痕表现较为一致：使用中在腹面及背面形成的疤痕极少，刃缘逐渐变得圆钝。刮削器SYQ7为直刃，微痕观察结果与石片等相近。刮削器SYQ10为凸刃，使用到最后刃缘被磨圆钝，腹面和背面的疤痕只出现寥寥数个。尖状器的微痕结果是尖刃刃缘部分被磨平变钝，整个刃部变得光滑。

2. 钻

在实验中使用到的石器为细石叶、尖状器、雕刻器三种，共计6件。

使用效率：细石叶极易损坏，应该不适合钻干牛皮这种行为。尖状器的效率较高，使用500次左右逐渐变钝。雕刻器效率甚低，应不适合使用于钻干牛皮。

微痕：细石叶就无须提及了。尖状器的微痕为：尖刃部顶端变圆钝，刃部范围变小，刃部两侧也崩裂微疤。雕刻器的微痕特点是：凿子形刃口在使用后逐渐变得圆钝，且整个刃口趋近于弧状。

根据以上结论，黑曜岩石器对软物质加工的石器微痕总结见表3.5。

**表3.4　黑曜岩石器对较软物质加工的石器微痕总结表**

| | | 切 | 刮 | 钻 | 刻 |
|---|---|---|---|---|---|
| 石片 | 凸 | | 刃部顶端最后被磨得较为圆钝，在刃缘上散布着若干各式崩疤 | | |
| | 直 | 刃缘圆钝，刃缘的腹面和背面形成一些不连续的羽翼式疤痕，有个别的折断式疤痕 | | | |
| | 凹 | | 刃口的背侧或腹侧的中部，形成层叠式的疤痕，偶有若干羽翼式及折断式微疤出现在背侧或腹侧刃缘上 | | |
| 石叶 | 凸 | | | | |
| | 直 | 刃缘圆钝，刃缘的腹面和背面形成一些不连续的羽翼式疤痕，有个别的折断式疤痕 | 刃缘变圆钝，腹面或背面上零星分布着羽翼式或折断式的疤痕 | | |
| | 凹 | | | | |
| 细石叶 | 凸 | | | | 在使用过程中，尖刃部逐渐变圆钝并崩裂，在腹面和背面近刃部形成若干小崩疤，使用到后期，尖刃部会产生较轻微的“偏移”，偏移方向与使用方向相反 |
| | 直 | 刃缘圆钝，腹面与背面形成较为连续的羽翼式或折断式疤痕 | 刃缘磨得较为圆钝，背面分布连续的羽翼式疤痕 | | |
| | 凹 | | 刃缘圆钝，刃缘背面有零星折断式与羽翼式疤痕 | | |

续表

| | | 切 | 刮 | 钻 | 刻 |
|---|---|---|---|---|---|
| 刮削器 | 凸 | 整个刃缘均变得圆钝，刃部最凸出部分被磨得较平，背面和腹面偶见层叠式崩疤 | 刃缘接触实验物体部被磨圆钝 | | |
| | 直 | 刃部整体被磨耗得较为圆钝，偶有单个或不连续的小疤 | | | |
| | 凹 | | 刃缘部被磨圆钝，腹面或背面有层叠或羽翼式的疤痕 | | |
| 尖状器 | | 尖部被磨圆钝 | | 尖刃变钝，尖刃两侧有若干崩疤，“造尖”过程仍继续，只是程度较钻干木降低很多 | 在使用过程中，尖刃部逐渐变圆钝并崩裂，在腹面和背面近刃部形成若干小崩疤，使用到后期，尖刃部会产生较轻微的“偏移”，偏移方向与使用方向相反 |
| 雕刻器 | | | | 凿子形刃口变圆钝，且分布零星疤痕，且刃部的两侧端从垂直磨耗至近弧形 | 凿子形刃口被磨圆钝，同时刃部的一个侧面崩裂零星疤痕，形状为折断式或羽翼式 |

**表3.5　黑曜岩石器对软物质加工的石器微痕总结表**

| | | 切 | 刮 | 钻 | 刻 |
|---|---|---|---|---|---|
| 石片 | 凸 | | | | |
| | 直 | 腹面及背面形成的疤痕极少，刃缘逐渐变得圆钝 | | | |
| | 凹 | | | | |
| 石叶 | 凸 | | | | |
| | 直 | 腹面及背面形成的疤痕极少，刃缘逐渐变得圆钝 | | | |
| | 凹 | | | | |
| 细石叶 | 凸 | | | | |
| | 直 | 腹面及背面形成的疤痕极少，刃缘逐渐变得圆钝 | | | |
| | 凹 | | | | |
| 刮削器 | 凸 | 使用到最后刃缘被磨圆钝，腹面和背面的疤痕只出现寥寥数个 | | | |
| | 直 | 腹面及背面形成的疤痕极少，刃缘逐渐变得圆钝 | | | |
| | 凹 | | | | |
| 尖状器 | | 刃缘部分被磨平变钝，整个刃部变得光滑 | | 尖刃部顶端变圆钝，刃部范围变小，刃部两侧也崩裂微疤 | |
| 雕刻器 | | | | 凿子形刃口在使用后逐渐变得圆钝，且整个刃口趋近于弧状 | |

## （五）对很软物质的加工

实验对象中的很软物质为新鲜猪皮。下面对不同的实验行为结果分别进行论述。

1. 切

在实验中使用到的石器为石片、石叶、细石叶、刮削器、尖状器五种，共计10件。

使用效率：使用效率都较为理想，有些石器直到使用结束后还锋利依旧。

微痕：石片、石叶和细石叶的刃部均为直刃或近直刃，且微痕比较相近：刃缘在实验结束后变得圆钝，刃部的腹面和背面形成了零星的羽翼式疤痕，有个别的折断式疤痕。刮削器均为凸刃，微痕为：刃缘使用端被磨得略圆钝，刃部的腹面和背面形成了零星的羽翼式疤痕或折断式疤痕。尖状器均为尖刃，其微痕表现为：尖部被磨略圆钝，残留的尖部稍偏向运动方向的相反方向。

2. 刮

在实验中使用到的石器分为石片、石叶、细石叶和刮削器四种，共计8件。

使用效率：除细石叶SYG2和刮削器SYG10外，石器的使用效率均较高，虽然在一定的使用次数后效率会下降，但是使用到最后仍不失锋利。

微痕：石片、石叶、细石叶的刃缘多近平直，在微痕上也近似：刃缘部呈现圆钝化，在刃部的腹面或背面上零星散布着折断式或羽翼式的微疤，这一结果与刮较软物质新鲜杨树枝干的结果近似，只是在程度上略轻。刮削器均为直刃，微痕为：刃缘接触实验物体部被磨圆钝，而且在刃部的腹面或背面上零星散布着折断式或羽翼式的微疤。

根据以上结论，黑曜岩石器对很软物质加工的石器微痕总结见表3.6。

**表3.6　黑曜岩石器对很软物质加工的石器微痕总结表**

| | | 切 | 刮 | 钻 | 刻 |
|---|---|---|---|---|---|
| 石片 | 凸 | | | | |
| | 直 | 刃缘在实验结束后变得圆钝，刃部的腹面和背面形成了零星的羽翼式疤痕，有个别的折断式疤痕 | 刃缘部呈现圆钝化，在刃部的腹面或背面上零星散布着折断式或羽翼式的微疤，这一结果与刮较软物质新鲜杨树枝干的结果近似，只是在程度上略轻 | | |
| | 凹 | | | | |
| 石叶 | 凸 | | | | |
| | 直 | 刃缘在实验结束后变得圆钝，刃部的腹面和背面形成了零星的羽翼式疤痕，有个别的折断式疤痕 | 刃缘部呈现圆钝化，在刃部的腹面或背面上零星散布着折断式或羽翼式的微疤，这一结果与刮较软物质新鲜杨树枝干的结果近似，只是在程度上略轻 | | |
| | 凹 | | | | |
| 细石叶 | 凸 | | | | |
| | 直 | 刃缘在实验结束后变得圆钝，刃部的腹面和背面形成了零星的羽翼式疤痕，有个别的折断式疤痕 | 刃缘部呈现圆钝化，在刃部的腹面或背面上零星散布着折断式或羽翼式的微疤，这一结果与刮较软物质新鲜杨树枝干的结果近似，只是在程度上略轻 | | |
| | 凹 | | | | |

续表

| | | 切 | 刮 | 钻 | 刻 |
|---|---|---|---|---|---|
| 刮削器 | 凸 | 刃缘使用端被磨得略圆钝，刃部的腹面和背面形成了零星的羽翼式疤痕或折断式疤痕 | | | |
| | 直 | | 刃缘接触实验物体部被磨圆钝，而且在刃部的腹面或背面上零星散布着折断式或羽翼式的微疤 | | |
| | 凹 | | | | |
| 尖状器 | | 尖部被磨略圆钝，残留的尖部稍偏向运动方向的相反方向 | | | |
| 雕刻器 | | | | | |

## （六）对极软物质的加工

实验对象中的极软物质为新鲜猪肉。对新鲜猪肉所做的实验行为只有“切”一项。

在实验中使用到的石器为石片、石叶、细石叶、刮削器、尖状器五种，共计10件。

使用效率：石片、石叶、细石叶、刮削器使用效率都较为理想，持续性强。尖状器的效率不是很高。

微痕：石片的刃部均为直刃或近直刃，且微痕比较相近：刃缘在实验结束后变圆钝，刃部的腹面和背面形成了零星的羽翼式疤痕，有个别的折断式疤痕。疤痕均很微小。石叶与细石叶的刃部也均为直刃或近直刃，且微痕比较相近：刃缘在实验结束后变圆钝，刃部的腹面和背面很少形成疤痕。刮削器的刃部均为直刃，微痕为：刃缘在实验结束后变圆钝，刃部的腹面和背面形成很少的微小疤痕。尖状器的微痕为：尖刃部的顶端尖部被磨圆钝，尖刃部两侧被磨得圆滑。

根据以上结论，黑曜岩石器对极软物质加工的石器微痕总结见表3.7。

**表3.7　黑曜岩石器对极软物质加工的石器微痕总结表**

| | | 切 | 刮 | 钻 | 刻 |
|---|---|---|---|---|---|
| 石片 | 凸 | | | | |
| | 直 | 刃缘变圆钝，刃部的腹面和背面形成了零星的羽翼式疤痕，有个别的折断式疤痕，疤痕均很微小 | | | |

续表

| | | 切 | 刮 | 钻 | 刻 |
|---|---|---|---|---|---|
| 石片 | 凹 | | | | |
| | 凸 | | | | |
| 石叶 | 直 | 刃缘变圆钝，刃部的腹面和背面很少形成疤痕 | | | |
| | 凹 | | | | |
| | 凸 | | | | |
| 细石叶 | 直 | 刃缘变圆钝，刃部的腹面和背面很少形成疤痕 | | | |
| | 凹 | | | | |
| | 凸 | | | | |
| 刮削器 | 直 | 刃缘变圆钝，刃部的腹面和背面形成很少的微小疤痕 | | | |
| | 凹 | | | | |
| 尖状器 | | 尖刃部的顶端尖部被磨圆钝，尖刃部两侧被磨得圆滑 | | | |
| 雕刻器 | | | | | |

### （七）对最软物质的加工

实验对象中的最软物质为新鲜大白菜。对新鲜大白菜所做的实验行为只有“切”一项。

在实验中使用到的石器为石片、石叶、细石叶、刮削器、尖状器五种，共计10件。

使用效率：使用效率大部分较为理想。

微痕：石片的刃部疤痕较多且明显，这是由于在切的操作中石片过多接触了大白菜下的木制砧板所致，故此结果不参与讨论。石叶与细石叶的刃部也均为直刃或近直刃，且微痕切新鲜猪肉的结果比较相近：刃缘在实验结束后变圆钝，刃部的腹面和背面形成很少的微型疤痕。刮削器SYQ3的刃部为直刃，微痕：刃缘在实验结束后变圆钝，刃部的腹面和背面形成零星的微小疤痕。刮削器SYQ9的刃部为凸刃，微痕：刃部凸出部位被磨耗得圆钝，刃部的腹面和背面形成零星的微小疤痕。尖状器均为尖刃，其微痕：尖刃部的顶端尖部被略微磨圆，尖刃部两侧有零星微型疤痕。

根据以上结论，黑曜岩石器对最软物质加工的石器微痕总结见表3.8。

**表3.8　黑曜岩石器对最软物质加工的石器微痕总结表**

| | | 切 | 刮 | 钻 | 刻 |
|---|---|---|---|---|---|
| 石片 | 凸 | | | | |
| | 直 | | | | |
| | 凹 | | | | |
| 石叶 | 凸 | | | | |
| | 直 | 刃缘变圆钝，刃部的腹面和背面形成很少的微型疤痕 | | | |
| | 凹 | | | | |
| 细石叶 | 凸 | | | | |
| | 直 | 刃缘变圆钝，刃部的腹面和背面形成很少的微型疤痕 | | | |
| | 凹 | | | | |
| 刮削器 | 凸 | 刃部凸出部位被磨耗得圆钝，刃部的腹面和背面形成零星的微小疤痕 | | | |
| | 直 | 刃缘变圆钝，刃部的腹面和背面形成零星的微小疤痕 | | | |
| | 凹 | | | | |
| 尖状器 | | 尖刃部的顶端尖部被略微磨圆，尖刃部两侧有零星微型疤痕 | | | |
| 雕刻器 | | | | | |

# 五、盲　测

为了考察和了解笔者能够多大程度地判定黑曜岩石器的使用行为，尽管黑曜岩原料非常有限，还是预留了若干原料以作盲测之用。微痕中的盲测就是将已知使用行为和方式的石器给被测者分析微痕并让其对石器的使用行为进行推断，然后评测者对其结果进行判定的一项测试，这是检验被测人微痕分析水平和可信度的重要依据。

2009年3月，陈全家教授在笔者毫不知情的情况下制作了5件黑曜岩石器[29]并按照本书中定义的运动方式选择同样的实验对象进行了实验。然后交给笔者，希望能够做出对使用的刃口位置、实验行为、加工对象的判定。

结果，对于5件黑曜岩石器的7个使用了的刃部的使用行为，全部判定正确，准确率达100%；对于实验行为的判定在7项中有5项是正确的，准确率为71.4%，对于加工对象的判定也是在7项中有5项正确，准确率为71.4%（附录二）。判定行为中的2处错误均是将“刮”行为判定成了“切”，造成错误的原因是陈全家教授对每个石器使用的次数较少（500次左右），对石器的刃部没有造成典型痕迹。基于同样的原因，又导致了加工对象的判定错误。

总之，按照目前的盲测结果，应该还是可以证明，通过对于黑曜岩石器微痕的分析是可以有效判定黑曜岩石器的使用行为与加工对象的。

## 注　释

[1] 该表参考《石器微痕分析的考古学实验研究》一书中的石器微痕实验表制成。

[2] 实验过程中，视需要使用超声波清洗机对标本进行清洗。

[3] 实验相关要素的叙说顺序大致按照石器微痕实验记录表涉及的先后顺序。

[4] 当然这还是猜测，如果有足够的原料，我们理应通过实证来证明这种行为的不可行。

[5] 囿于实验条件，我们无法进行绝对理想状态下的比较，但是这不妨碍我们进行一种公认的推断：一个体重100千克的成年男性应该与一个体重40千克的老年女性在做同种使用实验的结果不同。如果有可能，我们应进行各种条件下的实验以获得完备数据。

[6] 这一总时间仅指全部的使用操作时间，亦包括短暂的缓解疲劳时间，不包括观察记录与拍照等时间。

[7] 标准2.0X消色差物镜直接装配于标准1.0X消色差物镜之上使用。

[8] 文中实验的叙述顺序为实际实验中的先后顺序。

[9] 由于该石叶把握段过于锋利，故略加修理，减小受伤风险，以后有类似情况不再另加说明。

[10] 因该细石叶于使用中途折断导致无法测量刃角。

[11] 此时该细石叶已经无法继续使用。

[12] 由于刃部在1630次时完全断裂，所以无法观察1630次时的微痕。

[13] 雕刻器SYK4与雕刻器SYK3系为同一件雕刻器的两个不同刃口的分别编号。

[14] 缺失500次时的使用记录。

[15] 使用到本次时刃部折断，但是仍可继续使用，故作以描述。

[16] 使用到本次时刃部折断，但是仍可继续使用，故作以描述。

[17] 使用到本次时刃部折断，但是仍可继续使用，故作以描述。

[18] 使用到本次时刃部折断已无法继续使用。

[19] 雕刻器SYK3与雕刻器SYK4系为同一件雕刻器的两个不同刃口的分别编号。

[20] 该细石叶使用500次的观察记录缺失。

[21] 1000次后石叶被不慎摔断。

[22] 断裂后再经重新捆绑。

[23] 刃角由于刃部断裂而无法测量。

[24] 尖状器SYZ5与尖状器SYZ6为同一件尖状器的两个不同刃部的分别编号。

［25］ 尖状器SYZ6与尖状器SYZ5为同一件尖状器的两个不同刃部的分别编号。

［26］ 笔者将这种在钻行为中，原有的尖刃部虽不断磨损，但随着尖刃两侧不断崩裂，又会形成新的尖部的过程称为“造尖”。

［27］ 石片SYG5的凹形刃缘弧度较大，所以在刮运动中和骨骼接触的范围与其他直刃器物相类似，故形成的疤痕也类似。

［28］ 细石叶SYG3在1378次时崩断，仅可从残存的刃部观察。

［29］ 为原料数量所困，5件石器已经是所能达到的最大数量。

# 第四章　考古标本的微痕观察与分析

通过比较与筛选，特挑选了近年来在吉林省东部发现的7处以黑曜岩为主要原料的旧石器遗址的55件黑曜岩石器进行典型考古标本的微痕观察与分析（表4.1）。

**表4.1　考古标本一览表**

| 遗址名称 | 石器类型 | 编号 |
|---|---|---|
| 抚松西山 | 石片 | 2002FXPF1：2 |
| 抚松西山 | 细石叶 | 2002FXPF1：16 |
| 和龙柳洞 | 石叶 | HLP.0232 |
| 和龙柳洞 | 细石叶 | HLP.04040 |
| 和龙柳洞 | 刮削器 | HLP.04008 |
| 珲春北山 | 石片 | HBP0214 |
| 珲春北山 | 石片 | HBP0219 |
| 珲春北山 | 石叶 | HBP0221 |
| 珲春北山 | 细石叶 | HBP0229 |
| 珲春北山 | 刮削器 | HBP0205 |
| 珲春北山 | 刮削器 | HBP0212 |
| 和龙石人沟 | 石片 | 2005SRGB.T5250③：001 |
| 和龙石人沟 | 石叶 | 2004HSP③：04 |
| 和龙石人沟 | 石叶 | 2005SRGD.T5053②：001 |
| 和龙石人沟 | 石叶 | 2004HSP.C③：02 |
| 和龙石人沟 | 石叶 | 2004HSP：02 |
| 和龙石人沟 | 石叶 | 2005SRGB.T5251③：006 |
| 和龙石人沟 | 石叶 | 2005SRGB.T5350③：032 |
| 和龙石人沟 | 石叶 | 2005SRGC：01 |
| 和龙石人沟 | 石叶 | 2005SRGC：16 |
| 和龙石人沟 | 石叶 | 2005SRGD.T5150②：007 |
| 和龙石人沟 | 石叶 | 2005SRGD.T5251③：007 |

续表

| 遗址名称 | 石器类型 | 编号 |
|---|---|---|
| 和龙石人沟 | 石叶 | 2005SRGD.T5352③：010 |
| 和龙石人沟 | 细石叶 | 2004HSP.C③：05 |
| 和龙石人沟 | 细石叶 | 2005SRGB.T3334②：25 |
| 和龙石人沟 | 细石叶 | 2005SRGB.T5052②：002 |
| 和龙石人沟 | 细石叶 | 2005SRGC：04 |
| 和龙石人沟 | 细石叶 | 2005SRGC：06 |
| 和龙石人沟 | 细石叶 | 2005SRGD.T5251③：008 |
| 和龙石人沟 | 细石叶 | 2004HSP.C③：01 |
| 和龙石人沟 | 刮削器 | 2005SRGB.T5152③：002 |
| 和龙石人沟 | 刮削器 | 2005SRGD.T5152③：017 |
| 和龙石人沟 | 刮削器 | 2005SRGD.T5351②：001 |
| 和龙青头 | 石片 | 2006HQ.C：53 |
| 和龙青头 | 石叶 | 2006HQ.C：49 |
| 和龙青头 | 刮削器 | 2006HQ.C：27 |
| 和龙青头 | 刮削器 | 2006HQ.C：4 |
| 和龙青头 | 尖状器 | 2006HQ.C：19 |
| 安图沙金沟 | 石片 | 2006ASC：1 |
| 安图沙金沟 | 石片 | 2006ASC：4 |
| 安图沙金沟 | 石片 | 2006ASC：63 |
| 安图沙金沟 | 细石叶 | 2006ASC：76 |
| 安图沙金沟 | 刮削器 | 2006ASC：2 |
| 安图沙金沟 | 尖状器 | 2006ASC：3 |
| 安图沙金沟 | 尖状器 | 2006ASC：5 |
| 和龙大洞 | 石片 | 2007DDC：396 |
| 和龙大洞 | 石叶 | 2007DDC：591 |
| 和龙大洞 | 细石叶 | 2007DDC：1828 |
| 和龙大洞 | 刮削器 | 2007DDC：1168 |
| 和龙大洞 | 刮削器 | 2007DDC：3501 |
| 和龙大洞 | 刮削器 | 2007DDC：864 |
| 和龙大洞 | 尖状器 | 2007DDC：927 |
| 和龙大洞 | 雕刻器 | 2007DDC：1989 |

续表

| 遗址名称 | 石器类型 | 编号 |
|---|---|---|
| 和龙大洞 | 雕刻器 | 2007DDC：707 |
| 和龙大洞 | 雕刻器 | 2007DDC：890 |

## 一、抚松新屯子西山旧石器遗址考古标本的微痕分析

抚松新屯子西山旧石器遗址发现以黑曜岩为原料打制的小型石器和碎片，共32件。在其周围没有发现其他黑曜岩原料[1]。

本书选取了该遗址的1件石片与1件细石叶为微痕观察分析的考古标本。

2002FXPF1：2，石片，长33.28毫米，宽29.73毫米，厚5.91毫米，重3.97克。使用部位1处，为凹刃，在石片右侧，为P.C.3（图4.1），刃角为18度20分。此凹刃微痕为：刃缘圆钝，背侧有断续的层叠式或折断式疤痕，凹凸显著。推测应该是“刮”行为，使用于干木类较硬物质（图版五）。

2002FXPF1：16，细石叶，长17.72毫米，宽5.82毫米，厚2.6毫米，重0.25克。使用部位2处，均为直刃，在细石叶两侧，为P.C.2-4与P.C.5-7（图4.2），刃角为47度50分和49度52分。此二刃微痕为：刃缘圆钝，背面与腹面有极细小的疤痕，断续分布于整个刃缘部。右侧磨耗略高于左侧。推测应该是“切”行为，使用于鲜肉类极软物质。另外，在P.C.1与P.C. 8处各发现1处较大疤痕，较为对称，似乎可认为是该细石叶的捆绑痕迹（图版一八）。

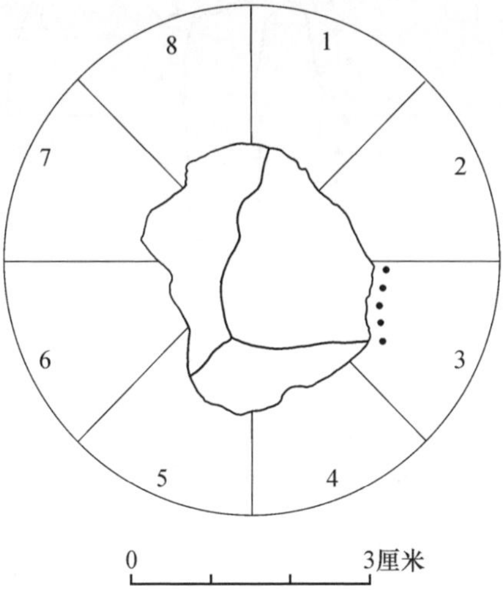


图 4.1　2002FXPF1：2 使用部位示意图

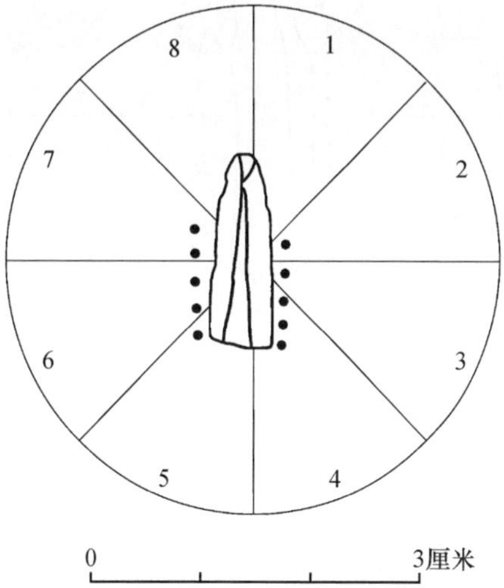


图 4.2　2002FXPF1：16 使用部位示意图

## 二、和龙柳洞旧石器地点考古标本的微痕分析

和龙柳洞旧石器地点发现石器142件，包括石核、石片[2]、石叶和工具（石砧、使用石片、刮削器、砍砸器、雕刻器、尖状器和琢背小刀）；原料以黑曜岩为主，占93.66%[3]。

本书选取了该地点的1件石叶、1件细石叶和1件刮削器作为微痕观察分析的考古标本。

HLP.0232，石叶，长35.88毫米，宽13.62毫米，厚7.3毫米，重3.47克。使用部位2处，均为直刃，为石叶两侧边，为P.C.1-4与P.C.5-8（图4.3），刃角为49度40分和69度50分。微痕均为：刃缘圆钝，腹侧和背侧有零星的羽翼式或折断式疤痕。其中右缘的磨耗程度高于左缘。推测应该是“切”行为，使用于鲜木类较软物质。在P.C.1与P.C.8处观察到有明显的较大疤痕，应是捆绑痕迹（图版一八）。

HLP.04040，细石叶，长20.65毫米，宽11.25毫米，厚2.99毫米，重0.65克。使用部位2处，均为直刃，为细石叶两侧边，为P.C.1-4与P.C.5-8（图4.4），刃角为19度20分和25度30分。微痕均为：刃缘圆钝，腹侧和背侧

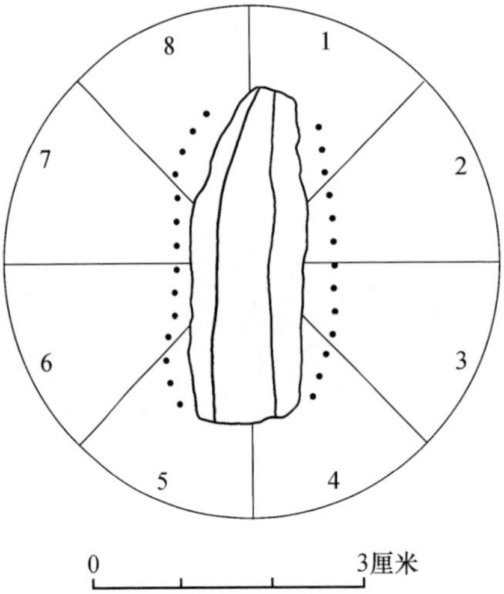


图 4.3　HLP.0232 使用部位示意图

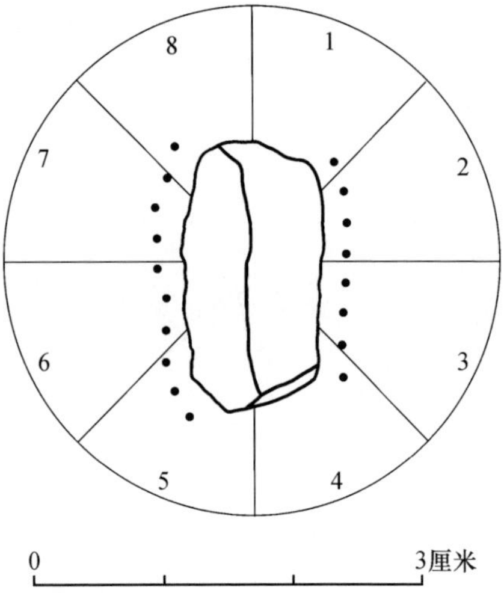


图 4.4　HLP.04040 使用部位示意图

有稍连续的羽翼式或折断式疤痕。推测应该是“切”行为，使用于鲜木类较软物质（图版八）。

HLP.04008，刮削器，长37.76毫米，宽29.62毫米，厚8.63毫米，重11.16克。使用部位1处，为凸刃，为石器圆头处，为P.C.8-1（图4.5），刃角为73度10分。微痕为：圆头顶端圆钝，石器背侧与腹侧表现刃缘背侧有零星的层叠式疤痕。推测应该是“刮”行为，使用于干木类较硬物质。P.C.3与P.C.6处均有一个较大的圆弧式疤痕，较为对称，颇似捆绑痕迹（图版一八）。

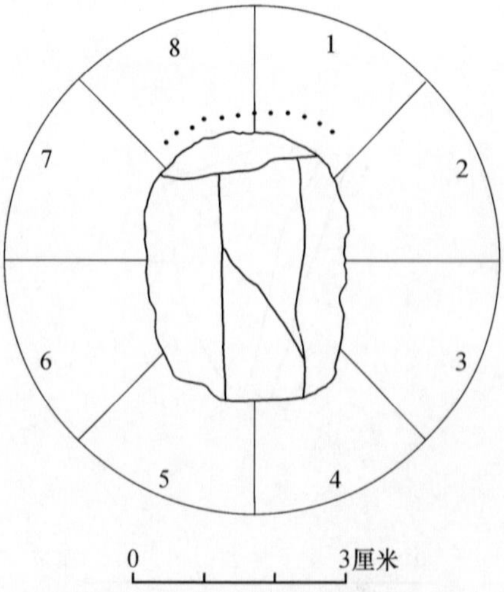

图 4.5　HLP.04008 使用部位示意图

## 三、珲春北山旧石器地点考古标本的微痕分析

珲春北山旧石器地点发现石器共52件，包括砸击石核、锤击石片、石叶和工具（使用石片、刮削器、尖状器和矛形器）；原料以黑曜岩为主，占86.5%[4]。

本书选取了本地点的2件石片，1件石叶，1件细石叶与2件刮削器作为微痕观察分析的考古标本。

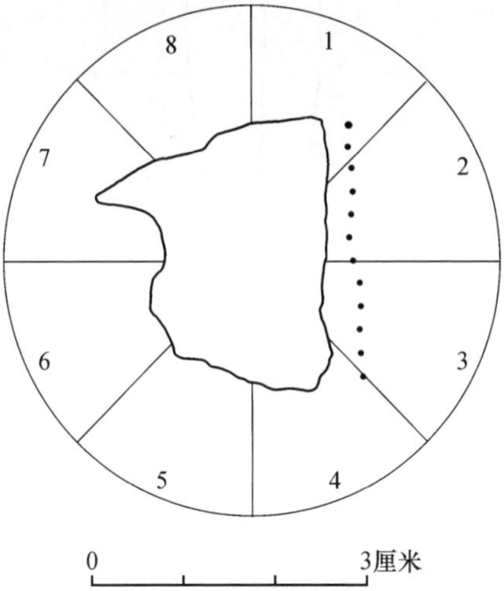

图 4.6　HBP0214 使用部位示意图

HBP0214，石片，长29.43毫米，宽26.31毫米，厚3.43毫米，重1.83克。使用部位1处，为直刃，为石片右侧，为P.C.1-4（图4.6），刃角为27度20分。微痕为：刃缘圆钝，刃缘腹侧和背侧有零星的细小折断式疤痕。推测应该是“切”行为，使用于鲜肉类极软物质（图版九）。

HBP0219，石片，长23.51毫米，宽17.12毫米，厚2.77毫米，重0.75克。使用部位1处，直刃，为石片左侧，P.C.5-7（图4.7），刃角为23度44分。微痕为：刃缘圆钝，刃缘腹侧和背侧有稍连续的折断式疤痕，略呈锯齿状。推测应该是“切”行为，使用于干木类较硬物质。

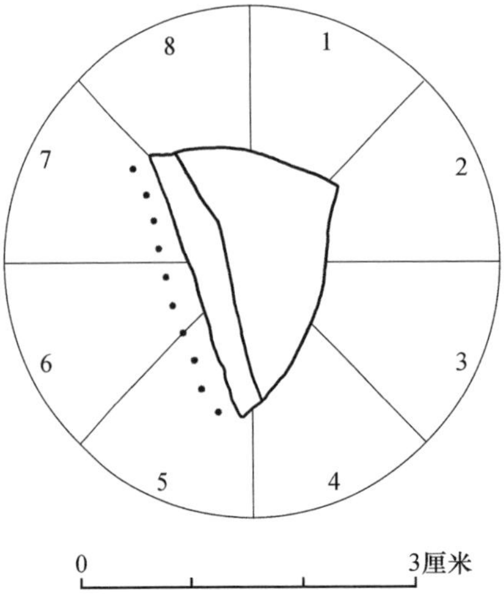


图 4.7　HBP0219 使用部位示意图

HBP0221，石叶，长27.31毫米，宽24.8毫米，厚4.09毫米，重3.13克。使用部位1处，直刃，为石叶右侧，为P.C.2-4（图4.8），刃角为34度30分。微痕为：刃缘稍显圆钝，刃缘背侧有若干羽翼式疤痕，偶见折断式。推测应该是“刮”行为，使用于新鲜肉皮类很软物质。此刃部应是使用初期（图版九）。P.C.5-6有若干较大的疤痕，推测应是手握持后留下的痕迹（图版一九）。

HBP0229，细石叶，长18.88毫米，宽11.07毫米，厚3.49毫米，重0.67克。使用部位2处，均为直刃，为细石叶两侧，为P.C.5-7 与P.C.1-4（图4.9），刃角为25度30分和28度。微痕均为：刃缘圆钝，刃缘腹侧和背侧有不连续的微小折断式疤痕。推测应该是“切”行为，使用于鲜肉类极软物质。腹面中间近段有2处疤痕，疑为捆绑痕。

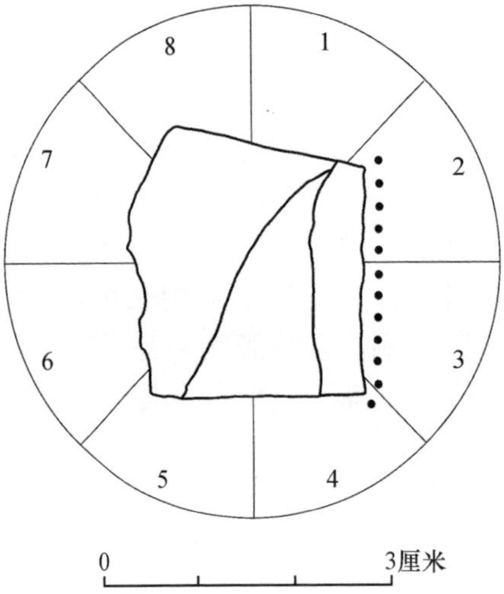


图 4.8　HBP0221 使用部位示意图

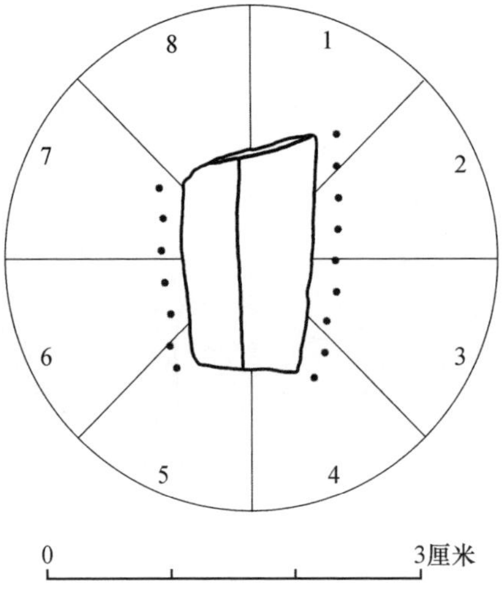


图 4.9　HBP0229 使用部位示意图

HBP0205，刮削器，长45.75毫米，宽22.89毫米，厚5.4毫米，重6.56克。这件刮削器系为对石叶的两侧进行修整得到的双直刃刮削器。使用部位2处，为2个修理的直刃部分，为P.C.2-4与P.C.5-8（图4.10），刃角为54度30分和28度04分。

微痕为：左刃缘不甚圆钝，修理的疤痕布满整个刃缘的背侧面，其上分布极少的微小折断式或羽翼式疤痕。右刃缘圆钝，修理的疤痕布满大部分刃缘的背侧面，其上分布若干微小折断式或羽翼式疤痕。推测应该均是“刮”行为，使用于新鲜肉皮类很软物质。右刃的使用强度较高，左刃应该是刚刚开始使用。

HBP0212，刮削器，长18.27毫米，宽32.94毫米，厚5.89毫米，重3.43克。使用部位1处，为一个修理的凸刃，为P.C.7-2（图4.11），刃角为35度10分。微痕为：刃缘较圆钝，刃缘两侧均经修理，背侧面上分布零星的微小羽翼式疤痕。推测应该是“刮”行为，使用于新鲜肉皮类很软物质。

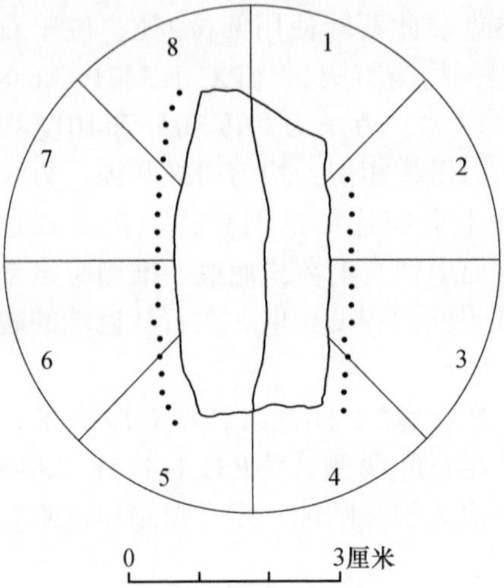


图 4.10　HBP0205 使用部位示意图

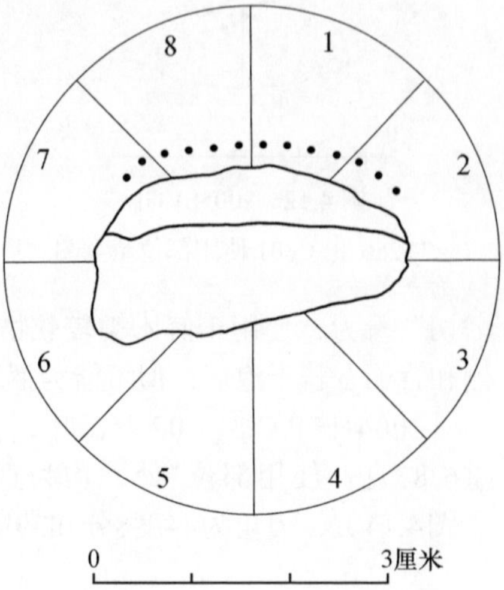


图 4.11　HBP0212 使用部位示意图

## 四、和龙石人沟旧石器遗址考古标本的微痕分析

和龙石人沟旧石器遗址在2004、2005、2007年的发掘中收获上千件石器，黑曜岩原料的比例近100%[5]。

本书选取了本遗址的1件石片，11件石叶，7件细石叶与3件刮削器作为微痕观察分析的考古标本。

2005SRGB.T5250③：001，石片，长35.43毫米，宽22.29毫米，厚9.71毫米，重4.85克。此石片使用部位2处，位于石片左侧，均为凹刃，为P.C.4-6与P.C.7-8（图4.12），刃角为31度10分，刃角为39度50分。值得注意的是P.C.6-7所形成的凸起，观察初期，笔者误以为其为一个单独使用的尖部，经仔细观察后，

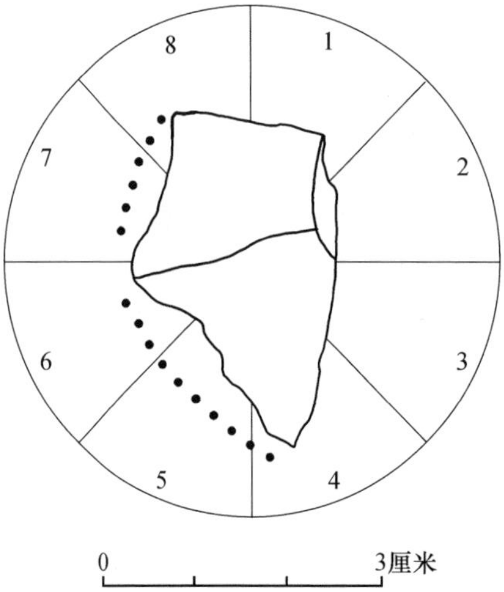


图 4.12　2005SRGB. T5250 ③：001 使用部位示意图

认为其是由于同时参与了两个刃部的使用而变得圆钝，这一圆钝并非是由于单独使用所造成。两刃微痕相似，均为刃缘圆钝，刃缘腹侧面上分布不连续的层叠式与折断式疤痕，呈现凹凸不平状。推测应该是“刮”行为，使用于干木类较硬物质。左下刃使用程度高于左上刃。

2005SRGD.T5053②：001，石叶，长35.43毫米，宽22.29毫米，厚8.62毫米，重8.75克。此石叶使用部位2处，位于石叶两侧，均为直刃，为P.C.1-3与P.C.6-8（图4.13），刃角为39度30分和40度40分。两刃微痕相似，均为刃缘圆钝，刃缘腹侧面上分布连续的羽翼式与折断式疤痕，背面上偶有羽翼式疤痕。推测应该是“切”行为，使用于鲜木类较软物质。这2处刃使用程度相似。在石叶近端的腹侧和背侧有若干疤痕，似可能为捆绑痕迹。

2004HSP.C③：02，石叶，长33.24毫米，宽24.16毫米，厚7.17毫米，重6.83克。使用部位2处，均为直刃，位置在石叶两侧，为P.C.1-4与P.C.5-8（图4.14），刃角为44度8分和39度。左刃微痕为刃缘圆钝，刃缘腹侧和背侧有

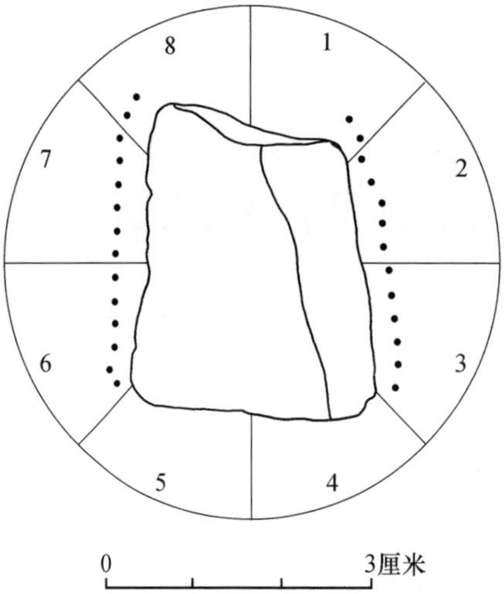


图 4.13　2005SRGD. T5053 ②：001 使用部位示意图

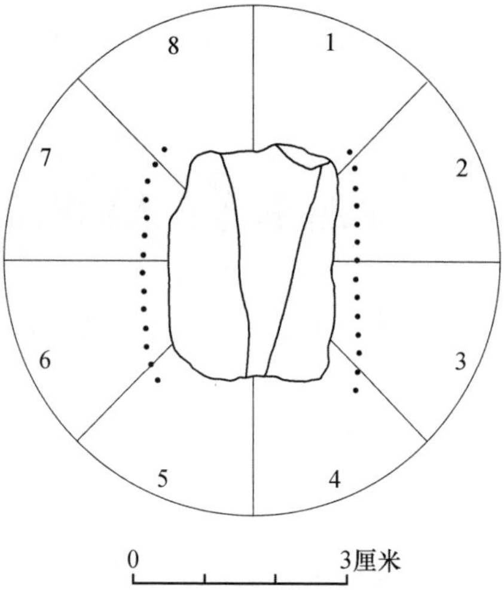


图 4.14　2004HSP.C ③：02 使用部位示意图

不连续的羽翼式疤痕。右刃微痕为刃缘圆钝，刃缘腹侧和背侧有不连续的折断式和羽翼式疤痕，刃缘略呈凹凸不平状。推测应该均是“切”行为，均使用于鲜木类较软物质。右刃应该比左刃使用程度高。

2004HSP③：04，石叶，长33.81毫米，宽19.23毫米，厚4.11毫米，重2.07克。使用部位2处，左侧为直刃，右侧为凸刃，位置在石叶两侧，为P.C.1-4与P.C.5-8（图4.15），刃角为27度10分和21度28分。直刃微痕为刃缘圆钝，刃缘腹侧和背侧有不连续的折断式和羽翼式疤痕。凸刃微痕为刃缘圆钝，刃缘腹侧和背侧有零星折断式和羽翼式疤痕。推测应该均是“切”行为，均使用于鲜木类较软物质。

2004HSP：02，石叶，长69.11毫米，宽25.87毫米，厚8.84毫米，重16.6克。使用部位3处，位置在石叶两侧，左刃与右上刃为直刃，右下刃为凸刃，为 P.C.1-3、P.C.3-4与P.C.5-8（图4.16），刃角为36度10分和34度。两直刃微痕相似，均为刃缘圆钝，刃缘背侧有连续的羽翼式疤痕，腹面偶有羽翼式疤痕。此二直刃应为“刮”行为，使用于鲜木类较软物质。凸刃微痕为刃缘圆钝，刃缘腹侧和背侧有连续的羽翼式疤痕。推测应该是“切”行为，使用于鲜木类较软物质。

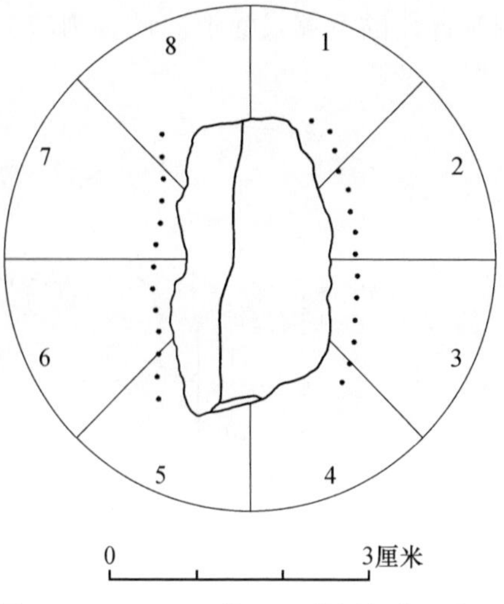


图 4.15　2004HSP ③：04 使用部位示意图

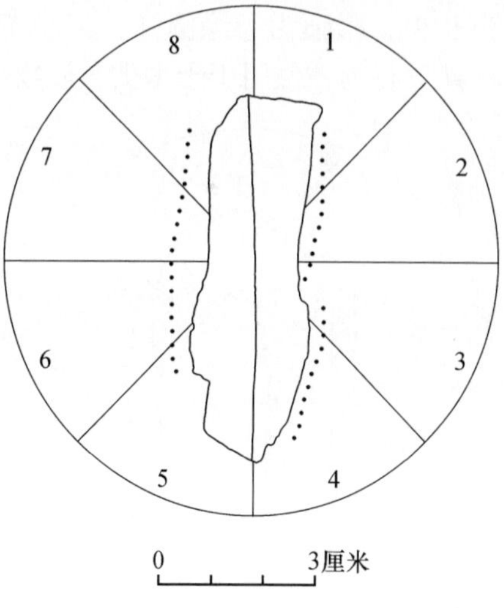


图 4.16　2004HSP：02 使用部位示意图

2005SRGB.T5251③：006，石叶，长28.99毫米，宽26.05毫米，厚7.51毫米，重4.58克。使用部位2处，均为凸刃，位置在石叶两侧，为 P.C.1-3、P.C.6-8（图4.17），刃角为20度50分和37度30分。两凸刃微痕相似，均为刃缘圆钝，刃缘背侧与腹侧有不很连续的小型疤痕，呈羽翼式。此二凸刃应为“切”行为，使用于鲜木类较软物质。右刃使用程度较左刃为高。在石叶的近端中部腹侧与背侧

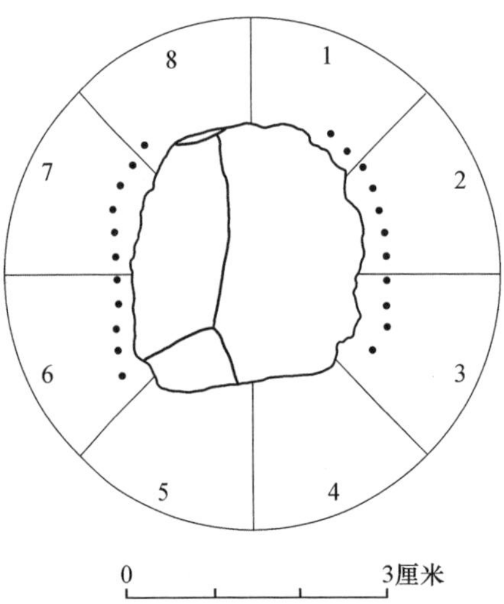


图 4.17　2005SRGB.
T5251 ③：006 使用部位示意图

均可见明显疤痕，应为捆绑痕迹。

2005SRGB.T5350③：032，石叶，长27.12毫米，宽23.11毫米，厚5.98毫米，重2.69克。使用部位2处，均为直刃，位置在石叶两侧，为 P.C.1-4、P.C.5-7（图4.18），刃角为28度40分和30度30分。左刃微痕为刃缘圆钝，刃缘背侧与腹侧有细小连续的疤痕。此刃应为“切”行为，使用于鲜肉类极软物质。右刃微痕为刃缘圆钝，刃缘背侧与腹侧有不连续的折断式疤痕，刃部凹凸不平。此刃应为“切”行为，使用于干木类较硬物质。

2005SRGC：01，石叶，长76.03毫米，宽20.15毫米，厚9.45毫米，重11.67克。使用部位2处，均为直刃，位置在石叶两侧，为 P.C.1-4与P.C.5-8（图4.19），刃角为35度10分和50度。左刃与右刃微痕相似，微痕为刃缘圆钝，刃缘背侧与腹侧有连续的羽翼式疤痕。此二刃应为“切”行为，使用于干木类较硬物质。

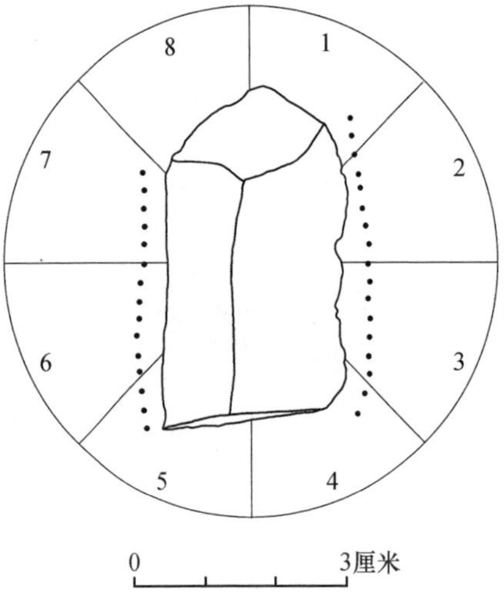


图 4.18　2005SRGB.
T5350 ③：032 使用部位示意图

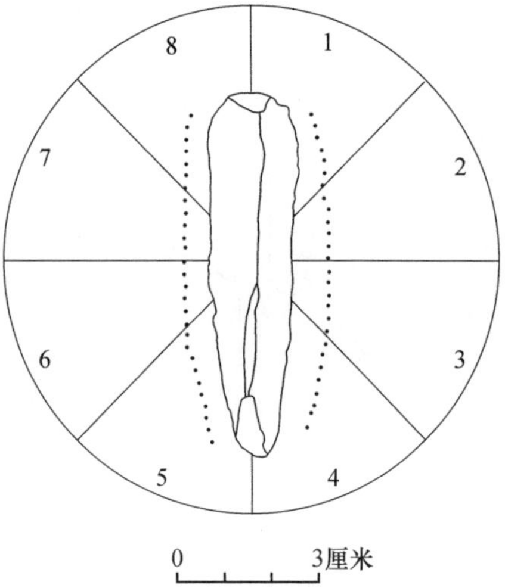


图 4.19　2005SRGC：01 使用部位示意图

2005SRGC：16，石叶，长53.89毫米，宽35.75毫米，厚11.13毫米，重21.02克。使用部位2处，均为直刃，位置在石叶两侧，为 P.C.1-4与P.C.6-7

（图4.20），刃角为37度30分和33度50分。左刃微痕为刃缘圆钝，刃缘背侧与腹侧有不连续的羽翼式与折断式疤痕，刃缘显得不平齐。右刃微痕为刃缘背侧与腹侧有分段的连续的羽翼式与折断式疤痕，刃缘显得凹凸不平。此二刃均应为“切”行为，使用于鲜木类较软物质。右刃使用程度比左刃高。

2005SRGD.T5150②：007，石叶，长30.28毫米，宽15毫米，厚4.2毫米，重2.01克。使用部位2处，均为直刃，位置在石叶两侧，为 P.C.1-4与P.C.5-8（图4.21），刃角为35度28分和25度。两刃微痕相似，微痕为：刃缘圆钝，刃缘背侧有不连续的羽翼式与折断式疤痕，腹侧偶有疤痕，刃缘显得不平齐。此二刃均应为“刮”行为，使用于鲜木类较软物质。右刃使用程度较左刃高（图版八）。

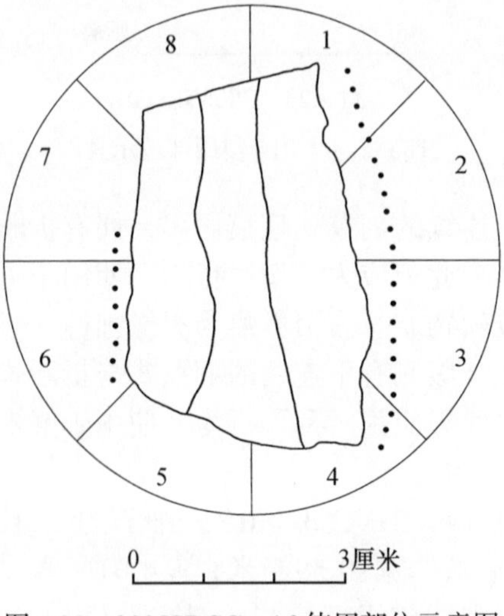


图 4.20　2005SRGC：16 使用部位示意图

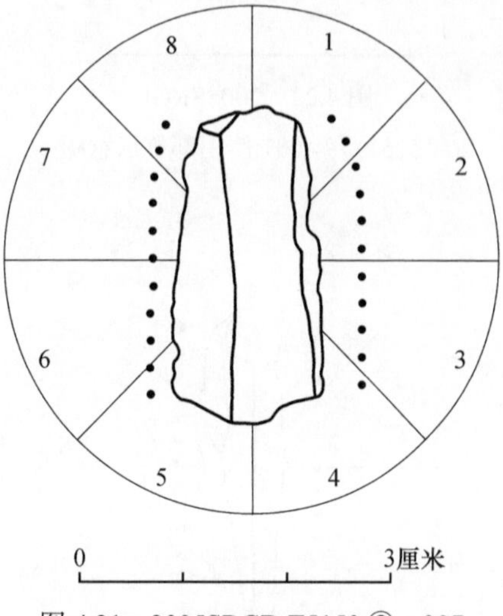


图 4.21　2005SRGD.T5150 ②：007 使用部位示意图

2005SRGD.T5251③：007，石叶，长27.14毫米，宽14.68毫米，厚4.2毫米，重1.71克。使用部位2处，均为直刃，位置在石叶两侧，为 P.C.1-4与P.C.5-8（图4.22），刃角为30度28分和31度。左刃微痕为刃缘圆钝，刃缘腹侧有不连续的羽翼式与折断式疤痕，背侧偶有疤痕。此刃应为“刮”行为，使用于鲜木类较软物质。右刃微痕为刃缘圆钝，刃缘背侧有不连续的羽翼式与折断式疤痕，腹侧偶有疤痕。此刃应为“刮”行为，使用于鲜木类较软物质。

2005SRGD.T5352③：010，石叶，长35.65毫米，宽13.28毫米，厚3.59毫米，重1.83克。使用部位2处，均为直刃，位置在石叶两侧，为 P.C.1-4与P.C.5-8（图4.23），刃角为32度50分和26度50分。左刃微痕为刃缘圆钝，刃缘腹侧与背

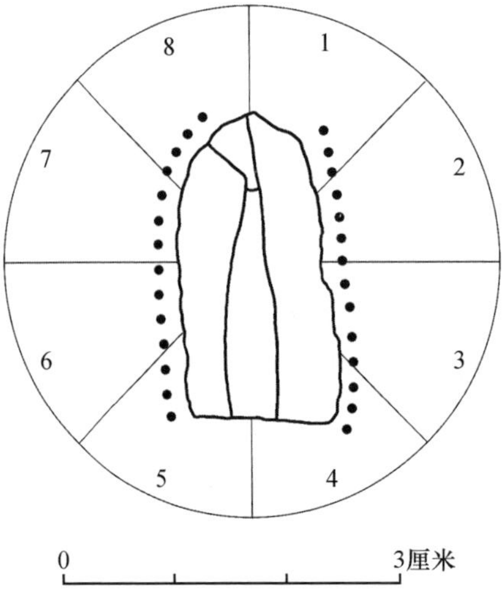


图 4.22　2005SRGD.
T5251 ③：007 使用部位示意图

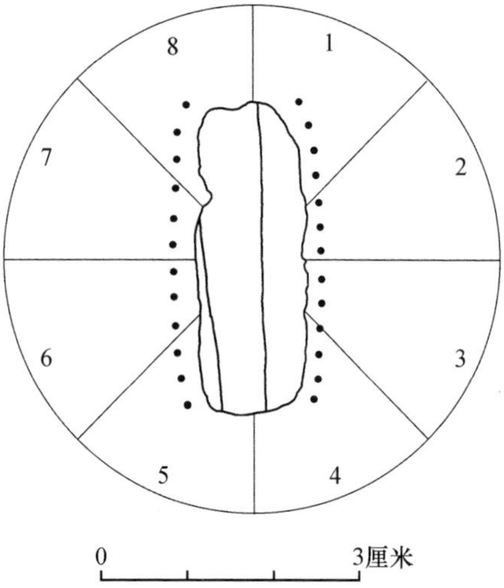


图 4.23　2005SRGD.
T5352 ③：010 使用部位示意图

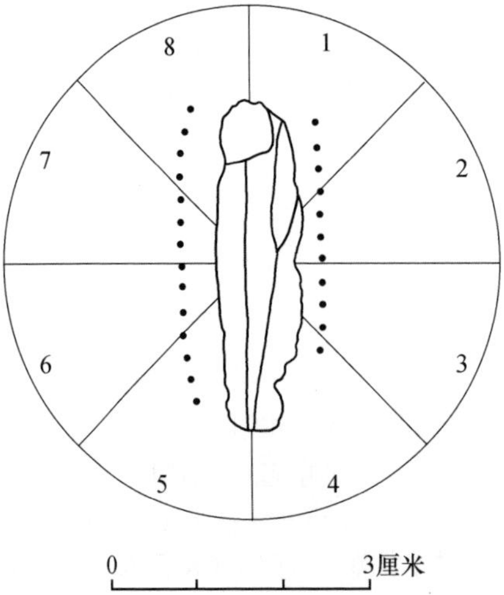


图 4.24　2004HSP.C ③：05
使用部位示意图

侧以不连续的羽翼式疤痕居多，偶有折断式疤痕。此刃应为“切”行为，使用于鲜木类较软物质。右刃微痕为刃缘圆钝，刃缘背侧与腹侧有不连续的羽翼式与折断式疤痕。此刃应为“刮”行为，使用于鲜木类较软物质。

2004HSP.C③：05，细石叶，长37.24毫米，宽10.59毫米，厚4.01毫米，重1.41克。使用部位2处，均为直刃，位置在细石叶两侧，为 P.C.1-4与P.C.5-8（图4.24），刃角为39度30分和45度10分。左刃微痕刃缘圆钝，刃缘腹侧以略连续的羽翼式疤痕居多，偶有折断式疤痕，背侧也有若干疤痕。此刃应为“刮”行为为主，使用于鲜木类较软物质。右刃微痕为刃缘圆钝，刃缘背侧与腹侧有不连续的羽翼式与折断式疤痕。此刃应为“切”行为，使用于鲜木类较软物质。位于P.C.4处有一个较明显的疤痕，应为捆绑痕迹（图版一八）。

2005SRGB.T3334②：25，细石叶，长26.88毫米，宽4.78毫米，厚1.87毫米，重0.26克。使用部位2处，均为直刃，位置在细石叶两侧，为 P.C.1-4与

P.C.5-8（图4.25），刃角为34度20分和21度40分。这两个刃微痕近似：刃缘圆钝，刃缘腹侧和背侧形成极少的几个微小疤痕。此二刃应为“切”行为，使用于鲜肉类极软物质。

2005SRGB.T5052②：002，细石叶，长13.93毫米，宽2.27毫米，厚1.28毫米，重0.03克。使用部位2处，均为直刃，位置在细石叶两侧，为 P.C.1-4与P.C.5-8（图4.26），刃角为25度20分和32度18分。此二刃微痕近似：刃缘圆钝，刃缘腹侧和背侧形成若干个微小疤痕。此二刃应为“切”行为，使用于鲜肉类极软物质。

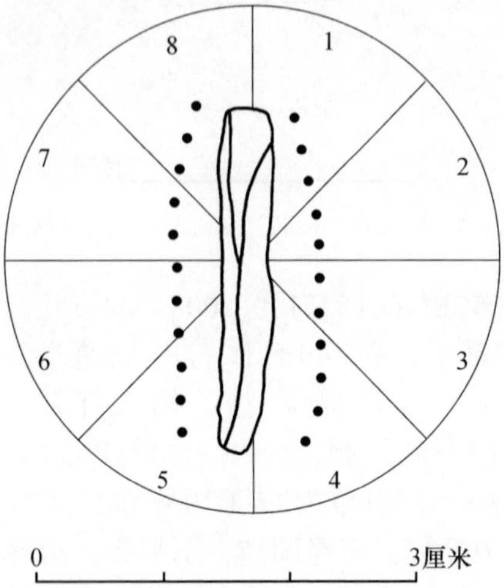


图 4.25　2005SRGB.T3334 ②：25
使用部位示意图

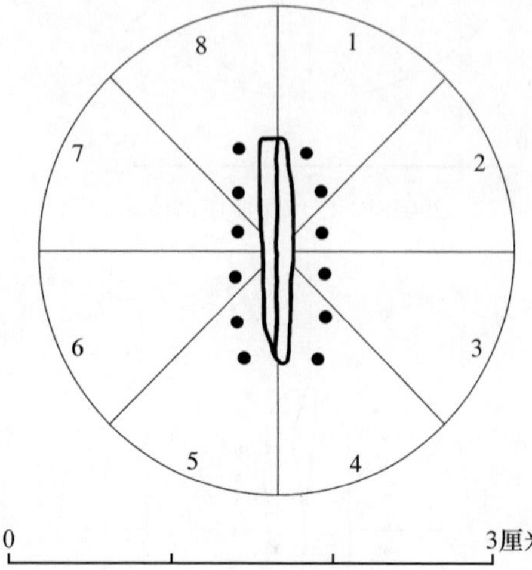


图 4.26　2005SRGB.T5052 ②：002
使用部位示意图

2005SRGC：04，细石叶，长22.36毫米，宽6.39毫米，厚1.72毫米，重0.28克。使用部位2处，均为直刃，位置在细石叶两侧，为 P.C.1-4与P.C.5-8（图4.27），刃角为20度48分和35度。此二刃微痕近似：刃缘圆钝，刃缘腹侧和背侧形成略连续的微小折断式疤痕。此二刃应为“切”行为，使用于鲜木类较软物质。

2005SRGC：06，细石叶，长30.76毫米，宽20.57毫米，厚7.39毫米，重4.42克。使用部位2处，均为直刃，位置在细石叶两侧，为P.C.1-4与P.C.5-8（图4.28），刃角为25度10分和42度40分。左刃微痕：刃缘圆钝，刃缘背侧可见颇连续的层叠式疤痕，腹面则仅偶尔分布零星小疤。此刃应为“刮”行为，使用于骨骼类坚硬物质。右刃微痕：刃缘圆钝，刃缘背侧可见连续的层叠式疤痕，偶见折断式疤痕，腹面则仅偶尔分布零星小疤。此刃应为“刮”行为，使用于骨骼类坚硬物质。右刃使用程度高于左刃。

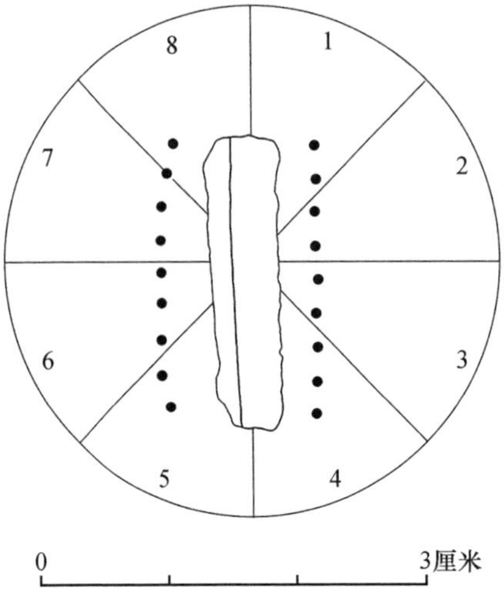


图 4.27　2005SRGC：04 使用部位示意图

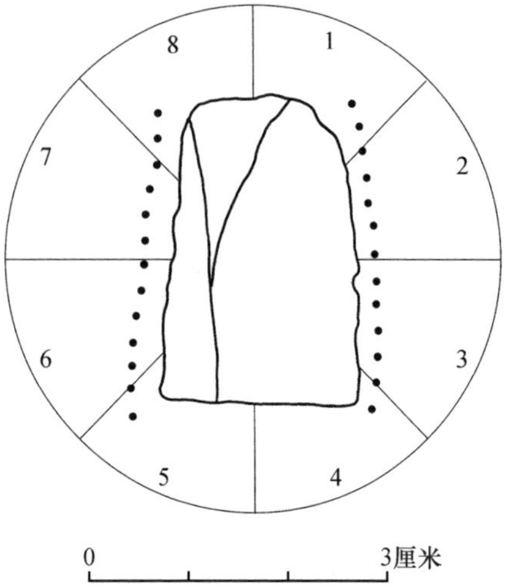


图 4.28　2005SRGC：06 使用部位示意图

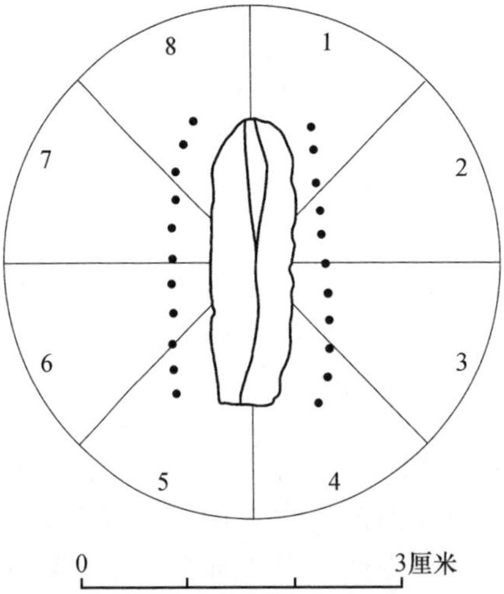


图 4.29　2005SRGD.T5251 ③：008 使用部位示意图

2005SRGD.T5251③：008，细石叶，长26.18毫米，宽8.49毫米，厚1.73毫米，重0.57克。使用部位2处，均为直刃，位置在细石叶两侧，为P.C.1-4与P.C.5-8（图4.29），刃角为27度20分和22度26分。左刃微痕：刃缘圆钝，不平齐，刃缘背侧和腹面可见断续的羽翼式疤痕和少量的折断式疤痕。此刃应为“切”行为，使用于新鲜肉皮类很软物质。右刃微痕：刃缘圆钝，凸凹明显，刃缘背侧与腹侧可见不连续的羽翼痕和折断式疤痕。此刃应为“切”行为，使用于新鲜肉皮类很软物质。右刃使用程度高于左刃。

2004HSP.C③：01，细石叶，长42.67毫米，宽17.40毫米，厚4.01毫米，重2.08克。使用部位1处，为凸刃[6]，位置在细石叶右侧，为P.C.1-4（图4.30），刃角为31度30分。刃部微痕：刃缘圆钝，有略似锯齿状痕，刃缘背侧和腹面可见断续的折断式疤痕和少量的层叠式疤痕。此刃应为“切”行为，使用于鲜木类较软物质。细石叶的左侧背面有若干疤痕，应为捆绑痕或握持痕。

2005SRGB.T5152③：002，刮削器，长25.06毫米，宽30.81毫米，厚6.1毫米，重3克。使用部位1处，为凸刃，为 P.C.7-2（图4.31），刃角为20度30

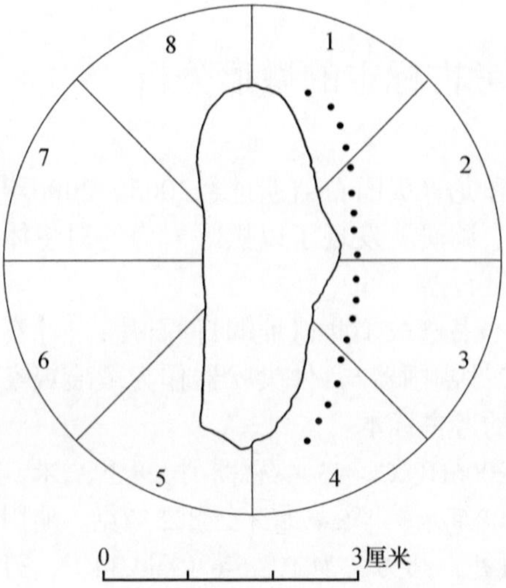


图 4.30　2004HSP.C ③：01 使用部位示意图

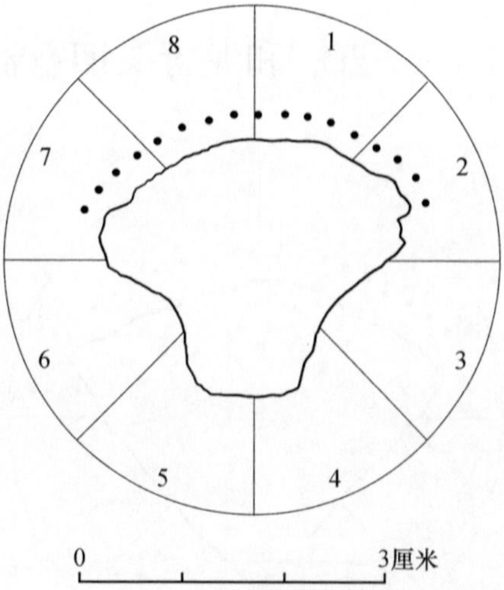


图 4.31　2005SRGB.T5152 ③：002 使用部位示意图

分。刃部微痕：刃缘圆钝，刃缘背侧和腹面可见不连续的折断式疤痕和羽翼式疤痕。此刃应为“切”行为，使用于干木类较硬物质。

2005SRGD.T5152③：017，刮削器，长43.69毫米，宽25.38毫米，厚12.87毫米，重12.13克。使用部位1处，凸刃，为P.C.8-1（图4.32），刃角为67度4分。刃部微痕：刃缘圆钝，刃缘背侧有若干羽翼式疤痕，腹面可见两处羽翼式疤痕。此刃应为“刮”行为，使用于干木类较硬物质。P.C.7处有若干疤痕，略显内凹，似应为手握持痕迹。

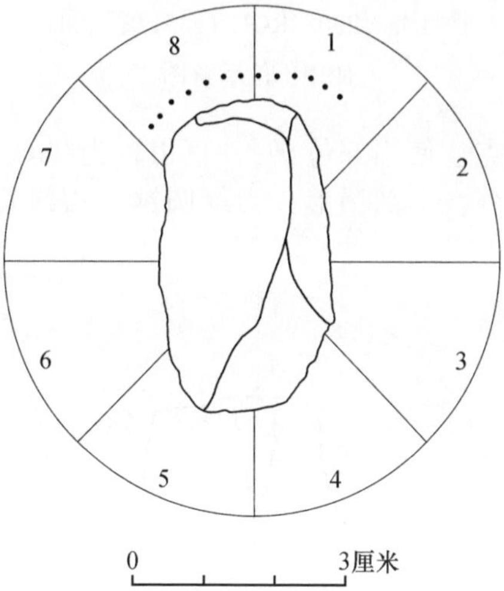


图 4.32　2005SRGD.T5152 ③：017 使用部位示意图

2005SRGD.T5351②：001，刮削器，长32.27毫米，宽39.90毫米，厚5.28毫米，重5.12克。使用部位1处，凸刃，为 P.C.7-2（图4.33），刃角为17度。刃部微痕：刃缘稍圆钝，刃缘背侧和腹侧有零星的羽翼式疤痕和折断式疤痕。此刃应为“刮”行为，使用于鲜木类较软物质。

# 五、和龙青头旧石器遗址考古标本的微痕分析

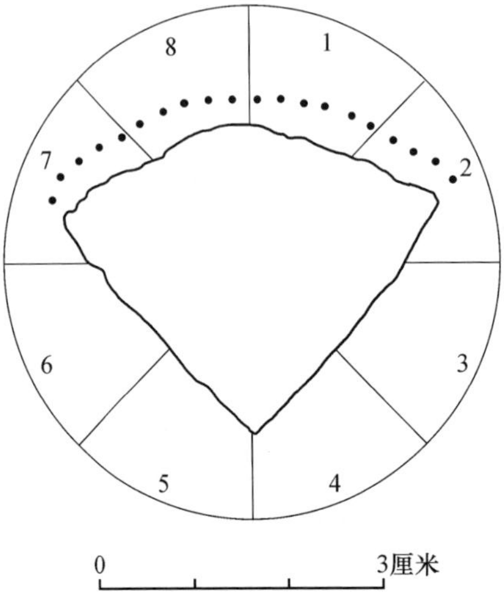


图 4.33　2005SRGD.T5351 ②：001 使用部位示意图

和龙青头旧石器遗址经2005、2006年的两次调研，发现了以黑曜岩为绝对主体的大量石器[7]。

本书选取了此遗址的1件石片，1件石叶，2件刮削器与1件尖状器作为微痕观察分析的考古标本。

2006HQ.C：53，石片，长28.39毫米，宽20.08毫米，厚5.49毫米，重2.57克。使用部位1处，凸刃，为 P.C.5-6（图4.34），刃角为15度40分。刃部微痕：刃缘圆钝，刃缘背侧和腹侧有连续的折断式疤痕，偶见羽翼式疤痕。刃部略呈凸凹状。此刃应为"切"行为，使用于干木类较硬物质。

2006HQ.C：49，石叶，长38.75毫米，宽18.92毫米，厚3.97毫米，重2.86克。使用部位1处，直刃，为 P.C.4-5（图4.35），刃角为23度40分和26度40分。刃部微痕：刃缘圆钝，刃缘背侧和腹侧有连续的折断式疤痕，其中有一

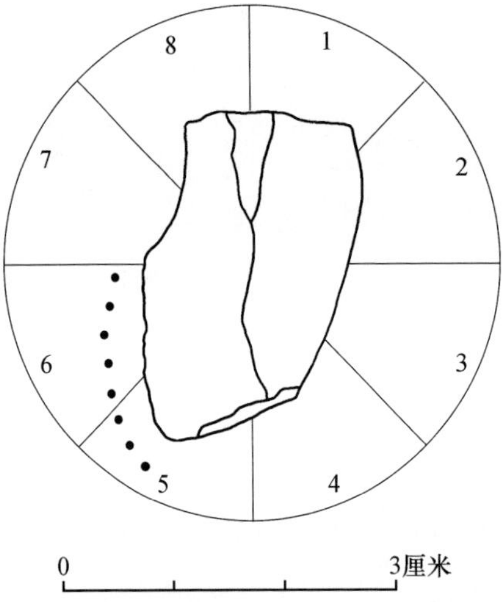


图 4.34　2006HQ.C：53 使用部位示意图

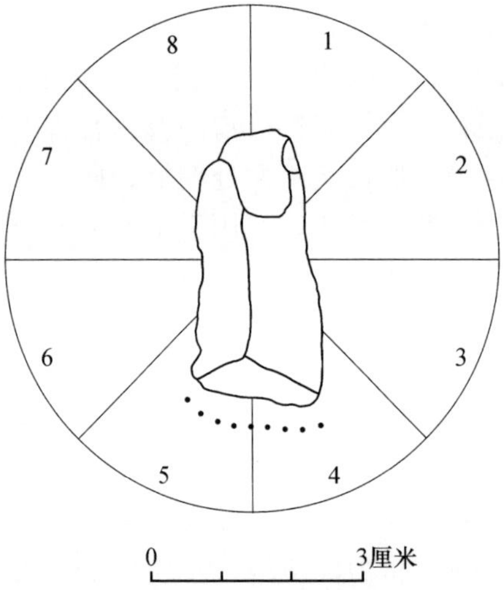


图 4.35　2006HQ.C：49 使用部位示意图

个大型的折断式疤痕，腹侧偶见羽翼式疤痕，刃部略呈凸凹状。此刃应为“刮”行为，使用于新鲜肉皮类很软物质。在P.C.2-3和P.C.6-7各有1处细小疤痕密集处，形成凹陷，较为对称，应是捆绑痕迹。

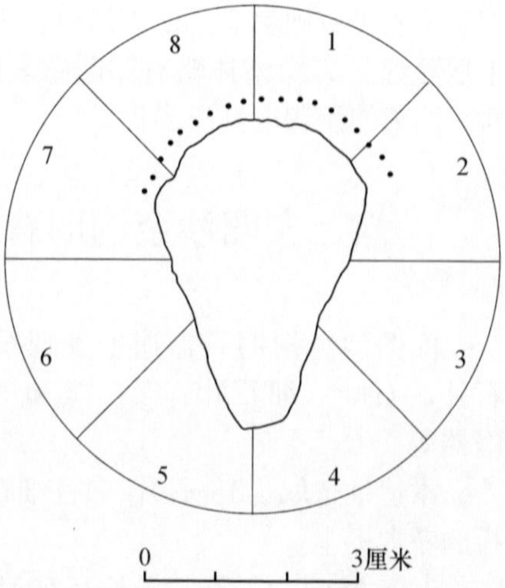

图 4.36　2006HQ.C：27 使用部位示意图

2006HQ.C：27，刮削器，长43.27毫米，宽30.42毫米，厚7.09毫米，重8.29克。使用部位1处，凸刃，为 P.C.7-2（图4.36），刃角为44度20分。刃部微痕：刃缘微圆钝，刃缘背侧和腹侧有两处明显的折断式疤痕，还有若干处微小的羽翼式疤痕。此刃应为“刮”行为，使用于新鲜肉皮类很软物质。

2006HQ.C：4，刮削器，长52.56毫米，宽31.92毫米，厚9.26毫米，重15.17克。使用部位1处，凸刃，为 P.C.4-5（图4.37），刃角为77度50分。刃部微痕：刃缘圆钝，刃缘背侧和腹侧有若干处微小的羽翼式疤痕。此刃应为“刮”行为，使用于鲜木类较软物质。

2006HQ.C：19，尖状器，长46.63毫米，宽22.85毫米，厚7.38毫米，重6.71克。使用部位2处，尖刃，为 P.C.8；凹刃，为P.C.1-4（图4.38），刃角为80度20分。尖刃微痕：刃缘稍圆钝，尖刃周侧未观察到痕迹。此刃应为“刻”行为，使

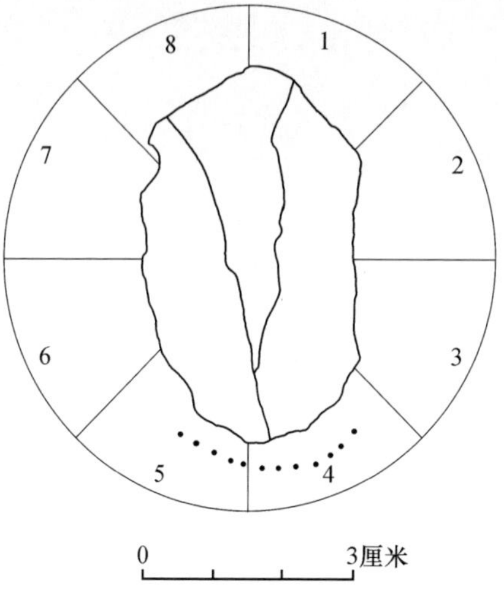

图 4.37　2006HQ.C：4 使用部位示意图

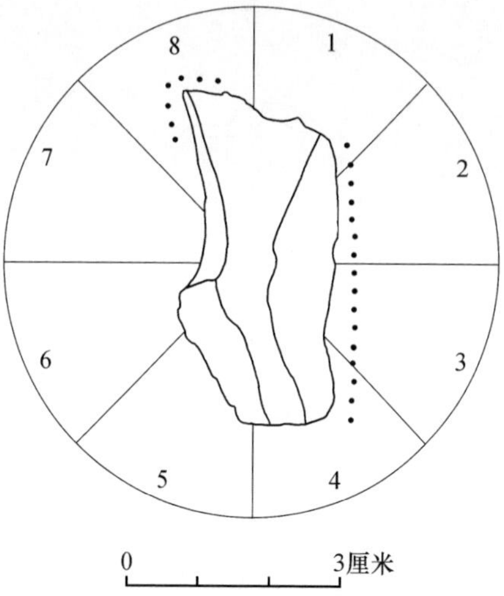

图 4.38　2006HQ.C：19 使用部位示意图

用于干木类较硬物质。凹刃微痕：刃缘背侧和腹侧有不连续的折断式疤痕，有若干层叠痕，刃缘整体略有凹凸感。此刃应为“切”行为，使用于干木类较硬物质。凹刃使用程度高于尖刃。

## 六、安图沙金沟旧石器遗址考古标本的微痕分析

安图沙金沟旧石器遗址发现石器82件，原料以黑曜岩为主，包括石核、石片、石叶、细石叶、第二类和第三类工具（刮削器、雕刻器、尖状器和砍砸器等）[8]。

本遗址选取了3件石片，1件细石叶，1件刮削器与2件尖状器作为微痕观察分析的考古标本。

2006ASC：1，石片，长35.52毫米，宽24.9毫米，厚4.24毫米，重3.14克。使用部位1处，凸刃，为P.C.1-4（图4.39），刃角为19度48分。此刃微痕：刃缘稍圆钝，刃缘背侧和腹侧有连续的折断式疤痕，有若干羽翼式疤痕，刃缘整体略有凹凸感。此刃应为“切”行为，使用于干木类较硬物质。P.C.4-5处有若干较大型折断疤，推测应是手握持痕迹（图版一九）。

2006ASC：4，石片，长45.25毫米，宽24.67毫米，厚4.32毫米，重3.83克。使用部位1处，直刃，为P.C.2-3（图4.40），刃角为22度30分。此刃微痕：刃缘稍圆钝，刃缘背侧和腹侧有不连续的折断式疤痕，偶有羽翼式疤痕，刃缘整体略有锯齿状。此刃应为“切”行为，使用于干木类较硬物质。P.C.5-7处有一些疤

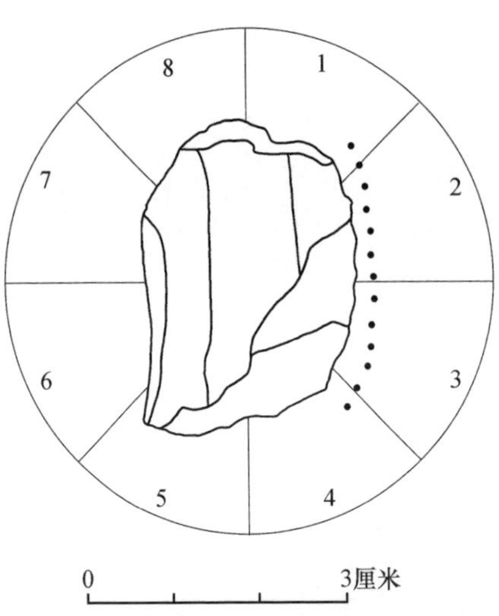


图 4.39　2006ASC：1 使用部位示意图

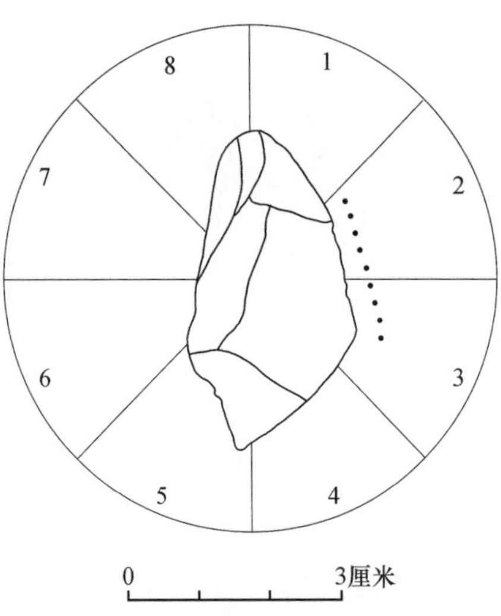


图 4.40　2006ASC：4 使用部位示意图

痕，大小不一，推测应是为方便手握持不被割伤而对边缘简单地进行了修整的痕迹（图版二〇）。

2006ASC：63，石片，长46.57毫米，宽29.46毫米，厚5.17毫米，重6.36克。使用部位1处，直刃，为P.C.1-4（图4.41），刃角为24度。此刃微痕：刃缘稍圆钝，刃缘背侧和腹侧有分段连续的细密的折断式疤痕，偶有若干羽翼式疤痕，刃缘整体略有锯齿状，刃缘中部有一个大型折断式疤痕。此刃应为“切”行为，使用于鲜肉类极软物质。P.C.4-6处有一些大型疤痕，推测应是为方便手握持不被割伤而对边缘简单地进行了修整的痕迹（图版二〇）。

2006ASC：76，细石叶，长20.03毫米，宽4.79毫米，厚1.79毫米，重0.14克。使用部位2处，均为直刃，为P.C.1-4与P.C.5-8（图4.42），刃角为39度28分和34度20分。左刃微痕：刃缘圆钝，刃缘腹侧有连续的、微小的层叠式疤痕，在背侧偶有羽翼式疤痕。此刃应为“刮”行为，使用于干木类较硬物质。右刃微痕：刃缘圆钝，刃缘腹侧有不连续的、微小的羽翼式与折断式疤痕。此刃应为“刮”行为，使用于干木类较硬物质。左刃使用程度高于右刃。P.C.4处有一个锐利的尖部，推测应是楔入手柄内组成复合工具的部分。

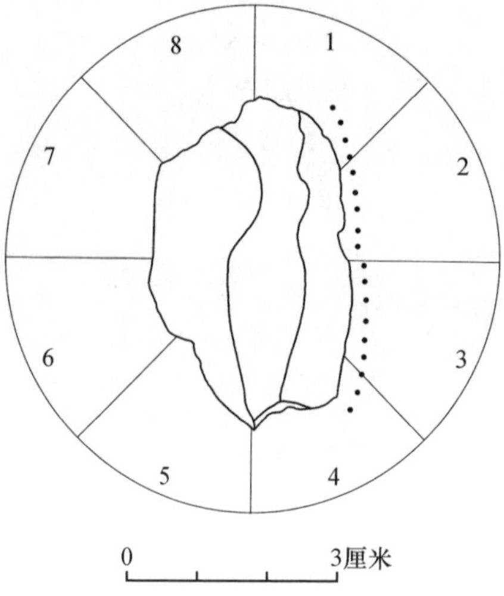


图 4.41　2006ASC：63 使用部位示意图

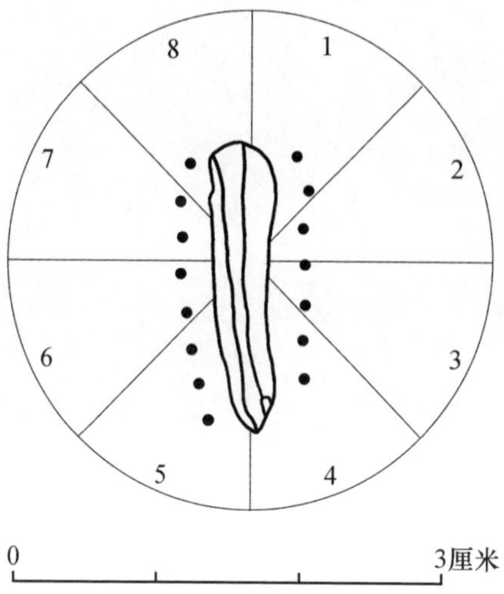


图 4.42　2006ASC：76 使用部位示意图

2006ASC：2，刮削器，长44.2毫米，宽46.72毫米，厚12.02毫米，重19.99克。使用部位1处，直刃，为P.C. 4-5（图4.43），刃角为40度。此刃微痕：刃缘圆钝，刃缘腹侧与背侧满布连续的小型的羽翼式疤痕，间或有层叠式疤痕和折断式疤痕，呈锯齿状。此刃应为“切”行为，使用于鲜木类较软物质。P.C. 3和

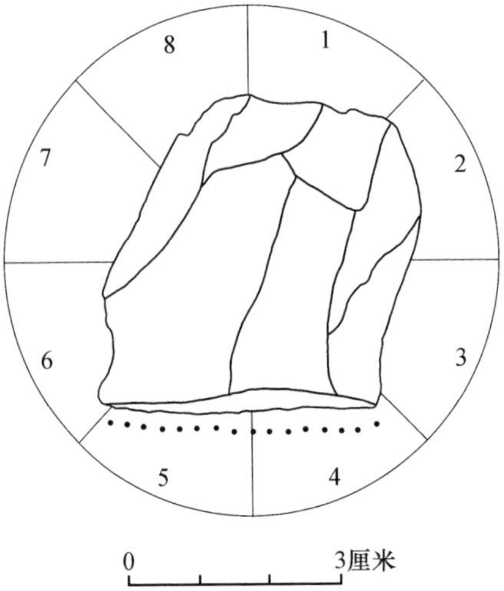


图 4.43　2006ASC：2 使用部位示意图

P.C. 6处均有疤痕，推测为手握持后所产生（图版一九）。

2006ASC：3，尖状器，长57.61毫米，宽43.16毫米，厚8.78毫米，重13.2克。使用部位1处，尖刃，为P.C.8-1（图4.44），刃角为74度52分。此刃微痕：尖刃缘圆钝，残存的刃缘偏向右侧。尖刃周围有零星微小崩疤。此刃应为“刻”行为，使用于鲜木类较软物质（图版五）。

2006ASC：5，尖状器，长61.54毫米，宽37.85毫米，厚7.79毫米，重15.7克。使用部位1处，尖刃，为P.C. 8-1（图4.45），刃角为81度8分。此刃微痕：尖刃缘圆钝，残存的刃缘明显偏向右侧。尖刃周围有零星微小崩疤。此刃应为“刻”行为，使用于鲜木类较软物质。

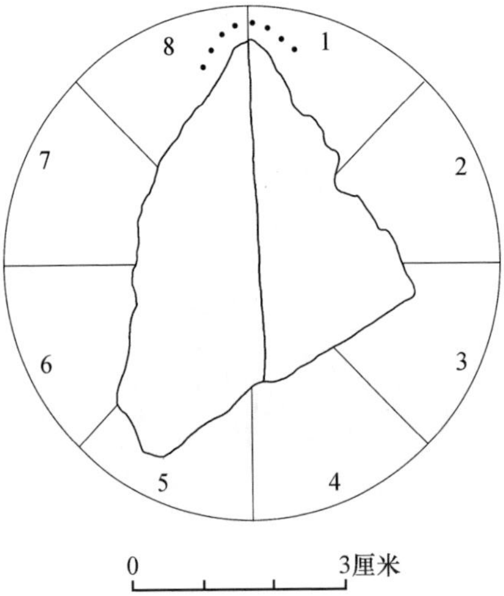


图 4.44　2006ASC：3 使用部位示意图

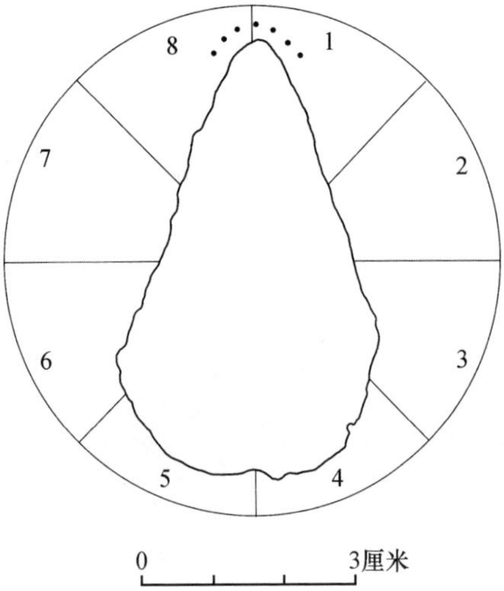


图 4.45　2006ASC：5 使用部位示意图

## 七、和龙崇善大洞旧石器遗址考古标本的微痕分析

和龙崇善大洞旧石器遗址发现和发掘的石器总数超过15000件，该遗址石器的原料以黑曜岩为绝对主体，在工具组合中以刮削器和雕刻器为主[9]。

本书选取了该遗址的1件石片，1件石叶，1件细石叶，3件刮削器，1件尖状器与3件雕刻器作为微痕观察分析的考古标本。

2007DDC：396，石片，长22.3毫米，宽23.36毫米，厚7.67毫米，重2.14克。使用部位2处，均直刃，为P.C. 4-5与P.C. 5-7（图4.46），刃角为21度20分和22度40分。此二刃微痕接近：刃缘圆钝，在刃缘的腹侧面和背侧面分布着稍连续的折断式疤痕，偶有羽翼式疤痕，略似锯齿状。此二刃应为“切”行为，使用于干木类较硬物质。P.C. 2-3处有一大型崩疤，似为使用时被手握持造成。

2007DDC：591，石叶，长35.63毫米，宽16毫米，厚7.63毫米，重3.79克。使用部位2处，均直刃，为P.C. 1-4与P.C. 5-8（图4.47），刃角为32度42分和28度34分。左刃微痕：刃缘圆钝，在刃缘的背侧面分布着不连续的微小羽翼痕，偶见微小折断疤痕，腹侧面偶有羽翼式微小疤痕。此刃应为“刮”行为，使用于鲜木类较软物质。右刃微痕：刃缘极轻微钝化，在刃缘的背侧面与腹侧面零星分布微小的折断式疤痕，其中有一大型疤痕。此刃应为“切”行为，使用于鲜肉类极软物质。

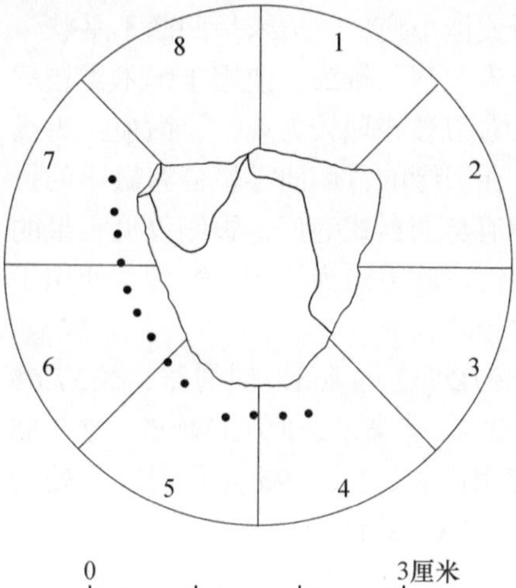


图 4.46　2007DDC：396 使用部位示意图

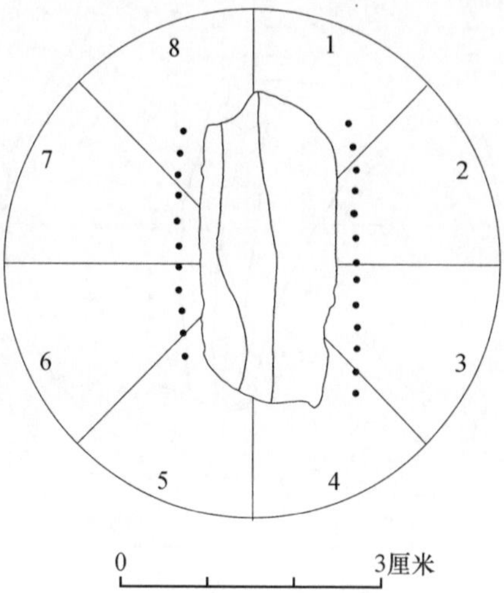


图 4.47　2007DDC：591 使用部位示意图

2007DDC：1828，细石叶，长23.39毫米，宽7.85毫米，厚3.73毫米，重0.89克。细石叶上有若干崩疤，似乎为磕碰形成，非人为使用造成，故未观察到可靠的微痕，无法判断刃部及行为，当然使用对象也无从提起（图 4.48）。

2007DDC：864，刮削器，长37.06毫米，宽22毫米，厚5.47毫米，重4.69克。使用部位2处，均直刃，为P.C. 1-4与P.C. 5-8（图4.49），刃角为57度26分和38度10分。左刃微痕：刃缘圆钝，在刃缘的背侧面分布着不连续的微小羽翼痕，

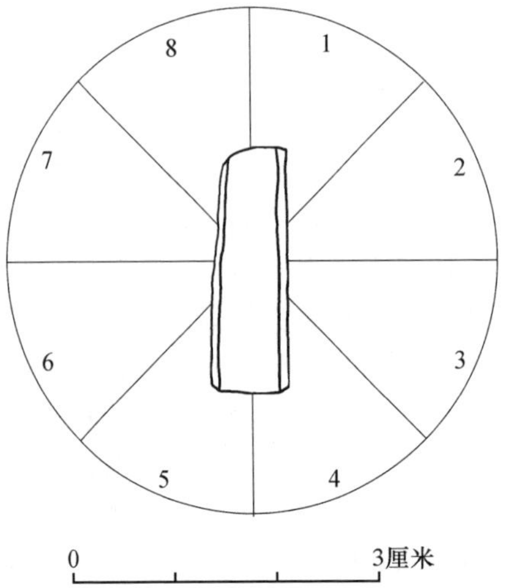


图 4.48　2007DDC：1828 使用部位示意图

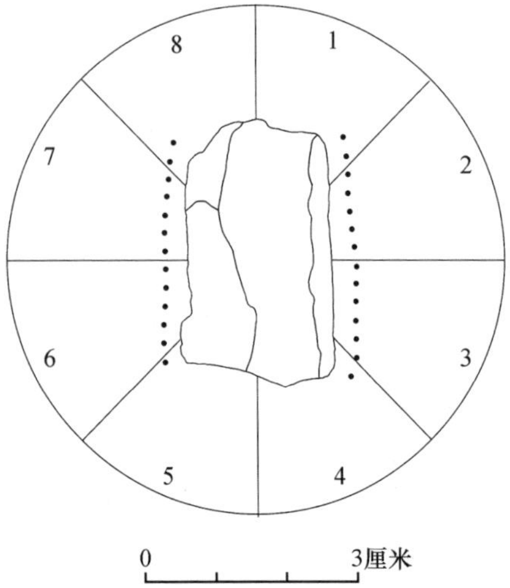


图 4.49　2007DDC：864 使用部位示意图

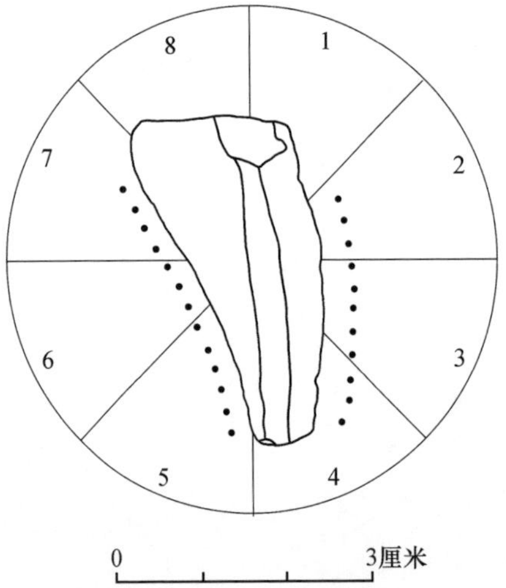


图 4.50　2007DDC：1168 使用部位示意图

也有若干折断疤痕和层叠疤痕，腹侧面偶有折断式微小疤痕，刃缘呈凹凸不平状。此刃应为“刮”行为，使用于鲜木类较软物质。右刃被修理较为规整，微痕：刃缘圆钝，在刃缘的背侧面零星分布微小的折断式疤痕与羽翼式疤痕，腹侧仅见零星的细小崩疤。此刃应为“刮”行为，使用于鲜木类较软物质。

2007DDC：1168，刮削器，长37.65毫米，宽22.65毫米，厚6.35毫米，重3.65克。使用部位2处，一处为凸刃，一处为凹刃，为P.C. 2-4与P.C. 5-7（图4.50），刃角为41度20分和43度10分。凸刃微痕：刃缘圆钝，在刃缘的腹侧面分布着连续的大型羽翼式疤痕，也有若干折断疤痕，腹侧面偶有折断式微小疤痕。此刃应为“刮”行为，使用于鲜木类较软物质。凹刃被修理较为规整，微痕：刃缘圆钝，在刃缘的背侧面分布极少的、微小的羽翼式疤痕，腹侧仅见零星的微小崩疤。此刃应为“刮”行为，使用于鲜木类较软物质。

2007DDC：3501，刮削器，长43.46毫米，宽33.46毫米，厚11.13毫米，重18.14克。使用部位1处，凸刃，为P.C. 8-1（图4.51），刃角为51度48分。微痕：刃缘略圆钝，在刃缘的腹侧面有折断式疤痕。此刃应为“刮”行为，使用于干木类较硬物质。

2007DDC：927，尖状器，长44.4毫米，宽17.33毫米，厚7.68毫米，重5.11克。使用部位1处，凸刃，为P.C. 8-1（图4.52），刃角为71度20分。微痕：尖刃缘圆钝，残存的尖刃略偏向右侧，在刃缘腹侧有一个崩疤。此刃应为“刻”行为，使用于鲜木类较软物质。

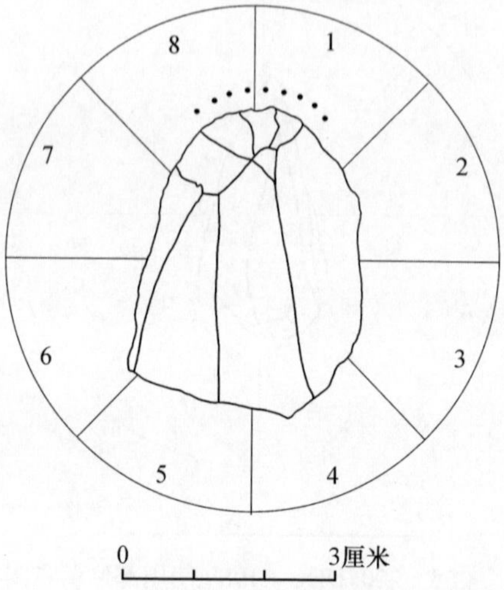


图 4.51 2007DDC：3501 使用部位示意图

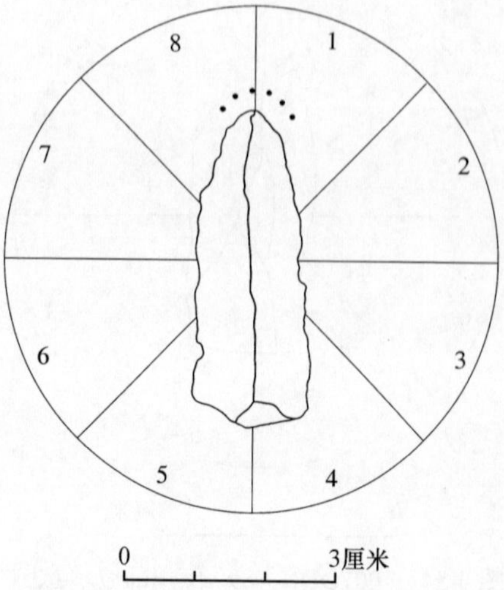


图 4.52 2007DDC：927 使用部位示意图

2007DDC：707，雕刻器，长29.15毫米，宽19.92毫米，厚8.21毫米，重3.52克。使用部位1处，凿子形刃，为P.C. 8-1（图4.53），刃角为52度58分。微痕：刃边缘圆钝，刃部一侧面剥落崩疤，在刃口处留下数条纵脊。此刃应为“刻”行为，使用于骨骼类坚硬物质。

2007DDC：890，雕刻器，长35.26毫米，宽16.91毫米，厚8.73毫米，重4.69克。使用部位1处，凿子形刃，为P.C. 8（图4.54），刃角为69度20分。微痕：刃边缘圆钝，刃部有一折断式疤痕，刃缘整体呈现卷边状。此刃应为“刻”行为，使用于干木类较硬物质。

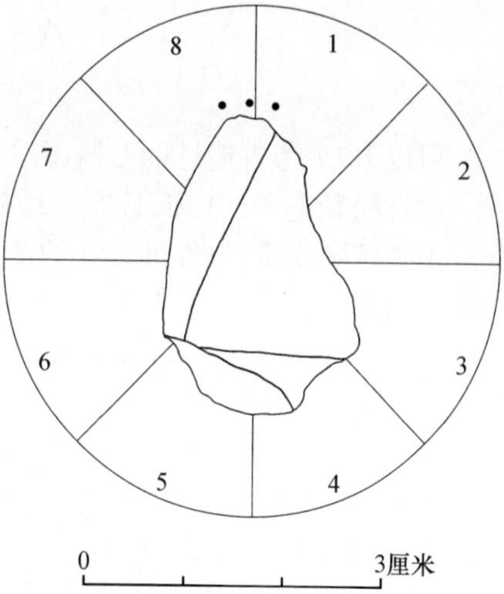


图 4.53 2007DDC：707 使用部位示意图

2007DDC：1989，雕刻器，长25.65毫米，宽13.57毫米，厚5.16毫米，重

1.36克。使用部位1处，凿子形刃，为P.C. 8（图4.55），刃角为43度40分。微痕：刃边缘稍稍圆钝，刃部也呈起伏状。此刃应为“刻”行为，使用于鲜木类较软物质。在P.C. 2-4处有若干疤痕，应是为防止手在握持时被割伤而有意修整的（图版二〇）。

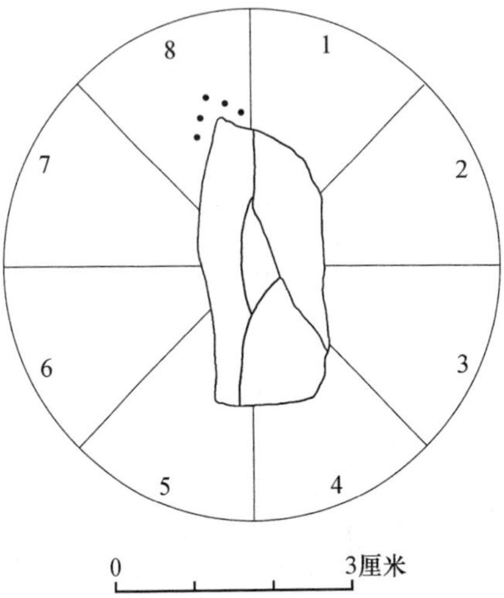


图 4.54　2007DDC：890 使用部位示意图

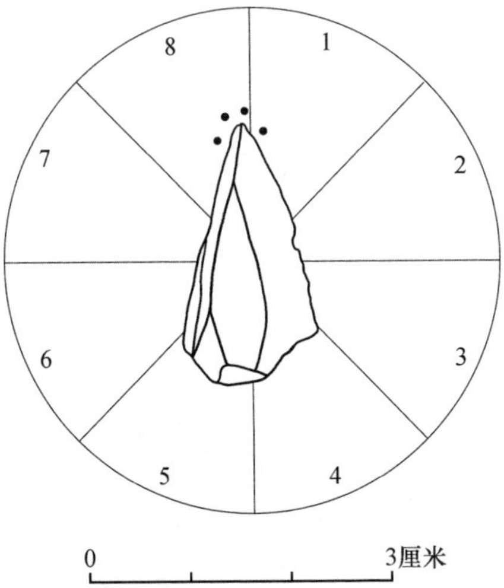


图 4.55　2007DDC：1989 使用部位示意图

## 八、小　　结

对以上7个考古遗址的石器微痕分析判定结论如下。

对抚松新屯子西山旧石器遗址挑选的石器微痕判定结论是：1件石片使用于刮干木类较硬物质，1件细石叶的2个刃口均用于切鲜肉类等极软物质，且为捆绑使用（表4.2）。

**表4.2　抚松新屯子西山旧石器遗址考古标本的微痕分析**

| 类型 | 行为 | 对象 | 其他 |
| --- | --- | --- | --- |
| 石片（2002FXPF1：2） | 刮 | 干木类较硬物质 | |
| 细石叶（2002FXPF1：16） | 切 | 鲜肉类等极软物质 | 在P.C.1与P.C. 8处各发现1处较大疤痕，较为对称，似乎可认为是该细石叶的捆绑痕迹 |
| | 切 | 鲜肉类等极软物质 | |

对和龙柳洞旧石器地点挑选的石器微痕判定结论是：1件石叶的2个刃口均用于切鲜木类较软物质，且该器为捆绑使用。1件细石叶的2个刃口均用于切鲜木类

较软物质。1件刮削器的唯一刃口是用来刮干木类较硬物质的，并且有捆绑使用的痕迹（表4.3）。

**表4.3　和龙柳洞旧石器地点考古标本的微痕分析**

| 类型 | 行为 | 对象 | 其他 |
|---|---|---|---|
| 石叶（HLP.0232） | 切 | 鲜木类较软物质 | 在P.C.1与P.C.8处观察到有明显的较大疤痕，应是捆绑痕迹 |
| | 切 | 鲜木类较软物质 | |
| 细石叶（HLP.04040） | 切 | 鲜木类较软物质 | |
| | 切 | 鲜木类较软物质 | |
| 刮削器（HLP.04008） | 刮 | 干木类较硬物质 | P.C.3与P.C.6处均有一个较大的圆弧式疤痕，较为对称，颇似捆绑痕迹 |

对珲春北山旧石器地点挑选的石器微痕判定结论是：2件石片的2个刃口分别为切鲜肉类极软物质和切干木类较硬物质。1件石叶用来刮新鲜肉皮类很软物质，而且器身上有手握持后留下的痕迹。1件细石叶的2个刃口均用于切鲜肉类极软物质，并且为捆绑后使用。2件刮削器的3个刃口均是用来刮新鲜肉皮类很软物质（表4.4）。

**表4.4　珲春北山旧石器地点考古标本的微痕分析**

| 类型 | 行为 | 对象 | 其他 |
|---|---|---|---|
| 石片（HBP0214） | 切 | 鲜肉类极软物质 | |
| 石片（HBP0219） | 切 | 干木类较硬物质 | |
| 石叶（HBP0221） | 刮 | 新鲜肉皮类很软物质 | 刃部应是使用初期。P.C.5-6有若干较大的疤痕，推测应是手握持后留下的痕迹 |
| 细石叶（HBP0229） | 切 | 鲜肉类极软物质 | 腹面中间近段有2处疤痕，疑为捆绑痕 |
| | 切 | 鲜肉类极软物质 | |
| 刮削器（HBP0205） | 刮 | 新鲜肉皮类很软物质 | 右刃的使用强度较高，左刃应该是刚刚开始使用 |
| | 刮 | 新鲜肉皮类很软物质 | |
| 刮削器（HBP0212） | 刮 | 新鲜肉皮类很软物质 | |

对和龙石人沟旧石器遗址挑选的石器微痕判定结论是：1件石片的2个刃口均为刮干木类较硬物质。11件石叶的23个刃口中，12个用来切鲜木类较软物质；7个用来刮鲜木类较软物质；1个用来切鲜肉类极软物质；3个用来切干木类较硬物质。在这11件石叶中有2件有明确的捆绑痕迹。7件细石叶的13个刃口中，4个用来切鲜木类较软物质；1个用来刮鲜木类较软物质；4个用来切鲜肉类极软物质；2个用来刮骨骼类坚硬物质；2个用来切新鲜肉皮类很软物质。在这7件细石叶中

有1件有明确的捆绑痕迹，还有1件为捆绑痕或握持痕。3件刮削器的3个刃口有1个是用来切干木类较硬物质，1个刃口是用来刮干木类较硬物质，还有1个刃口是用来刮鲜木类较软物质；其中1件刮削器器身上有握持痕迹（表4.5）。

**表4.5　和龙石人沟旧石器遗址考古标本的微痕分析**

| 类型 | 行为 | 对象 | 其他 |
|---|---|---|---|
| 石片（2005SRGB：T5250③：001） | 刮 | 干木类较硬物质 | 左下刃使用程度高于左上刃 |
| | 刮 | 干木类较硬物质 | |
| 石叶（2005SRGD：T5053②：001） | 切 | 鲜木类较软物质 | 二刃使用程度相似。在石叶近端的腹侧和背侧有若干疤痕，可能为捆绑痕迹 |
| | 切 | 鲜木类较软物质 | |
| 石叶（2004HSP.C③：02） | 切 | 鲜木类较软物质 | 右刃应该比左刃使用程度高 |
| | 切 | 鲜木类较软物质 | |
| 石叶（2004HSP③：04） | 切 | 鲜木类较软物质 | |
| | 切 | 鲜木类较软物质 | |
| 石叶（2004HSP：02） | 刮 | 鲜木类较软物质 | |
| | 刮 | 鲜木类较软物质 | |
| | 切 | 鲜木类较软物质 | |
| 石叶（2005SRGB.T5251③：006） | 切 | 鲜木类较软物质 | 右刃使用程度较左刃为高。在石叶的近端中部腹侧与背侧均可见明显疤痕，应为捆绑痕迹 |
| | 切 | 鲜木类较软物质 | |
| 石叶（2005SRGB.T5350③：032） | 切 | 鲜肉类极软物质 | |
| | 切 | 干木类较硬物质 | |
| 石叶（2005SRGC：01） | 切 | 干木类较硬物质 | |
| | 切 | 干木类较硬物质 | |
| 石叶（2005SRGC：16） | 切 | 鲜木类较软物质 | 右刃使用程度比左刃高 |
| | 切 | 鲜木类较软物质 | |
| 石叶（2005SRGD.T5150②：007） | 刮 | 鲜木类较软物质 | 右刃使用程度较左刃高 |
| | 刮 | 鲜木类较软物质 | |
| 石叶（2005SRGD.T5251③：007） | 刮 | 鲜木类较软物质 | |
| | 刮 | 鲜木类较软物质 | |
| 石叶（2005SRGD.T5352③：010） | 切 | 鲜木类较软物质 | |
| | 刮 | 鲜木类较软物质 | |
| 细石叶（2004HSP.C③：05） | 刮 | 鲜木类较软物质 | 位于P.C.4处有一个较明显的疤痕，应为捆绑痕迹 |
| | 切 | 鲜木类较软物质 | |

续表

| 类型 | 行为 | 对象 | 其他 |
|---|---|---|---|
| 细石叶（2005SRGB.T3334②：25） | 切 | 鲜肉类极软物质 | |
| | 切 | 鲜肉类极软物质 | |
| 细石叶（2005SRGB.T5052②：002） | 切 | 鲜肉类极软物质 | |
| | 切 | 鲜肉类极软物质 | |
| 细石叶（2005SRGC：04） | 切 | 鲜木类较软物质 | |
| | 切 | 鲜木类较软物质 | |
| 细石叶（2005SRGC：06） | 刮 | 骨骼类坚硬物质 | 右刃使用程度高于左刃 |
| | 刮 | 骨骼类坚硬物质 | |
| 细石叶（2005SRGD.T5251③：008） | 切 | 新鲜肉皮类很软物质 | 右刃使用程度高于左刃 |
| | 切 | 新鲜肉皮类很软物质 | |
| 细石叶（2004HSP.C③：01） | 切 | 鲜木类较软物质 | 细石叶的左侧背面有若干疤痕，应为捆绑痕或握持痕 |
| 刮削器（2005SRGB.T5152③：002） | 切 | 干木类较硬物质 | |
| 刮削器（2005SRGD.T5152③：017） | 刮 | 干木类较硬物质 | P.C.7处有若干疤痕，略显内凹，应为手握持痕迹 |
| 刮削器（2005SRGD.T5351③：001） | 刮 | 鲜木类较软物质 | |

对和龙青头旧石器遗址挑选的石器微痕判定结论是：1个石片的唯一1个刃口用来切干木类较硬物质。1个石叶的唯一1个刃口用来刮新鲜肉皮类很软物质，而且在器身上有捆绑痕迹。唯一刃口的2件刮削器，1件用于刮新鲜肉皮类很软物质，1件用来刮鲜木类较软物质。1件尖状器的2个刃口，尖刃用来刻干木类较硬物质，凹刃用来切干木类较硬物质（表4.6）。

**表4.6　和龙青头旧石器遗址考古标本的微痕分析**

| 类型 | 行为 | 对象 | 其他 |
|---|---|---|---|
| 石片（2006HQ.C：53） | 切 | 干木类较硬物质 | |
| 石叶（2006HQ.C：49） | 刮 | 新鲜肉皮类很软物质 | 在P.C.2-3和P.C.6-7各有1处细小疤痕密集处，形成凹陷，较为对称，应是捆绑痕迹 |
| 刮削器（2006HQ.C：27） | 刮 | 新鲜肉皮类很软物质 | |
| 刮削器（2006HQ.C：4） | 刮 | 鲜木类较软物质 | |
| 尖状器（2006HQ.C：19） | 刻 | 干木类较硬物质 | 凹刃使用程度高于尖刃 |
| | 切 | 干木类较硬物质 | |

对安图沙金沟旧石器遗址挑选的石器微痕判定结论是：3个石片的3个刃口中有2个用来切干木类较硬物质，还有1个用来切鲜肉类极软物质。这3件石片中1件有手握持痕迹，2件有为防止手割伤而进行的修理痕迹。1件细石叶的2个刃口均是用来刮干木类较硬物质，并且其有可能是楔入手柄内使用的复合工具。唯一刃口的1件刮削器用于切鲜木类较软物质，并且器身有握持痕迹。2件尖状器均用来刻鲜木类较软物质（表4.7）。

**表4.7　安图沙金沟旧石器遗址考古标本的微痕分析**

| 类型 | 行为 | 对象 | 其他 |
|---|---|---|---|
| 石片（2006ASC：1） | 切 | 干木类较硬物质 | P.C.4-5处有若干较大型折断疤，推测应是手握持痕迹 |
| 石片（2006ASC：4） | 切 | 干木类较硬物质 | P.C.5-7处有一些疤痕，大小不一，推测应是为方便手握持不被割伤而对边缘简单地进行了修整的痕迹 |
| 石片（2006ASC：63） | 切 | 鲜肉类极软物质 | P.C.4-6处有一些大型疤痕，推测应是为方便手握持不被割伤而对边缘简单地进行了修整的痕迹 |
| 细石叶（2006ASC：76） | 刮 | 干木类较硬物质 | 左刃使用程度高于右刃。P.C.4处有一个锐利的尖部，推测应是楔入手柄内组成复合工具的部分 |
| | 刮 | 干木类较硬物质 | |
| 刮削器（2006ASC：2） | 切 | 鲜木类较软物质 | P.C. 3和 P.C. 6处均有疤痕，推测为手握持后所产生 |
| 尖状器（2006ASC：3） | 刻 | 鲜木类较软物质 | |
| 尖状器（2006ASC：5） | 刻 | 鲜木类较软物质 | |

对和龙崇善大洞旧石器遗址挑选的石器微痕判定结论是：1个石片的2个刃口均用来切干木类较硬物质，器身上有一处握持痕迹。1个石叶的2个刃口分别为刮鲜木类较软物质和切鲜肉类极软物质。1件细石叶则没有观察到可靠的微痕。3件刮削器的5个刃口中有4个用于刮鲜木类较软物质，1个用于刮干木类较硬物质。1件尖状器则用于刻鲜木类较软物质。3件雕刻器分别用于刻骨骼类坚硬物质、干木类较硬物质和鲜木类较软物质，并且其中有1件器身上有为防止手被割伤而作修整后留下的疤痕（表4.8）。

**表4.8　和龙崇善大洞旧石器遗址考古标本的微痕分析**

| 类型 | 行为 | 对象 | 其他 |
|---|---|---|---|
| 石片（2007DDC：396） | 切 | 干木类较硬物质 | P.C. 2-3处有一大型崩疤，似为使用时被手握持造成 |
| | 切 | 干木类较硬物质 | |
| 石叶（2007DDC：591） | 刮 | 鲜木类较软物质 | |
| | 切 | 鲜肉类极软物质 | |

续表

| 类型 | 行为 | 对象 | 其他 |
| --- | --- | --- | --- |
| 细石叶（2007DDC：1828） | | | 未观察到可靠的微痕，无法判断刃部及行为 |
| 刮削器（2007DDC：864） | 刮 | 鲜木类较软物质 | |
| | 刮 | 鲜木类较软物质 | |
| 刮削器（2007DDC：1168） | 刮 | 鲜木类较软物质 | |
| | 刮 | 鲜木类较软物质 | |
| 刮削器（2007DDC：3501） | 刮 | 干木类较硬物质 | |
| 尖状器（2007DDC：927） | 刻 | 鲜木类较软物质 | |
| 雕刻器（2007DDC：707） | 刻 | 骨骼类坚硬物质 | |
| 雕刻器（2007DDC：890） | 刻 | 干木类较硬物质 | |
| 雕刻器（2007DDC：1989） | 刻 | 鲜木类较软物质 | 在P.C.2-4处有若干疤痕，应是为防止手在握持时被割伤而有意修整的 |

## 注　释

[1] 陈全家、赵海龙、王春雪：《抚松新屯子西山旧石器遗址试掘报告》，《人类学学报》2009年28卷2期，147～153页。

[2] 石片如有使用痕迹，则为使用石片；如无，则为石片。

[3] a．陈全家、赵海龙、霍东峰：《和龙市柳洞旧石器地点发现的石制品研究》，《华夏考古》2005年3期，51～59页。

b．陈全家、王春雪、方启等：《吉林和龙柳洞2004年发现的旧石器》，《人类学学报》2006 年25卷3期，208～219页。

[4] 陈全家、张乐：《吉林延边珲春北山发现的旧石器》，《人类学学报》2004 年23卷2期，138～145页。

[5] 陈全家、王春雪、方启等：《延边地区和龙石人沟发现的旧石器》，《人类学学报》2006年 25卷2期，106～114页。

[6] 本书中的细石叶凸刃是指尖刃，下同。

[7] 陈全家、方启、李霞等：《吉林和龙青头旧石器遗址的新发现及初步研究》，《考古与文物》2008年2期，3～9页。

[8] 陈全家、赵海龙、方启等：《安图沙金沟旧石器遗址发现的石器研究》，《华夏考古》2008年4期，51～58页。

[9] 李霞：《和龙崇善大洞旧石器遗址（07年）发掘的石器研究》，吉林大学硕士学位论文，2008年。

# 第五章　结　　语

怎样使用微痕分析的方法为石器研究提供实证，以解决石器研究中的问题和分歧？具体到吉林省东部地区的黑曜岩石器的研究又是如何的呢？前文提到过："本书将通过这样几步来解决问题：①使用黑曜岩模拟打制各遗址的典型石器；②对打制成的石器进行模拟使用的实验；③在体视显微镜下对模拟使用实验后的石器进行微痕观察与分析；④在体视显微镜下对各遗址的典型石器进行微痕观察与分析；⑤将③与④的结果进行比对，以期得到石器的功能分类。同时以微痕数据为基准初步建立起中国黑曜岩石器类型与功能的判定标准。"下文就让我们从这些步骤进行探讨。

## 一、关于实验标本

这个部分实际探讨的就是步骤①、步骤②和步骤③。

### （一）关于石器的打制

本章不欲就石器的打制方法与修理方法过多论及，仅在此谈谈在黑曜岩石器的打制过程中，笔者注意到的问题：①黑曜岩在打制过程中很容易形成小的崩疤，刚剥离下来的石片，在体视显微镜下就可能观察到刃部的若干崩疤，这些崩疤往往形状较小，但是也不会特别微小，亦不会连续分布。这种状况应该是因为黑曜岩石料本身的脆性过大所造成的。所以在观察分析中要注意加以区分。②断片的截取并不复杂，只要将石料一面置于石砧上的圆滑处，使其与石料的接触面为点状，然后轻轻敲击石料的另一面，即可轻易截取到石料。

### （二）关于石器的使用

行为：本次实验的实验行为是切、刮、钻、刻四种，方向为单向，行为也是单一项目。在设计时考虑到实验行为较为常用的这四种在实际应用中可能较为普遍，故选择了这四种行为。实际上应该还有很多种常用行为没有设计到实验中去，如锯、剁等。并且方向的复杂性（往复运动、变向运动、变角运动等）和行为的混合性（切刮结合、钻刻结合等）在本次实验中均未涉及。另外，有些石器的实验行为也不全面，如直刃石叶对干皮革的刮行为，凸刃细石叶对新鲜猪皮的切行为等。这些行为应该在以后的工作中不断完善与补充。

对象：本实验的对象从硬至软为：新鲜猪骨或牛骨（坚硬）、干松木（较硬）、新鲜杨木（较软）、干牛皮（软）、新鲜猪皮（很软）、新鲜猪肉（极软）、新鲜蔬菜（最软）。这一分类是由笔者在亲手实验后确定的。而材料的选择则是考虑到了常用性与代表性。常用性是考虑到日常生活中的接触物，如树木的加工可能是制作工具的行为，鲜肉和皮革的加工就应该是食用之需等。当然，有些特殊材料或是稀缺材料不在本实验的考虑之内，如野猪皮、鸡蛋壳等。

操作者：前文已经对操作者的自然情况做了介绍。操作者对于实验结果有着较大影响。本次实验中的所有操作者基本属于同一年龄分类——青年类，在性别上虽是以女性为主，但是考虑到使用的是小石器工具，所以男性的使用力度不会体现明显优势，故不会产生太大的差异，具备一定的代表性。笔者认为今后对于这类小石器工具实验的操作者应特别挑选一组老年组或幼年组，观察微痕是否会因为使用力量的弱小而产生差别。

捆绑情况：本次实验对于所有的细石叶均进行了捆绑，没有对其他类石器进行捆绑。但是由于捆绑物对于黑曜岩的磨损极不明确，所以对于捆绑痕迹的涉及很少。并且对于把握处的处理也是不破坏原貌——黑曜岩边缘锋利，使用时很容易割伤手部，所以古人往往会对手握持处加以修理，使其变圆钝而不易受伤。我们在实验时采用的方法是将手部妥善包裹以免受伤，从而保持了石器原貌。

使用效率：对于黑曜岩石器来说，对刃口进行修理反而会使刃部变钝。所以修理刃部的石器往往锋利程度低于对刃部不加修理的石器，但是不加修理的刃部往往会很快变钝，其持续性也不如修理过的刃口保持得好。大刃角石器的锋利程度往往低于小刃角石器，但是小刃角石器的刃部往往会很快变钝，其持续性也不如大刃角的石器的刃口保持得好。

动作长度和动作频率：因人而异。实验要求行为要具有一贯性、连续性，保证每件石器的动作行为的可信性即可。总的看来，频率最低的为钻行为。其他行为之间差异不大，动作频率与动作长度成反比。

### （三）关于石器的微痕

#### 1. *石片*

石片的实验为：凸刃石片对较软物质的刮行为，微痕表现见表5.1。表5.2中，直刃石片则完成了对除最软物质外的所有物质的切行为[1]，可看到在从硬到软的切加工中，疤痕由多到少，锯齿状由明显到消失。这一点同直刃的石叶与细石叶基本一致。直刃石片还完成了坚硬物质与很软物质的刮行为。表5.3中，凹刃的石片对坚硬物质、较硬物质和较软物质进行了刮的行为所留下的微痕也具有一定的规律：坚硬物质给刃缘留下的疤痕较广泛，到了较软物质则疤痕集中在刃缘中部。

**表5.1　石片（凸刃）微痕观察结果一览表**

| 行为<br>对象 | 切 | 刮 | 钻 | 刻 |
|---|---|---|---|---|
| 坚硬物质 | | | | |
| 较硬物质 | | | | |
| 较软物质 | | 刃部顶端最后被磨得较为圆钝，在刃缘上散布着若干各式崩疤 | | |
| 软物质 | | | | |
| 很软物质 | | | | |
| 极软物质 | | | | |
| 最软物质 | | | | |

**表5.2　石片（直刃）微痕观察结果一览表**

| 行为<br>对象 | 切 | 刮 | 钻 | 刻 |
|---|---|---|---|---|
| 坚硬物质 | 刃缘圆钝，腹面和背面多为连续的折断式疤痕，有的表现为羽翼式，刃缘呈锯齿状 | 刃缘圆钝，在刃缘侧的腹面或背面形成层叠状疤痕，凹凸不平 | | |
| 较硬物质 | 刃缘圆钝，腹面和背面多为连续的折断式或羽翼式疤痕，刃缘略呈现锯齿状 | | | |
| 较软物质 | 刃缘圆钝，刃缘的腹面和背面形成一些不连续的羽翼式疤痕，有个别的折断式疤痕 | | | |
| 软物质 | 腹面及背面形成的疤痕极少，刃缘逐渐变得圆钝 | | | |
| 很软物质 | 刃缘在实验结束后变得圆钝，刃部的腹面和背面形成了零星的羽翼式疤痕，有个别的折断式疤痕 | 刃缘部呈现圆钝化，在刃部的腹面或背面上零星散布着折断式或羽翼式的微疤，这一结果与刮较软物质新鲜杨树枝干的结果近似，只是在程度上略轻 | | |
| 极软物质 | 刃缘在实验结束后变圆钝，刃部的腹面和背面形成了零星的羽翼式疤痕，有个别的折断式疤痕，疤痕均很微小 | | | |
| 最软物质 | | 折断式疤痕 | | |

**表5.3 石片（凹刃）微痕观察结果一览表**

| 行为<br>对象 | 切 | 刮 | 钻 | 刻 |
|---|---|---|---|---|
| 坚硬物质 | | 刃缘圆钝，在刃缘侧的腹面或背面形成层叠状疤痕，凹凸不平 | | |
| 较硬物质 | | 刃缘圆钝，刃缘侧的腹面或背面形成连续的层叠状折断式疤痕或羽翼式疤痕，刃缘呈现凹凸不平现象 | | |
| 较软物质 | | 刃口的背侧或腹侧的中部，形成层叠式的疤痕，偶有若干羽翼式及折断式微疤出现在背侧或腹侧刃缘上 | | |
| 软物质 | | | | |
| 很软物质 | | | | |
| 极软物质 | | | | |
| 最软物质 | | | | |

### 2. 石叶

石叶的微痕总结见表5.4，本次实验选用的石叶均为直刃，在“切”这一行为中对所有不同性质的加工对象都进行了加工。其表现的规律性类似直刃石片。在刮这一行为中对坚硬物质、较硬物质、较软物质和很软物质进行了加工。微痕数量及形状对应从硬到软加工物质的表现为从多到少，从大到小。

**表5.4 石叶（直刃）微痕观察结果一览表**

| 行为<br>对象 | 切 | 刮 | 钻 | 刻 |
|---|---|---|---|---|
| 坚硬物质 | 刃缘圆钝，腹面和背面多为连续的折断式疤痕，有的表现为羽翼式，呈锯齿状 | 刃缘圆钝，在刃缘侧的腹面或背面形成层叠状状疤痕，凹凸不平 | | |
| 较硬物质 | 刃缘圆钝，腹面和背面多为连续的折断式或羽翼式疤痕，刃缘略呈现“锯齿状” | 刃缘圆钝，有凹凸不平的刃缘形成，腹面或是背面布满层叠的折断式疤痕 | | |
| 较软物质 | 刃缘圆钝，刃缘的腹面和背面形成一些不连续的羽翼式疤痕，有个别的折断式疤痕 | 刃缘变圆钝，腹面或背面上零星分布着羽翼式或折断式的疤痕 | | |
| 软物质 | 腹面及背面形成的疤痕极少，刃缘逐渐变得圆钝 | | | |

续表

| 行为/对象 | 切 | 刮 | 钻 | 刻 |
|---|---|---|---|---|
| 很软物质 | 刃缘在实验结束后变得圆钝，刃部的腹面和背面形成了零星的羽翼式疤痕，有个别的折断式疤痕 | 刃缘部呈现圆钝化，在刃部的腹面或背面上零星散布着折断式或羽翼式的微疤，这一结果与刮较软物质新鲜杨树枝干的结果近似，只是在程度上略轻 | | |
| 极软物质 | 刃缘变圆钝，刃部的腹面和背面很少形成疤痕 | | | |
| 最软物质 | 刃缘在变圆钝，刃部的腹面和背面形成很少的微型疤痕 | | | |

3. 细石叶

表5.5～表5.7是对不同刃部细石叶对不同加工对象与行为的总结。在凸刃（尖刃）细石叶的刻行为中，可发现尖刃部有偏移现象。直刃细石叶的切行为与直刃石片和直刃石叶类似。直刃细石叶的刮行为与直刃石叶和直刃石片很类似，只是程度似乎要更深一些，这可能是因为相对于加工物体，细石叶的刃部较小，可以更完全地作用于物体之上，因而产生的疤痕也较为完全。凹刃细石叶对坚硬物质和较软物质进行了刮的加工。微痕表现也是由大到小，由多到少。

**表5.5　细石叶（凸刃）微痕观察结果一览表**

| 行为/对象 | 切 | 刮 | 钻 | 刻 |
|---|---|---|---|---|
| 坚硬物质 | | | | |
| 较硬物质 | | | | 刃缘圆钝，在使用过程中，尖刃部逐渐变圆钝并崩裂，在腹面和背面近刃部形成若干小崩疤，使用到后期，尖刃部会产生“偏移”，偏移的方向恰好与使用的方向相反 |
| 较软物质 | | | | 在使用过程中，尖刃部逐渐变圆钝并崩裂，在腹面和背面近刃部形成若干小崩疤，使用到后期，尖刃部会产生较轻微的“偏移”，偏移的方向恰好与使用的方向相反 |
| 软物质 | | | | |
| 很软物质 | | | | |
| 极软物质 | | | | |
| 最软物质 | | | | |

表5.6　细石叶（直刃）微痕观察结果一览表

| 对象＼行为 | 切 | 刮 | 钻 | 刻 |
|---|---|---|---|---|
| 坚硬物质 | 刃缘圆钝，腹面和背面多为连续的折断式疤痕，有的表现为羽翼式，呈锯齿状 | | | |
| 较硬物质 | 刃缘圆钝，腹面和背面多为连续的折断式或羽翼式疤痕，刃缘略呈现锯齿状 | 刃缘圆钝，有凹凸不平的刃缘形成，腹面或背面布满层叠的折断式疤痕 | | |
| 较软物质 | 刃缘圆钝，腹面与背面形成较为连续的羽翼式或折断式疤痕 | 刃缘磨得较为圆钝，背面分布连续的羽翼式疤痕 | | |
| 软物质 | 腹面及背面形成的疤痕极少，刃缘逐渐变得圆钝 | | | |
| 很软物质 | 刃缘在实验结束后变得圆钝，刃部的腹面和背面形成了零星的羽翼式疤痕，有个别的折断式疤痕 | 刃缘部呈现圆钝化，在刃部的腹面或背面上零星散布着折断式或羽翼式的微疤，这一结果与刮较软物质新鲜杨树枝干的结果近似，只是在程度上略轻 | | |
| 极软物质 | 刃缘变圆钝，刃部的腹面和背面很少形成疤痕 | | | |
| 最软物质 | 刃缘变圆钝，刃部的腹面和背面形成很少的微型疤痕 | | | |

表5.7　细石叶（凹刃）微痕观察结果一览表

| 对象＼行为 | 切 | 刮 | 钻 | 刻 |
|---|---|---|---|---|
| 坚硬物质 | | 刃缘圆钝，刃缘腹侧或背侧具有不规则的羽翼式疤痕 | | |
| 较硬物质 | | | | |
| 较软物质 | | 刃缘圆钝，刃缘背面分布零星折断式与羽翼式疤痕 | | |
| 软物质 | | | | |
| 很软物质 | | | | |
| 极软物质 | | | | |
| 最软物质 | | | | |

4. 刮削器

表5.8 ~ 表5.10是对于刮削器微痕的总结。凸刃刮削器对于除极软物质之外的各类物质进行了切的实验，微痕结果排除大刃角的干扰外，微痕规律与石片、石

叶和细石叶类似。直刃刮削器的切行为表现亦是如此。当然，对于刮削器的刮行为来说，无论刃部凸、直、凹与否，其大致规律与石片和石叶的微痕演变很是接近。

**表5.8　刮削器（凸刃）微痕观察结果一览表**

| 对象＼行为 | 切 | 刮 | 钻 | 刻 |
|---|---|---|---|---|
| 坚硬物质 | 刃被磨平或圆钝，腹面和背面的使用疤痕呈层叠状 | 刃被磨平或圆钝，腹面或背面的疤痕呈层叠状 | | |
| 较硬物质 | 刃被磨圆钝，腹面和背面的使用疤痕并不很多（大刃角） | 刃缘部分有明确的被磨圆钝的痕迹，但是疤痕产生不多（大刃角） | | |
| 较软物质 | 整个刃缘均变得圆钝，刃部最凸出部分被磨得较平，背面和腹面偶见层叠式崩疤 | 刃缘接触实验物体部被磨圆钝 | | |
| 软物质 | 使用到最后刃缘被磨圆钝，腹面和背面的疤痕只出现寥寥数个 | | | |
| 很软物质 | 刃缘使用端被磨得略圆钝，刃部的腹面和背面形成了零星的羽翼式疤痕或折断式疤痕 | | | |
| 极软物质 | | | | |
| 最软物质 | 刃部凸出部位被磨耗得圆钝，刃部的腹面和背面形成零星的微小疤痕 | | | |

**表5.9　刮削器（直刃）微痕观察结果一览表**

| 对象＼行为 | 切 | 刮 | 钻 | 刻 |
|---|---|---|---|---|
| 坚硬物质 | | | | |
| 较硬物质 | | | | |
| 较软物质 | 刃部整体被磨耗得较为圆钝，偶有单个或不连续的小疤 | | | |
| 软物质 | 腹面及背面形成的疤痕极少，刃缘逐渐变得圆钝 | | | |
| 很软物质 | | 刃缘接触实验物体部被磨圆钝，而且在刃部的腹面或背面上零星散布着折断式或羽翼式的微疤 | | |
| 极软物质 | 刃缘后变圆钝，刃部的腹面和背面形成很少的微小疤痕 | | | |
| 最软物质 | 刃缘变圆钝，刃部的腹面和背面形成零星的微小疤痕 | | | |

**表5.10　刮削器（凹刃）微痕观察结果一览表**

| 行为<br>对象 | 切 | 刮 | 钻 | 刻 |
|---|---|---|---|---|
| 坚硬物质 | | | | |
| 较硬物质 | | | | |
| 较软物质 | | 刃缘部被磨圆钝，腹面留有层叠或羽翼式的疤痕 | | |
| 软物质 | | | | |
| 很软物质 | | | | |
| 极软物质 | | | | |
| 最软物质 | | | | |

5. 尖状器

在表5.11中，尖状器在切行为中对所有类物质进行了操作，刃部随加工物的由软到硬逐渐变得越发钝化甚至变平。钻行为则是在对从软物质到坚硬物质的加工中不断使尖刃部产生崩裂疤痕并加速“造尖”的行为。对较硬物质和较软物质的刻行为则有程度不同的尖刃偏移现象。

**表5.11　尖状器微痕观察结果一览表**

| 行为<br>对象 | 切 | 刮 | 钻 | 刻 |
|---|---|---|---|---|
| 坚硬物质 | 刃被磨圆钝甚至变平 | | 刃缘顶端变圆钝，两侧端崩裂痕较多，整个刃部呈现一个不断“造尖”同时钝化尖顶部的过程 | |
| 较硬物质 | 刃被磨圆钝且出现一个小平面 | | 刃缘顶端变圆钝，两侧端崩裂痕较多，整个刃部呈现一个不断“造尖”同时钝化尖顶部的过程，只是程度上较钻骨骼稍轻 | 在使用过程中，尖刃部逐渐变圆钝并崩裂，在腹面和背面近刃部形成若干小崩疤，使用到后期，尖刃部会产生“偏移”，偏移的方向恰好与使用的方向相反 |
| 较软物质 | 尖部被磨圆钝 | | 尖刃变钝，尖刃两侧有若干崩疤，“造尖”过程仍继续，只是程度较钻干木降低很多 | 在使用过程中，尖刃部逐渐变圆钝并崩裂，在腹面和背面近刃部形成若干小崩疤，使用到后期，尖刃部会产生较轻微的“偏移”，偏移的方向恰好与使用的方向相反 |

续表

| 行为<br>对象 | 切 | 刮 | 钻 | 刻 |
|---|---|---|---|---|
| 软物质 | 刃缘部分被磨平变钝，整个刃部变得光滑 | | 尖刃部顶端变圆钝，刃部范围变小，刃部两侧也崩裂微疤 | |
| 很软物质 | 尖部被磨略圆钝，残留的尖部稍偏向运动方向的相反方向 | | | |
| 极软物质 | 尖刃部的顶端尖部被磨圆钝，尖刃部两侧被磨得圆滑 | | | |
| 最软物质 | 尖刃部的顶端尖部被略微磨圆，尖刃部两侧有零星微型疤痕 | | | |

6. 雕刻器

雕刻器的微痕总结见表5.12。雕刻器对从坚硬物质到软物质进行了钻行为，微痕表现为造尖和钝化逐渐变轻的过程。刻行为则是针对坚硬物质、较硬物质、较软物质进行，微痕表现为疤痕从多到少，刃缘圆钝化变轻的过程。

**表5.12　雕刻器微痕观察结果一览表**

| 行为<br>对象 | 切 | 割 | 钻 | 刻 |
|---|---|---|---|---|
| 坚硬物质 | | | 刃缘顶端变圆钝，两侧端崩裂痕较多，整个刃部呈现一个不断“造尖”同时钝化尖顶部的过程 | 刃口持续被磨圆钝，且刃部的一个侧面在使用过程中持续崩裂 |
| 较硬物质 | | | 刃缘顶端变圆钝，两侧端崩裂痕较多，整个刃部呈现一个不断“造尖”同时钝化尖顶部的过程，只是程度上较钻骨骼稍轻 | 凿子形刃口被磨圆钝，同时刃部的一个侧面崩裂若干疤痕 |
| 较软物质 | | | 凿子形刃口变圆钝，且分布零星疤痕，且刃部的两侧端从垂直磨耗至近弧形 | 凿子形刃口被磨圆钝，同时刃部的一个侧面崩裂零星疤痕，形状为折断式或羽翼式 |

续表

| 对象＼行为 | 切 | 割 | 钻 | 刻 |
| --- | --- | --- | --- | --- |
| 软物质 | | | 凿子形刃口在使用后逐渐变得圆钝，且整个刃口趋近于弧状 | |
| 很软物质 | | | | |
| 极软物质 | | | | |
| 最软物质 | | | | |

综上所述，以上的石片、石叶和细石叶同为第二类工具，微痕表现也大致相似，在切行为上的微痕大致表现为：在刃缘的两侧均会产生疤痕，按照加工物质的从硬到软；疤痕从大到小，从多到少，从折断式向羽翼式过渡。在刮行为上的微痕：在刃缘的某一侧产生疤痕，另一侧如有疤痕也是零星出现，按照加工物质的从硬到软；疤痕从大到小，从多到少，从层叠式向折断式到羽翼式过渡。在这两项行为中，细石叶的微痕产生程度要高于石片与石叶。石片与石叶明显不适用于钻这一行为，细石叶在钻使用中全部失败，初步判定其也不适用于钻行为。刻行为中也只有细石叶参与，其表现较为接近尖状器。

刮削器在切与刮后的微痕表现较为接近相近刃角的石片、石叶与细石叶，但是磨耗程度要相对较轻。

尖状器的切的行为随加工对象的不同，尖刃部有不同的钝化程度，这种行为与尖状器的刻行为的区别在于尖刃部是否发生了偏移。而钻行为则有不同程度的“造尖”过程产生。

雕刻器在钻过程中体现出不适用性极强，推测这种行为即使发生也应该只会作用于软于较软物质的物质上。刻行为则会在刃缘的一侧有疤痕，刃缘边棱变圆钝。随着使用对象的坚硬程度加深，留下的疤痕也会增多增大，刃缘边棱的“弧化”程度也会加大。

总之，实验标本的实验过程是科学而有效的，是可信的。故而笔者就开始进行下一步的研究。

## 二、关于考古标本

这个部分探讨的就是前文提到的步骤④与步骤⑤。

本书共挑选了吉林省东部地区发现的有84个刃口的55件石器。这些石器来自于吉林省东部地区的7个以黑曜岩石器为主体的旧石器遗址或地点，年代相近，文化相近，地域相近。所以对于这55件石器，我们不妨首先将之视为一个整体，利用对这55件石器的84个刃口的判定，来初步了解在旧石器时代晚期吉林省东部地区黑曜岩石器的整体使用情况。

## （一）石片

根据表5.13，全部的11个石片刃口中的6个用于切干木类较硬物质，约占总数的54.55%，2个用于切鲜肉类极软物质，约占总数的18.18%，剩下的占总数27.27%的3个刃口是用来刮干木类较硬物质的。

**表5.13　考古标本使用情况统计表（石片）**

| 对象＼行为 | 切 | 刮 | 钻 | 刻 |
|---|---|---|---|---|
| 坚硬（骨骼类） | | | | |
| 较硬（干木类） | 6（54.55%） | 3（27.27%） | | |
| 较软（鲜木类） | | | | |
| 软（干皮类） | | | | |
| 很软（新鲜肉皮类） | | | | |
| 极软（鲜肉类） | 2（18.18%） | | | |
| 最软（鲜菜类） | | | | |

## （二）石叶

根据表5.14，全部的29个石叶刃口中的14个用于切鲜木类较软物质，约占总数的48.28%，8个用于刮鲜木类较软物质，约占总数的27.59%，3个用于切干木类较硬物质，约占总数的10.34%，切鲜肉类极软物质和刮新鲜肉皮类很软物质各2个，分别约占总数的6.90%。

**表5.14　考古标本使用情况统计表（石叶）**

| 对象＼行为 | 切 | 刮 | 钻 | 刻 |
|---|---|---|---|---|
| 坚硬（骨骼类） | | | | |
| 较硬（干木类） | 3（10.34%） | | | |
| 较软（鲜木类） | 14（48.28%） | 8（27.59%） | | |
| 软（干皮类） | | | | |
| 很软（新鲜肉皮类） | | 2（6.90%） | | |
| 极软（鲜肉类） | 2（6.90%） | | | |
| 最软（鲜菜类） | | | | |

## （三）细石叶

根据表5.15，全部的21个细石叶刃口中的8个用于切鲜肉类极软物质，约占总数的38.10%，6个用于切鲜木类较软物质，约占总数的28.57%，刮骨骼类坚硬物质和干木类较硬物质及切新鲜肉皮类很软物质的刃口均为2个，各约占总数的9.52%，刮鲜木类较软物质的刃口仅有1个，占总数的4.76%。

**表5.15 考古标本使用情况统计表（细石叶）**

| 对象＼行为 | 切 | 刮 | 钻 | 刻 |
|---|---|---|---|---|
| 坚硬（骨骼类） | | 2（9.52%） | | |
| 较硬（干木类） | | 2（9.52%） | | |
| 较软（鲜木类） | 6（28.57%） | 1（4.76%） | | |
| 软（干皮类） | | | | |
| 很软（新鲜肉皮类） | 2（9.52%） | | | |
| 极软（鲜肉类） | 8（38.10%） | | | |
| 最软（鲜菜类） | | | | |

## （四）刮削器

根据表5.16，全部的15个刮削器刃口中的6个用于刮鲜木类较软物质，占总数的40%，4个用于刮新鲜肉皮类很软物质，约占总数的26.67%，刮干木类较硬物质的刃口为3个，占总数的20%，切鲜木类较软物质和干木类较硬物质的刃口各仅有1个，各约占总数的6.67%。

**表5.16 考古标本使用情况统计表（刮削器）**

| 对象＼行为 | 切 | 刮 | 钻 | 刻 |
|---|---|---|---|---|
| 坚硬（骨骼类） | | | | |
| 较硬（干木类） | 1（6.67%） | 3（20%） | | |
| 较软（鲜木类） | 1（6.67%） | 6（40%） | | |
| 软（干皮类） | | | | |
| 很软（新鲜肉皮类） | | 4（26.67%） | | |
| 极软（鲜肉类） | | | | |
| 最软（鲜菜类） | | | | |

### （五）尖状器

根据表5.17，全部的5个刮削器刃口中的3个用于刻鲜木类较软物质，占总数的60%，1个用于刻干木类较硬物质，占总数的20%，切干木类较硬物质的刃口为1个，占总数的20%。

**表5.17　考古标本使用情况统计表（尖状器）**

| 对象＼行为 | 切 | 刮 | 钻 | 刻 |
|---|---|---|---|---|
| 坚硬（骨骼类） | | | | |
| 较硬（干木类） | 1（20%） | | | 1（20%） |
| 较软（鲜木类） | | | | 3（60%） |
| 软（干皮类） | | | | |
| 很软（新鲜肉皮类） | | | | |
| 极软（鲜肉类） | | | | |
| 最软（鲜菜类） | | | | |

### （六）雕刻器

根据表5.18，全部的3个雕刻器刃口用于刻骨骼类坚硬物质、干木类较硬物质和鲜木类较软物质的各1个，各约占总数的33.33%。

**表5.18　考古标本使用情况统计表（雕刻器）**

| 对象＼行为 | 切 | 刮 | 钻 | 刻 |
|---|---|---|---|---|
| 坚硬（骨骼类） | | | | 1（33.33%） |
| 较硬（干木类） | | | | 1（33.33%） |
| 较软（鲜木类） | | | | 1（33.33%） |
| 软（干皮类） | | | | |
| 很软（新鲜肉皮类） | | | | |
| 极软（鲜肉类） | | | | |
| 最软（鲜菜类） | | | | |

由上文可知，考古标本中的石片多用于切干木类较硬物质，不用于钻、刻；考古标本中的石叶多用于切鲜木类较软物质，不用于钻、刻；考古标本中的细石

叶多用于切鲜肉类极软物质，不用于钻、刻；考古标本中的刮削器多用于刮鲜木类较软物质，不用于钻、刻；考古标本中的尖状器多用于刻鲜木类较软物质，不用于钻、刮；考古标本中的全部的3件雕刻器刃口用于刻骨骼类坚硬物质、干木类较硬物质和鲜木类较软物质的各为1件。这一结果与上文中提及的实验标本的行为结论有诸多吻合之处，如细石叶与雕刻器不适宜钻等。

在观察与分析过程中，笔者还发现了一些有趣的现象。

（1）古人对器物的使用颇有“勤俭节约、物尽其用”的精神，在考古标本中的石叶与细石叶几乎都有2个刃口在使用，甚至有的刮削器也使用2个刃口，这说明古人对于石器是非常珍惜的。而且这样的集中在同一石器上的2个刃口，其行为方式与使用对象也往往是相同的，且绝大多数时候，一个刃口的使用程度要高于另一个刃口。这说明古人对于优秀石器的使用是本着最充分利用的原则的，还说明在旧石器时代晚期，至少在以黑曜岩石器为主体的吉林省东部地区，对于石器的使用已经存在着较为明确的分工——一件石叶的左刃是用来刮新鲜肉皮的，那么右刃也很有可能是做同样事情的。

（2）古人对器物的使用是“不厌其烦”的。在55件石器中，发现了大约9件石器器身上有较为明确的捆绑痕迹，这说明古人对于复合工具的认识已经达到了一定的程度。

（3）古人对器物的使用是“小心翼翼”的。在所有考古标本中，发现了3件对于石器的握持部位进行修整，以防使用者被过于锋利的黑曜岩石器边缘割伤。

总之，我们可以从这些石器中获知很多古人信息，即使这只是管中窥豹，但总是可略窥一斑的。这种分析就是实证的分析。依据这种分析方式，可以说我们已经初步建立了吉林省东部地区甚或全国黑曜岩石器微痕研究大厦的一角基石，我们今后的任务很是艰巨，要完成中国黑曜岩石器类型与功能的判定标准、中国黑曜岩石器标准化数据，为中国的微痕研究这座更高的大厦添砖加瓦！

## 三、余 论

最后，笔者还想谈一下微痕研究的几点想法。

（1）微痕研究不只是在显微镜下。微痕研究应该是在有一定的微痕研究数据的前提条件之下进行的研究，这种占有实际上包括很多工作，本书的研究方式就是一种微痕研究模式，这种模式由模拟制作石器、模拟使用石器、实验标本微痕观察分析、考古标本微痕观察分析、比较研究等部分构成。这种模式也只是微痕研究的诸多模式中的一种，认为微痕研究只是在显微镜下进行的工作的观点是片面的。

（2）微痕研究不只是用眼睛看到的。微痕研究不只应该用眼睛去看，笔者在微痕研究中有这样一个体会，想要了解一件石器的刃部使用与否或者是使用到何种程度，可以先用手去触摸刃口，不同的触感在一定程度上反映了不同的使用阶段。在这种时候，显微镜下眼镜的观察就可以和手指的触觉结合在一起得到一个全面系统的微痕信息，甚至在模拟实验的过程中，我们的耳朵能够听到石器剥离崩疤时发出的清脆的声音，听觉得到的片疤剥落的声音可为视觉进行的微痕观察提供帮助。

（3）没有结果也是一种结果。由于微痕研究是一门注重实证的研究，相比于传统的研究方式，它更重视以真凭实据说话，获得无可辩驳的事实依据。在这种研究的前提下，我们所做的很多研究，看似没有收获，实则收获颇大，如在本书中，笔者使用细石叶对骨骼进行钻行为实验，全部以细石叶断裂告终，实际上在实验之初，这种情况就已经在笔者的设想之中，但之所以还进行这样的实验，就是为了得到这样一个事实：细石叶不适合用来钻骨骼。表面上看，从微痕实验角度来说，我们无法观测到该细石叶的微痕，没有得到结果，但这本身就是一种结果。

（4）微痕研究要“不怕会诊”。微痕研究是一门可重复进行的科学研究，我们应该欢迎微痕研究的同行们对我们已经做过的微痕研究进行重复研究，如果得到相同的研究结果，这固然说明结果的可靠性，如果得到不同的研究结果，那也未尝不是一件好事，这可以让我们一起去检讨研究中的得失、方法的利弊，使整个研究更加严谨可靠。

（5）“我给你吃我的桃子，也请你给我吃你的李子。”我们在做微痕研究的时候要打破门户之见，走出研究壁垒，将我们的研究成果共享，共同促进，一起提高，争取早日建立起系统的微痕研究数据体系。可以想见，当全国乃至全世界各地的微痕研究数据汇集到一起，建立一个严格的系统的微痕研究数据总库时，微痕研究将会呈现“井喷”式的发展。

（6）酒香也怕巷子深。微痕研究有着其他研究不可比拟的优点——准确、科学、严谨，这足以说明这一研究将带给考古学研究巨大的帮助和广阔的前景，但是微痕研究在中国尚没有取得它应有的地位，所以我们要加大力度呼吁实证研究，让微痕研究遍地开花，发展得越来越好，成为普及化的研究手段。

（7）联通古今，对话古人。微痕研究可以将远古与现代连接，复原古人的行为与生活，可以让沉寂万年的石器敞开心扉，告诉研究者它身上蕴含的丰富信息。前文就曾提到过，希望能够给研究者提供一些帮助，能够给研究者提供一些启发，能够架起微痕研究与石器分析的桥梁。这一桥梁实际上同时就是我们通往历史真相的桥梁，架设这一桥梁也正是微痕研究者的天然使命！

## 注 释

[1] 切最软物质的微痕结果受到了其下的木制砧板的干扰，故不参与总结。

# 参 考 文 献

[1] 陈淳、沈辰、陈万勇等：《小长梁石工业研究》，《人类学学报》2002年21卷1期，23～40页。

[2] 陈淳：《东亚与北美细石叶遗存古环境》，《第四纪研究》1994年14卷4期，369～376页。

[3] 陈淳：《旧石器时代考古学的昨天与今天》，《第四纪研究》1999 年19卷2期，148～154页。

[4] 陈淳：《考古学的理论与研究》，学林出版社，2003年。

[5] 陈淳：《谈旧石器打制实验》，《人类学学报》1993年12卷4期，398～403页。

[6] 陈福友、曹明明、关莹等：《木质加工对象实验与微痕分析报告》，《石器微痕分析的考古学实验研究》，科学出版社，2008年，41～60页。

[7] 陈虹、沈辰：《石器研究中“操作链”的概念、内涵及应用》，《人类学学报》2009年28卷2期，201～210页。

[8] 陈全家、方启、李霞等：《吉林和龙青头旧石器遗址的新发现及初步研究》，《考古与文物》2008年2期，3～9页。

[9] 陈全家、李有骞、赵海龙等：《吉林辉南邵家店发现的旧石器》，《北方文物》2006年1期，1～7页。

[10] 陈全家、王春雪、方启等：《吉林和龙柳洞2004年发现的旧石器》，《人类学学报》2006年 25卷3期，208～219页。

[11] 陈全家、王春雪、方启等：《延边地区和龙石人沟发现的旧石器》，《人类学学报》2006年 25卷2期，106～114页。

[12] 陈全家、张乐：《吉林延边珲春北山发现的旧石器》，《人类学学报》2004年23卷2期，138～145页。

[13] 陈全家、赵海龙、方启等：《安图沙金沟旧石器遗址发现的石器研究》，《华夏考古》2008年4期，51～58页。

[14] 陈全家、赵海龙、霍东峰：《和龙市柳洞旧石器地点发现的石制品研究》，《华夏考古》2005年3期，51～59页。

[15] 陈全家、赵海龙、王春雪：《抚松新屯子西山旧石器遗址试掘报告》，《人类学学报》2009 年28卷2期，147～153页。

[16] 冯恩学：《俄国东西伯利亚与远东考古》，吉林大学出版社，2002年。

[17] 盖培、卫奇：《虎头梁旧石器时代晚期遗址的发现》，《古脊椎动物与古人类》1977年15卷4期，287～300页。

[18] 高星、裴树文：《中国古人类石器技术与生存模式的考古学阐释》，《第四纪研究》2006年26卷4期，504～513页。

[19] 高星、沈辰：《石器微痕分析在我国的应用：沉思与前瞻》，《中国文物报》2007年12月21日第7版、2008年1月18日第7版。

[20] 高星、沈辰：《石器微痕分析在中国考古学中的应用与发展前景》，《石器微痕分析的考古学实验研究》，科学出版社，2008年，1～22页。

[21] 高星：《解析周口店第15地点古人类的技术与行为》，《第八届中国古脊椎动物学学术年会论文集》，海洋出版社，2001年，183～196页。

[22] 高星：《旧石器时代考古学》，《化石》2002年4期，2～7页。

[23] 高星：《中国旧石器时代考古学的昨天、今天与明天》，《中国科学院古脊椎动物与古人类研究所20世纪旧石器时代考古学研究》，文物出版社，2002年，3～9页。

[24] 顾玉才：《海城仙人洞遗址出土钻器的实验研究》，《人类学学报》1995年14卷3期，219～226页。

[25] 侯亚梅：《考古标本微磨痕初步研究》，《人类学学报》1992年11卷4期，354～361页。

[26] 侯亚梅：《石制品微磨痕分析的实验性研究》，《人类学学报》1992年11卷3期，202～215页。

[27] 黄蕴平：《沂源上崖洞石制品的研究》，《人类学学报》1994年13卷1期，1～11页。

[28] 李卫东：《燧石尖状器实验研究》，《考古学研究》，文物出版社，1992年，91～123页。

[29] 李霞：《和龙崇善大洞旧石器遗址（07年）发掘的石器研究》，吉林大学硕士学位论文，2008年。

[30] 曲彤丽、梅惠杰、张双权：《骨质加工对象与微痕分析报告》，《石器微痕分析的考古学实验研究》，科学出版社，2008年，61～81页。

[31] 沈辰、陈淳：《微痕研究（低倍法）的探索与实践——兼谈小长梁遗址石制品的微痕观察》，《考古》2001年7期，62～73页。

[32] 沈辰：《山东旧石器晚期石器工业传统的多样性和复杂性——类型学分析》，《东方考古》第一集，科学出版社，2004年，1～22页。

[33] 沈辰：《石器微痕分析的考古学实验：理论、方法与运用》，《石器微痕分析的考古学实验研究》，科学出版社，2008年，23～40页。

[34] 沈辰：《细石器工艺、细石器传统及山东细石器研究的初步认识》，《桃李成蹊集——庆祝安志敏先生八十寿辰》，香港中文大学中国考古艺术研究中心，2004年，45～56页。

［35］宋兆麟：《投石器和流星索——远古狩猎技术的重要革命》，《史前研究》1984年2期，98～108页。
［36］童恩正：《石器的微痕研究》，《史前研究》1983年2期，151～158页。
［37］王健、王向前、陈哲英：《下川文化——山西下川遗址调查报告》，《考古学报》1978年3期，259～288页，
［38］王向前、丁建平、陶富海：《山西蒲县薛关细石器》，《人类学学报》1983年 2卷2期，162～171页。
［39］王小庆：《石器使用痕迹显微观察的研究》，《21世纪中国考古学与世界考古学：纪念中国社会科学院考古研究所成立50周年大会暨21世纪中国考古学与世界考古学国际学术研讨会论文集》，中国社会科学出版社，2002年，552～568页。
［40］王小庆：《石器使用痕迹显微观察的研究》，文物出版社，2008年。
［41］王小庆：《赵宝沟遗址出土细石叶的微痕研究——兼论赵宝沟文化的生业形态》，《桃李成蹊集——庆祝安志敏先生八十寿辰》，香港中文大学中国考古艺术研究中心，2004年，112～120页。
［42］王幼平：《雕刻器实验研究》，《考古学研究》，文物出版社，1992年，65～90页。
［43］王幼平：《石器研究——旧石器时代考古方法初探》，北京大学出版社，2006年。
［44］王幼平：《试论环境与华北晚期旧石器文化》，《北京大学百年国学文粹（考古卷）》，北京大学出版社，1998年，650～658页。
［45］王幼平：《中国远古人类文化的源流》，科学出版社，2005年。
［46］卫奇：《石制品的观察格式探讨》，《第八届中国古脊椎动物学学术年会论文集》，海洋出版社，2001年，209～218页。
［47］夏竞峰：《燧石刮削器的微痕观察》，《中国历史博物馆馆刊》1995年1期，22～42页。
［48］夏正楷：《第四纪环境学》，北京大学出版社，1997年。
［49］谢飞、李珺、刘连强：《泥河湾旧石器文化》，花山文艺出版社，2006年。
［50］谢礼晔、李意愿、王强等：《钻孔运动方式实验与微痕分析报告》，《石器微痕分析的考古学实验研究》，科学出版社，2008年，107～144页。
［51］谢礼晔：《微痕分析在磨制石器功能研究中的初步尝试——二里头遗址石斧和石刀的微痕分析》，中国社会科学院研究生院，2005年。
［52］尤玉柱：《河北小长梁旧石器遗址的新材料及其时代问题》，《史前研究》1983年1期，46～50页。
［53］张森水：《近20年来中国旧石器考古学的进展与思考》，《第四纪研究》2002年22卷1期，11～19页。
［54］张森水：《马鞍山旧石器遗址试掘报告》，《人类学学报》1988年7卷1期，64～74页。
［55］张森水：《述评〈石器使用的试验鉴定——微磨损分析〉》一书，《人类学学报》

1986年5卷4期，392～395页。

［56］ 张晓凌、王春雪、张乐等：《刮削运动方式实验与微痕分析报告》，《石器微痕分析的考古学实验研究》，科学出版社，2008年，83～106页。

［57］ 张晓凌：《丁村77：01地点和下川遗址细石器制品的类型初探》，《文物春秋》2003年1期，1～11页。

［58］ 张晓凌：《石器功能与人类适应行为：虎头梁遗址石制品微痕分析》，中国社会科学院古脊椎动物与古人类研究所，2009年。

［59］ 赵静芳、宋艳花、陈虹等：《石器捆绑实验与微痕分析报告》，《石器微痕分析的考古学实验研究》，科学出版社，2008年，145～176页。

［60］ Adams J L. *Ground stone analysis: a technological approach*. The University of Utah Press, 2002.

［61］ G. H. Odell：《微痕分析发展的历程》，《石器微痕分析的考古学实验研究》，科学出版社，2008年，vii页。

［62］ Hayden B. *Lithic use-wear analysis*. Academic Press. Inc. , 1979.

［63］ Hurcombe L M. *Use wear analysis and obsidian: theory, experiments and results*. Sheffield Archaeological Monographs 4. J. R. Collis Publications Department of Archaeology and Prehistory University of Sheffield, 1992.

［64］ Keeley L H. *Experimental determination of stone tool uses: a microwear analysis*. Chicago: The University of Chicago Press, 1980.

［65］ Keeley L H. Technique and methodology in microwear studies: a critical review. *World Archaeology*. 1974（5）: 323-336.

［66］ Mandujano C, et al. Provenance and use wear of pre-Hispanic obsidian scrapers. *Journal of Radioanalytical and Nuclear Chemistry*. 2002, 252（1）: 81-85.

［67］ Odell G H. *La Harpe' s post: a tale of Frech-Wichita contact on the Easterm plains*. The University of Alabama Press, 2002.

［68］ Odell G H. *Lithic analysis*. New York: Kluwer Academic/Plenum Publishers, 2004.

［69］ Odell G H. *Stone tools and mobility in the Illinois valley: from hunter-gatherer camps to agricultural villages*. International Monographs in Prehistory, 1996.

［70］ Odell G H. *Stone tools: theoretical insights into human prehistory*. New York: Plenum Press, 1996.

［71］ Odell G H. Micro-wear in perspective: a sympathetic response to Lawrence H. Keeley. *World Archaeology*. 1975（7）: 226-240.

［72］ Odell G H. Stone tool research at the end of the millennium: classification, function, and behavior. *Journal of Archaeological Research*. 2001（9）: 45-100.

［73］ Odell G H. The mechanics of use-breakage of stone tools: some testable hypotheses.

*Journal of Field Archaeology*. 1981（8）: 197-209.

[74] Schick K D, Toth N. *Making silent stones speak: human evolution and the dawn of technology*. New York: Simon and Schuster, 1993.

[75] Semenov S A. *Prehistoric technology: an experimental study of the oldest tools and artefacts from traces of manufacture and wear*. Bath: Adams & Dart, 1964.

[76] Shen C. *The lithic production system of the princess point complex during the transition to agriculture in Southwestern Ontario, Canada*. BAR International Series 991, 2001.

[77] Vaughan P C. *Use-wear analysis of flaked stone tools*. Tucson, Arizona: The University of Arizona Press, 1985.

# 附　　录

## 附录一　石器微痕实验记录表样表

| | | | | |
|---|---|---|---|---|
| 标本信息 | 标本特点 | | 类型 | |
| | | | 原料 | |
| | | | 表面光滑程度 | |
| | | | 颜色 | |
| | | | 热处理 | |
| | | | 加工 | |
| | | | 使用部位图示（背面图 1） | |
| | | | 执握或装柄图示（背面图 2） | |
| | 刃缘使用情况 | | 凹凸情况 | |
| | | | 刃缘靠近哪一侧 | |
| | | | 刃角 | |
| | | | 使用边缘加工图示（背面图 3） | |
| | | | 标本边缘使用前照片（背面图 4） | |
| | 捆绑图示背面图 5 | 捆绑物 | 材料类型 | |
| | | | 获取方式 | |
| | | | 是否干燥 | |
| | | 捆绑方式 | 材料 | |
| | | | 获取地 | |
| | | | 捆绑方法 | |
| | | 黏合情况 | 黏合剂类型 | |
| | | | 使用方式 | |
| 实验行为 | 运动情况 | | | |
| | 实验对象 | | 种类 | |
| | | | 获取方式 | |
| | | | 湿度 | |
| | | | 质地 | |
| | | | 尺寸 | |
| | | | 其他 | |
| | 其他细节 | | 手对标本压力 | |
| | | | 拇指位置 | |
| | | | 背面的使用 | |
| | | | 其他 | |
| | 实验行为对标本的影响，使用边缘和捆绑处是否有肉眼可见的损伤等 | | | |

| | | | |
|---|---|---|---|
| 实验行为 | 分段描述微痕的观察 | | |
| | 标本使用效率 | | |
| | 动作记录 | 单次动作长度 | |
| | | 动作频率 | |
| | | 动作耗时 | |
| | | 动作次数 | |
| 微痕描述 | | | |
| 备注 | | | |

# 附录二　盲测考察表

盲测考察表

| 编号 | 石器类型 | 刃口位置 | 行为 | 加工对象 | 备注 |
|---|---|---|---|---|---|
| 1 | 二类工具 | 左刃✓ | 切✗ | 干皮或鲜皮 ✓ | |
| 2 | 二类工具 | 右刃✓ | 刮✓ | 干木或鲜木✓ | |
| 3 | 刮削器 | 1个修理凹刃/1个自然凹刃✓ | 修理刃刮✓<br>自然刃刮 | 修理刃为骨骼或干木✗<br>自然刃为干木或鲜木✓ | |
| 4 | 二类工具 | 1个长刃，1个短刃✓ | 长刃切<br>短刃切 | 长刃为鲜肉或肉皮 ✗<br>短刃为鲜肉或肉皮✓ | |
| 5 | 二类工具 | 左刃✓ | 切 | 干木或骨骼 ✓ | |
| 6 | | | | | |

*加工对象的软硬程度为：新鲜猪骨或牛骨（坚硬）>干松木（较硬）>新鲜杨木（较软）>干牛皮（软）>新鲜猪肉皮（很软）>新鲜猪肉（极软）>新鲜蔬菜（最软）。*

**评价：** 刃部判断全部正确，正确率100%，行为判断7对5，正确率71.4%，加工对象判断7对5，正确率71.4%。

**受测者：** 方启　**监测者：** 陈全家　**评测者：** 陈全家　**时间：** 2009.3　**地点：** 长春

# 后　记

曾经，本书作为我的博士学位论文，有后记如下：

“求学经年，终花而果，忐忑激荡，言不及声。

昔时懵懂，莽撞顽劣，先蒙朱师不弃，忝列弟子门墙，后为陈师错爱，得以追随授业。朱泓恩师，亦父亦师，为人之道，治学之路，尽心竭力，不惟巨细，悠悠十载，鬓染白霜。全家恩师，且父且师，钻创科研，事业生活，悉心教化，不因无状，寒暑飞逸，悄生鱼尾。学生惶恐，何以驽钝之资，得二师之青睐，未以可堪之成，报此深情厚恩，惟愿来日方长，不负老师所念。

言及高堂，以致哽咽，儿今分爨，耽于自身，常思孝养，不得其行。使双亲之年华，塑儿身之菁彩，诚如啖其血肉，能不为心所诟？

及至结发，心中赧然，青眼有加，委身无名小子，劳心认怨，终日辗转厅厨，默默无求，忍耐朝夕不顾，细语轻言，宽余百结愁肠……

陈戴侯卢任孙谭二王魏肖赵郑周诸君，襄助恩情，永铭于心。加藤并应明二君，援手高义，镌于五内。又及诸多师友，尽皆感谢良多，当以百倍心力，报君等之美意。

举目四顾，黄口小儿，侧睡未醒，笑靥犹存。言稀辞疏，不及万一，就此搁笔。”

现在看起来，写得略显青涩，魏坚老师有一次还和我笑谈说我写的这个东西形式很“别致”，这次出版本想删掉的，但是终又有点舍不得，所以就不伦不类地放在引号里罢。

最后，感谢吉林大学边疆考古研究中心为本书出版提供经费，感谢科学出版社的王琳玮为这本书付出的辛苦。

编　者

2019年6月10日

# 图　版

## 图版一

北海道出产的黑曜岩原料

制作石器工具

陈全家教授在制作石器

部分石器制作成果

## 图版二

切

刮

钻

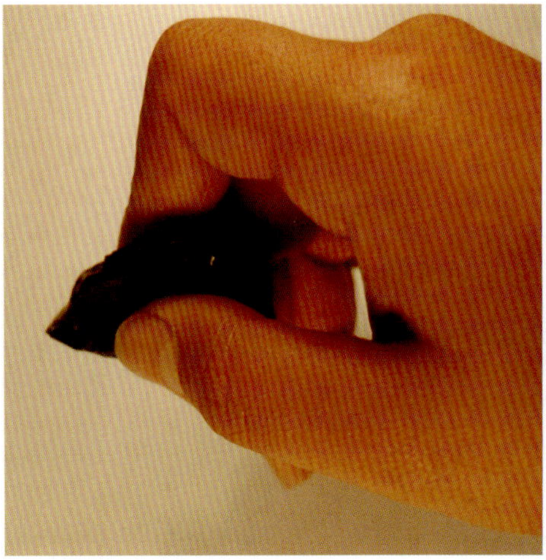
刻

# 图版三

对干木的切实验

被切过的干木

鲜木的刮实验

被刮过的鲜木

图版四

被钻过的鲜木

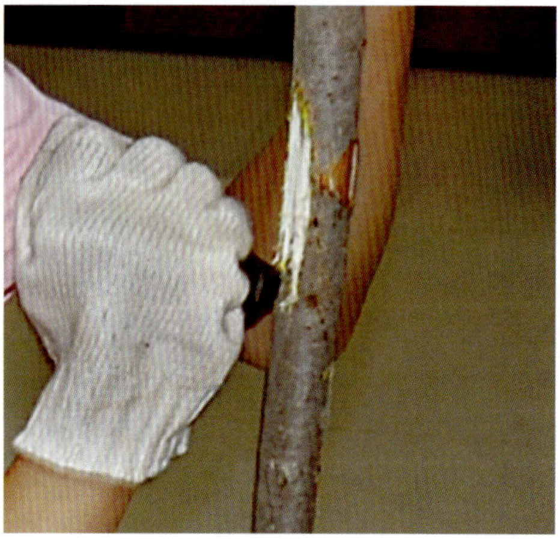

对鲜木的刻实验

对细石叶捆绑

对干木的刮实验

判定为同样行为的考古标本与实验标本微痕比较（刮干木）

2002FXPF1：2

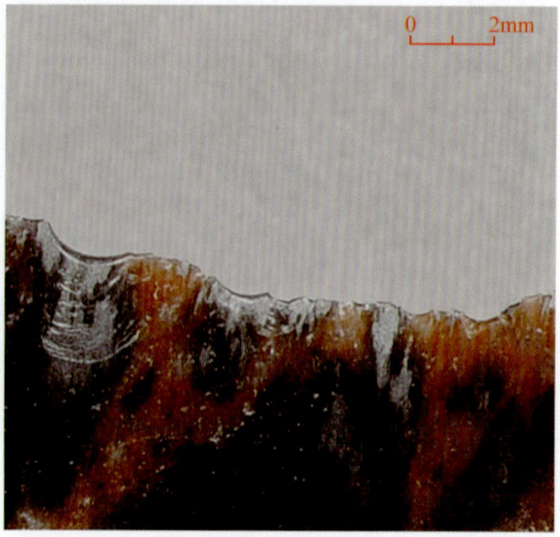


石片 SYG3

判定为同样行为的考古标本与实验标本微痕比较（刻鲜木）

2006ASC：3

尖状器 SYK2

## 图版六

细石叶 SYG4 使用前腹面

细石叶 SYG4-500 次腹面

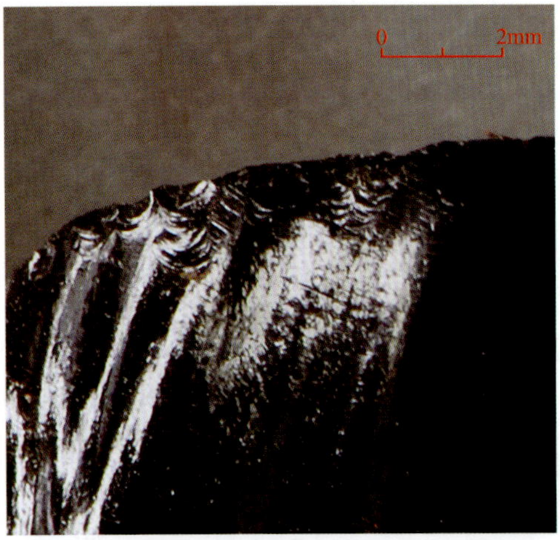


细石叶 SYG4-1000 次腹面

细石叶 SYG4-2000 次腹面

使用前：刃缘锋利且较薄锐，腹面观同心波明显。刃缘平直。500次：整个刃缘都分布着短宽的羽翼式疤痕。1000次：刃缘变钝，腹面羽翼式疤痕增多，兼有折断式。2000次：刃缘布满疤痕，有较大的羽翼式疤痕，其上分布着较小的崩疤层叠，夹有折断式疤痕。

# 图版七

尖状器 SYZ1 使用前腹面

尖状器 SYZ1-500 次腹面

尖状器 SYZ1-1000 次腹面

尖状器 SYZ1-2000 次腹面

使用前：背面和腹面可见压制细小疤痕，尖部较尖，不见疤痕。500次：尖刃变得更小，尖刃两侧边缘出现新的崩疤。1000次：左侧边缘内凹弧度较大，尖刃变得钝厚，右缘边缘突起变得不明显，腹面有多层崩疤，左缘新增两个较大崩疤。2000次：腹面右侧距尖刃较远处出现一处较大的崩裂疤痕，近尖刃处出现新的崩疤，背面观测尖刃变短变钝，左侧缘变得平滑。整个过程也即“造尖”过程。

## 图版八

判定为同样行为的考古标本与实验标本微痕比较（刮鲜木）

2005SRGD.T5150②：007

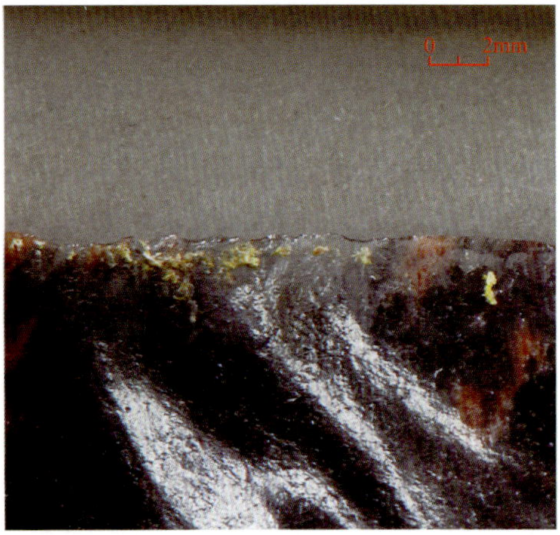


石叶 SYG3

判定为同样行为的考古标本与实验标本微痕比较（切鲜木）

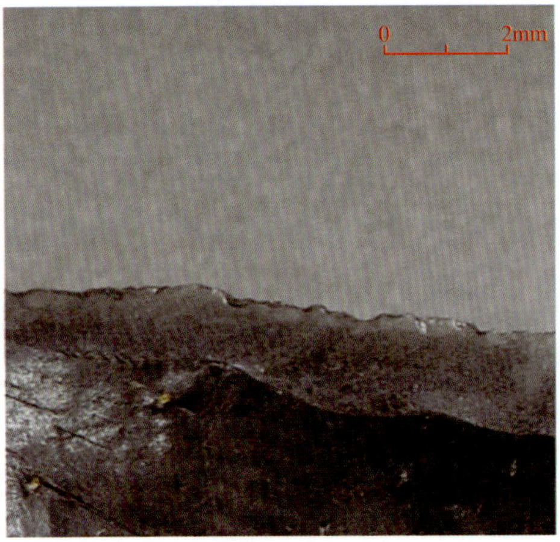


HLP.04040

石叶 SYQ5

判定为同样行为的考古标本与实验标本微痕比较（刮鲜肉皮）

HBP0221

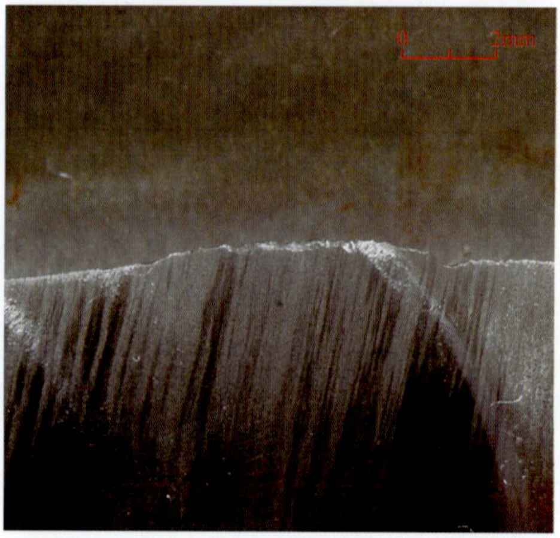


石叶 SYG8

判定为同样行为的考古标本与实验标本微痕比较（切鲜肉）

HBP0214

石片 SYQ14

## 图版一〇

雕刻器 SYK6 使用前左

雕刻器 SYK6-500 次左

雕刻器 SYK6-1000 次左

雕刻器 SYK6-2000 次左

使用前：右侧向近端打下一剥片，与左侧向近端打下的长条形疤痕形成一凿子形刃口。500次：刃缘左侧新增一处微小的崩疤，刃缘处疤痕变大。1000次：左侧观刃缘右侧新增一处崩疤，刃缘中间的疤痕连续密集，刃缘右侧被磨得圆钝。2000次：刃缘变得圆钝。左侧观疤痕变得更大。

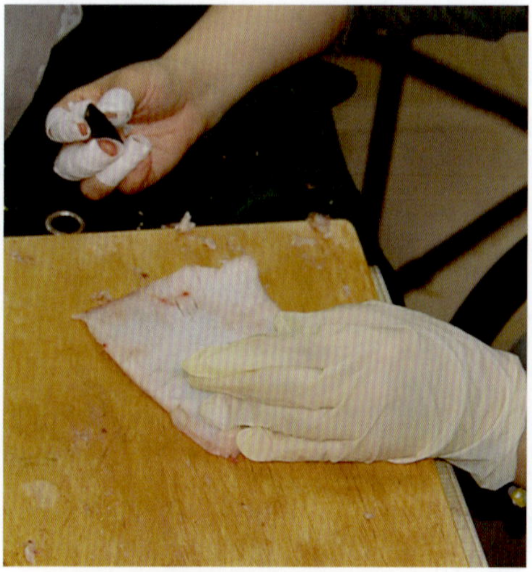

对新鲜肉皮的切实验

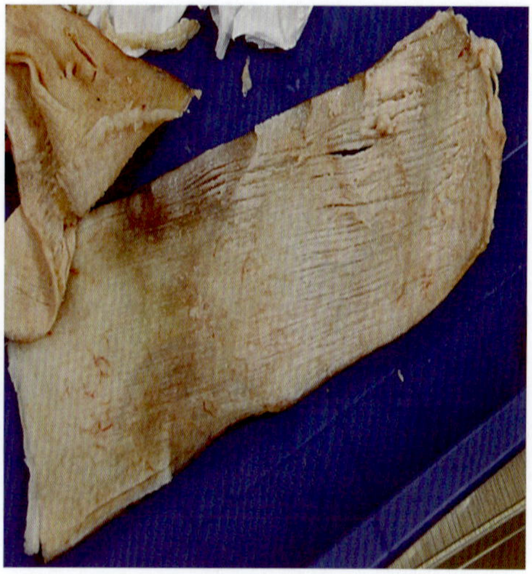

被切后的新鲜肉皮

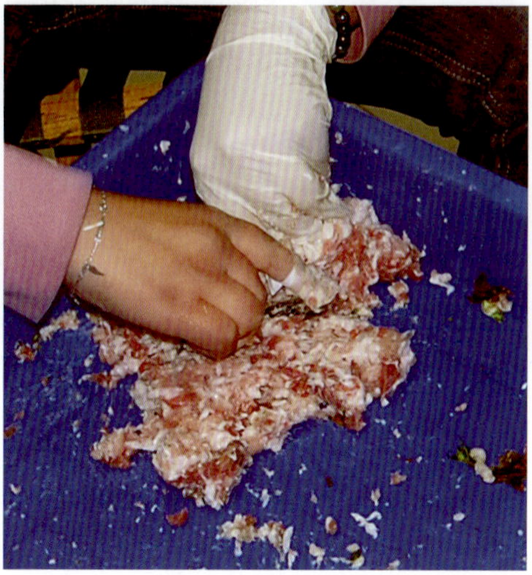

对新鲜猪肉的切实验

被切后的新鲜猪肉

## 图版一二

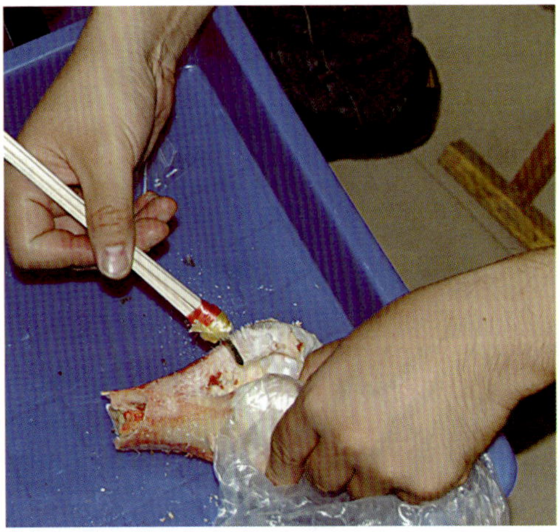

对新鲜猪骨的切实验

对新鲜猪皮的刮实验

细石叶的捆绑（近段捆绑）

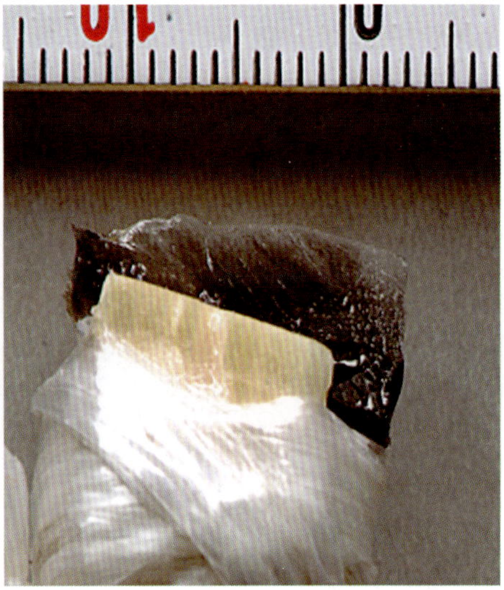

细石叶的捆绑（一侧捆绑）

石片 SYG7 使用前腹面

石片 SYG7-500 次腹面

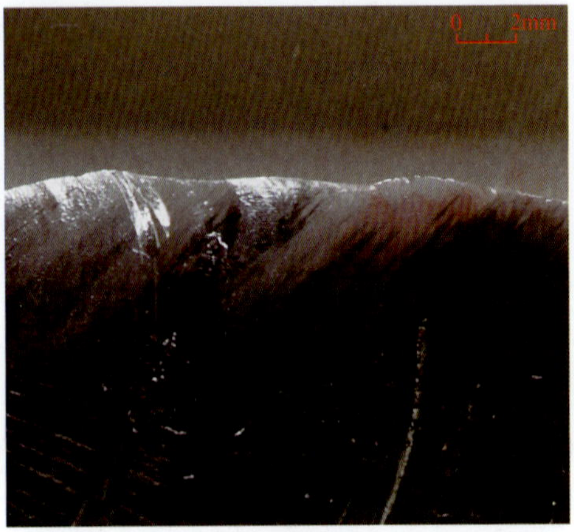


石片 SYG7-1000 次腹面

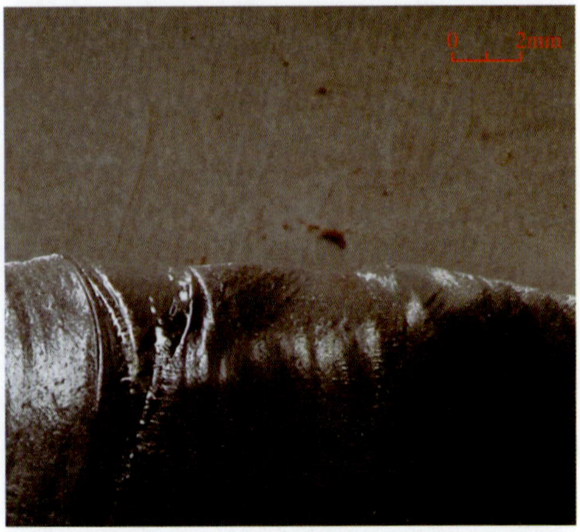


石片 SYG7-2000 次腹面

使用前：刃缘薄锐锋利，腹面观同心波明显，凹凸起伏。500次：刃缘变得圆滑，腹面刃缘新增几处极微小的崩疤。1000次：刃缘整体变圆钝，偶有微小崩疤出现。腹面观刃缘新增疤痕均为折断式。2000次：刃缘变圆钝，比1000次时平滑许多，腹面观刃缘中部新增几处连续的小微疤，疤痕连续的长度较短。

图版一四

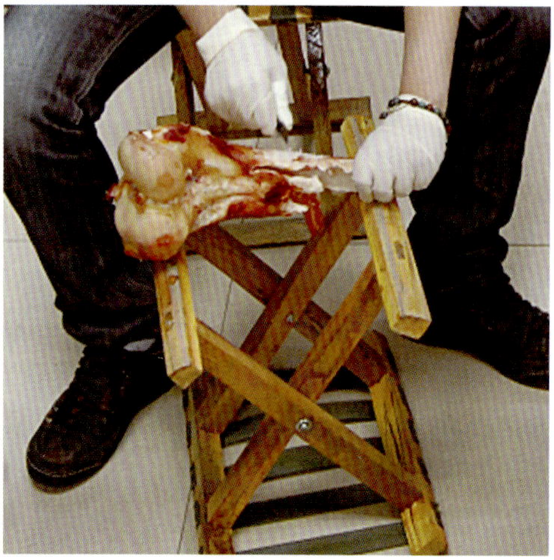

对新鲜牛骨的刻实验

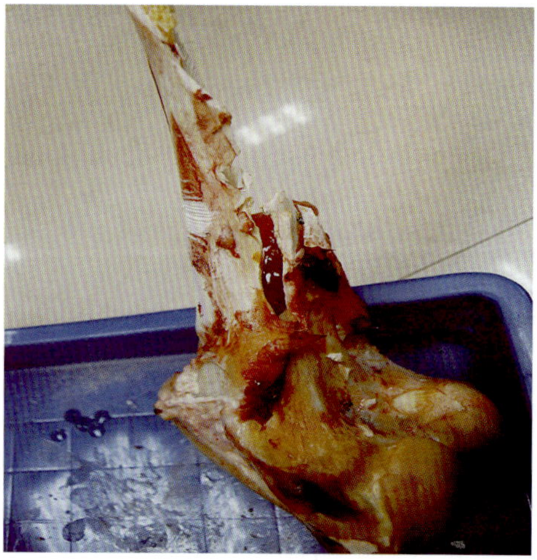

被刻后的新鲜牛骨

对大白菜的切实验

被切后的大白菜

石叶 SYQ1 使用前腹面

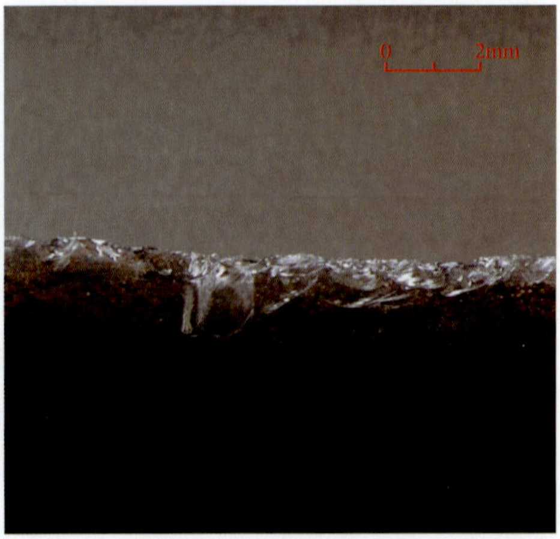

石叶 SYQ1-500 次腹面

石叶 SYQ1-1000 次腹面

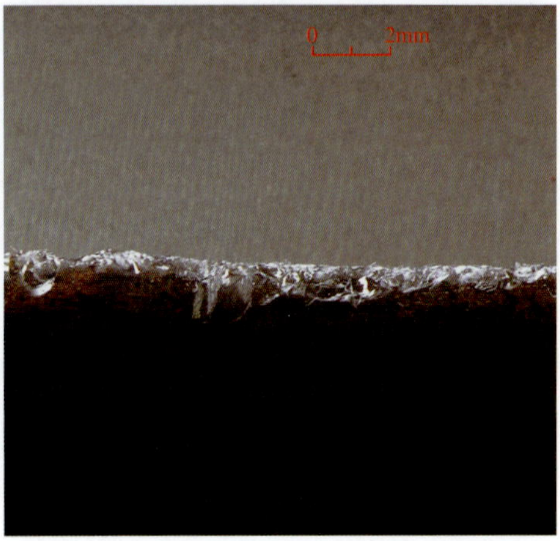

石叶 SYQ1-2000 次腹面

使用前：刃缘较薄锐。500次：腹面上形成羽翼式与折断式层疤。1000次：腹面形成连续折断式与羽翼式结合的微疤多处。2000次：腹面疤痕明显，形成大小不同的微疤，多达三层、四层者比比皆是。折断式与羽翼式并存。

## 图版一六

刮削器 SYQ1 使用前腹面

刮削器 SYQ1-500 次腹面

刮削器 SYQ1-1000 次腹面

刮削器 SYQ1-2000 次腹面

使用前：腹面刃缘有零星的小疤痕，刃缘有较深的放射线。500次：腹面原先的疤痕变得更多，背面尖峰变得低矮圆钝。1000次：背面疤痕变得更多，腹面增加若干折断式疤痕。2000次：腹面疤痕变得大而层叠。

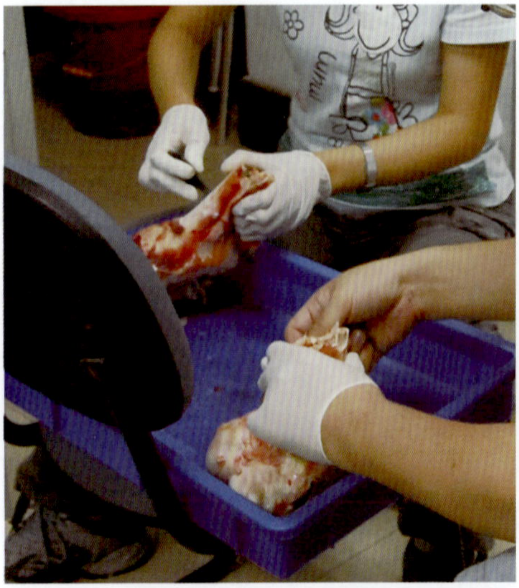

对新鲜牛骨的钻实验

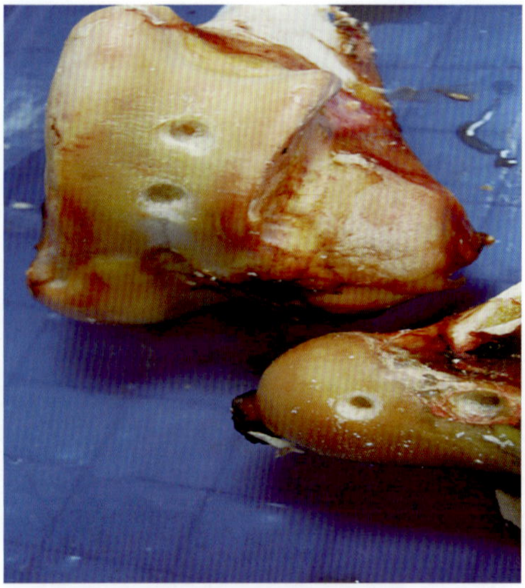

被钻过的新鲜牛骨

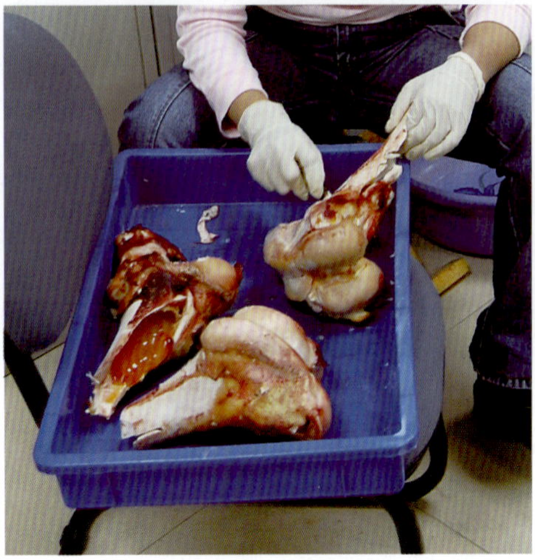

对新鲜牛骨的刮实验

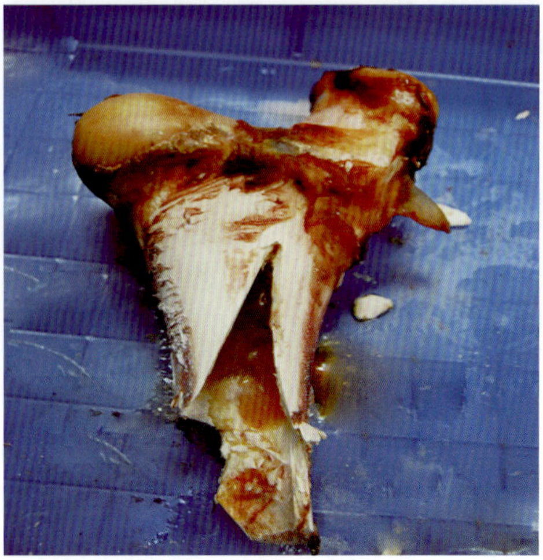

被刮过的新鲜牛骨

图版一八

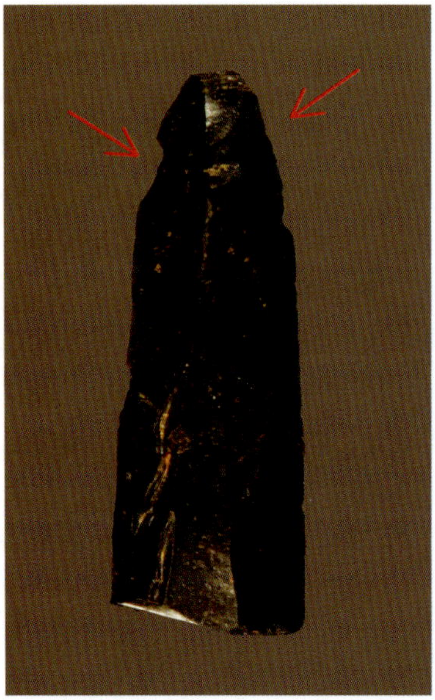

细石叶 2002FXPF1：16 捆绑痕迹

细石叶 2004HSP.C ③：05 捆绑痕迹

石叶 HLP.0232 捆绑痕迹

刮削器 HLP.04008 捆绑痕迹

# 图版一九

石片 2006ASC：1 握持痕迹

石叶 HBP0221 握持痕迹

刮削器 2006ASC：2 握持痕迹

## 图版二〇

雕刻器 2007DDC：1989 修整
手握部分痕迹

石片 2006ASC：4 修整
手握部分痕迹

石片 2006ASC：63 修整手握部分痕迹